Collection Rolf Heyne

Das Dieter Müller Kochbuch

Fotografiert von Bruno Hausch

Mit einem Vorwort von
Wolfram Siebeck

WILHELM HEYNE VERLAG
MÜNCHEN

Textredaktion: Stefanie Roediger-Streubel
Umschlaggestaltung: Atelier Ingrid Schütz, München
Layout: Norbert Härtl
Fotoassistenz: Arnold Späing
Satz: ABC Fotosatz, München
Repro: Oestreicher + Wagner, München
Druck und Bindung: Appl, Wemding
Printed in Germany
ISBN 3-453-02840-6

Inhalt

Vorwort

Es waren einmal sieben kleine Kinder, die lebten mit Vater und Mutter im schönen Markgräflerland. Die Eltern betrieben eine Familienpension, und wenn sie für ihre Gäste brieten und buken, waren die Kinder immer dabei. So kam es, daß, als sie größer wurden und in die Welt hinausgingen, sechs von den sieben ihr Glück in der Gastronomie versuchten. Einer von ihnen ist Dieter Müller. Er kam so schnell ans Ziel seiner Wünsche, so ohne Umwege, wie es sonst nur im Märchen geschieht. In kürzester Zeit arbeitete er im vornehmen Hotel »Schweizerhof« in Bern, wo er bereits nach wenigen Wochen im hauseigenen Feinschmeckerrestaurant kochen durfte. Noch heute leuchten seine Augen begeistert auf, wenn er davon erzählt; an Ernesto Schlegel, seinen damaligen Lehrmeister, erinnert er sich mit großer Dankbarkeit.

Dann eröffnete der exzentrische Unternehmer Adalbert Schmitt die »Schweizer Stuben« in Wertheim, und in der Küche stand Jörg, eines der sieben Müllerkinder. Das war 1972. Als der Betrieb sich ausdehnte und die Ambitionen immer größer wurden, ging 1973 auch Dieter Müller nach Wertheim. Der Aufstieg der »Schweizer Stuben« zu einem der besten europäischen Restaurants war nun nicht mehr aufzuhalten. Zweimal wurde Dieter Müller zum »Koch des Jahres« gewählt; was es sonst an Ehrungen einzuheimsen gibt – er hat sie.

Wenn einem jungen Menschen alles, was er beginnt, so trefflich gelingt, dann ist das natürlich kein Zufall. Die Heiterkeit seines

Wesens, verbunden mit dem Fehlen jeglicher Verbissenheit, machen ihn zum Sunny Boy unter den Köchen. Kann es sein, daß die Arbeit am Herd unter professionellen Umständen so viel Spaß macht? Ist es möglich, daß die tägliche Herausforderung zur Höchstleistung keinerlei Narben hinterläßt im Temperament eines Küchenchefs und bei seinen Kreationen? Was diese angeht, so sind es oft erstaunlich kostbare, kleine Kunstwerke, die das Auge verblüffen ... und die Zunge entzücken. Daß er ihnen bescheidene, rein sachliche Bezeichnungen gibt wie »Glattbuttfilet auf Gemüsenudeln mit Spitzmorcheln«, ist bezeichnend für ihn. Genausogut könnte man einen Rolls Royce mit »Stahlblech und Walnußholz, lackiert, auf Gummi« beschreiben. Pompöse Benennungen, womöglich noch auf französisch, sind nicht sein Stil; unsinnige Dekorationen vermeidet er klugerweise. Dennoch handelt es sich bei allem, was in den »Schweizer Stuben« auf den Tisch kommt, um erlesene Köstlichkeiten von höchstem Raffinement. Was dem Gast vorkommen mag wie mit leichter Hand entworfene Glückstreffer, ist in Wirklichkeit das Resultat eines unbarmherzigen Leistungswillens, ist angewandter Perfektionismus nach Art des Dieter Müller. Es ist die Handschrift eines jungen und überragenden Chefs, der zu jenen gehört, die die zeitgenössische Gastronomie auf ein neues, kultiviertes Niveau gebracht haben.

Wolfram Siebeck

Mit einer Prise Leidenschaft
Eine Einführung

Feine Küche leichtgemacht! Das sagt sich in der Tat leicht für einen Profi mit entsprechender Erfahrung, perfekt ausgerüsteter Küche, vielen ebenso perfekten hilfreichen Händen und natürlich den besten Lieferanten, die weit und breit zu finden sind.

Aber was macht der Amateur, der Anfänger, der viel Interesse hat, oder der Fortgeschrittene, dem vielleicht noch das richtige Handwerkszeug und die nötige Inspiration fehlt. Ist es nicht zu schwer für einen kochbegeisterten Normalverbraucher, diese feine Küche nachzuvollziehen?

Keine Angst – die feine Küche, so wie ich sie sehe und verstehe, ist nicht kompliziert. Sie ist eine natürliche Küche ohne Schnörkel, Netz

und doppelten Boden. Feine Küche heißt bei mir Kochen mit Engagement, Phantasie, Fingerspitzengefühl und Mut zur Kreativität.
Ich glaube, wer Spaß am Kochen hat, gerne experimentiert und nicht unbedingt mit Berufsköchen konkurrieren will, der wird es leicht haben, sich dieser Küche unbeschwert zu nähern.
Es ist mir ein persönliches Anliegen, meine Rezepte so vorzustellen, daß sie jeder nachvollziehen kann. Trotzdem ist für Improvisation am eigenen Herd noch genügend Spielraum.
Gewiß ergeben sich manchmal Schwierigkeiten für die private Küche: So tauchen beispielsweise in den Rezepten häufig Fonds und Reduktionen auf, von denen oft nur ein Löffelchen gebraucht wird. Da hilft dann nur eines – einen ausreichenden Vorrat portionsweise einfrieren.
Es kommt auch vor, daß einige Arbeitsgänge parallel verlaufen, so daß man ein gut eingespieltes Team nötig hätte. Da heißt es dann improvisieren, das eine oder andere weglassen, durch einfachere Dinge ersetzen oder so vorarbeiten, daß alles zur gleichen Zeit zur Verfügung steht. Auch wird man häufig auf das zeitaufwendige kunstvolle Zuschnitzen von Gemüse verzichten und statt dessen einfache Gemüsewürfel anbieten.
Das alles ist leicht zu bewältigen. Worauf es aber wirklich ankommt, sind drei wesentliche Voraussetzungen, ohne die eine feine Küche nun mal nicht auskommt: erstklassige Grundzutaten, das richtige Handwerkszeug und die Liebe zum Kochen.
Sicher, für das Gelingen eines Gerichts zählen zwar das Wissen um die Methode und das handwerkliche Geschick, doch von ganz entscheidender Bedeutung ist die Auswahl der einzelnen Produkte. Die Frage woher nehmen, wo kaufen, ist heutzutage leichter zu beantworten als noch vor einigen Jahren. Bauern- und Wochenmärkte, Delikateß- und Feinkostläden bieten zu jeder Zeit eine reiche Vielfalt von frischen Erzeugnissen an. Selbst ausgefallenes Gemüse, exotische Früchte, frische Meerestiere und zartes Milchfleisch findet man, wenn man danach sucht.
Wichtig ist, daß Sie beim Einkauf Ihre Sinne spielen lassen. Nehmen Sie Produkte in die Hand, riechen Sie an ihnen, befühlen Sie sie, schmecken und hören Sie, was Obst, Gemüse und Nüsse Ihnen über Ihren Reifegrad mitteilen. Natürlich, in einem Geschäft und auf den meisten Märkten ist das fast unmöglich durchzuführen. Wir Profis haben es da schon ein bißchen einfacher. Wir kennen unsere Liefe-

ranten, und was uns nicht gefällt, geben wir zurück. Wir befühlen die Ware oder brechen sie auseinander, wir prüfen die Zartheit von Geflügel durch Druck aufs Brustbein und schauen dem Fisch hinter die Kiemen. Am besten, Sie suchen sich in Ihrer Umgebung einen Gärtner und Bauern, der Sie vielleicht sogar noch mit biologisch einwandfreien Produkten beliefert; einen Fischhändler, auf den Sie sich verlassen können, und einen Metzger, der sein Fleisch richtig abhängen läßt und zuschneidet. Zugegeben, manchmal braucht man Zeit und Geduld, solche »Perlen« zu finden; aber der Aufwand lohnt sich immer.

Ein richtiger Einkauf ist auch immer ein Einkauf nach Saison; so bestimmt das frische Angebot den jeweiligen Speisezettel. Erdbeeren im Juni aus heimischen Gefilden schmecken nun mal besser als importierte Ware im Dezember. Im Herbst wird Wild zubereitet und im Frühjahr zartes Lamm und junges Gemüse. Und nehmen Sie lieber mal eine frische Forelle statt eines Ihnen zu alt erscheinenden Kabeljaus vom Eis. Denn es gilt, flexibel zu sein, nicht an den Rezepten zu kleben, sondern nach eigenen Vorstellungen abzuwandeln, Neues zu schaffen.

Wenn Sie die alte Binsenweisheit beherzigen, nur allerbeste Qualität als Grundelement Ihrer Küche zu verwenden, so wird Ihnen ein Gericht nie wirklich mißlingen, auch wenn es vielleicht nicht ganz perfekt ist.

Ebenso wichtig wie die Qualität der Grundzutaten ist die Qualität des Handwerkszeugs. Mit einem proportional schlecht ausbalancierten Schneebesen werden Sie nie eine gute Sauce oder Creme zustande bringen, weil Ihnen zu schnell der Arm schmerzt und das intensive Schlagen darunter leidet. Stumpfe Messer zerstören teures Fleisch und zarten Fisch. Und ein kleiner, aber ausgesuchter Satz von Sieben ist ein absolutes »Muß«, denn in der feinen Küche wird viel passiert. Sie finden deshalb als Anhang in diesem Buch eine Übersicht der wichtigsten Küchenutensilien.

Und worauf kommt es in der Feinen Küche noch an? Vor allem auf die Liebe zum Kochen, gewürzt mit einer Prise Leidenschaft. Jeder Koch, ob interessierter Anfänger oder fortgeschrittener Amateur, sollte immer nur Gerichte zubereiten, die ihm selbst Freude machen. Wer teilnahmslos kocht, der wird nie etwas Großes vollbringen – egal ob er sich an getrüffelten Täubchen versucht oder einem schlichten Ochsenschwanzragout.

Ich glaube, ganz wichtig ist es zu wissen, wo genau die eigenen Grenzen liegen. Wenn Sie Gäste haben, sollten Sie nie versuchen, mit einem professionellen Restaurantbetrieb in Wettstreit zu treten. Denn was nützt Ihnen ein Acht-Gänge-Menü, bei dem Sie die meiste Zeit in der Küche verbringen, während zum gemeinsamen Genießen kaum Zeit bleibt. Wählen Sie lieber weniger Aufwendiges, dafür aber etwas, was immer gelingt, was Sie vielleicht schon mehrfach im Familienkreis ausprobiert haben und solche Speisen, die sich gut vorbereiten lassen. Eine Vorspeise oder Suppe, ein warmes Hauptgericht, ein Dessert – das genügt für den Anfang. Steigern kann man sich immer.
Die Feine Küche ist wohl eine der schönsten Errungenschaften unserer modernen Kochkunst. Ausgesuchte Zutaten, mit Liebe und Feingefühl zubereitet, machen ein Menü erst zu einem wirklich großen Erlebnis.
Sicher werden Sie sich wundern, warum ich in diesem Buch keine Weinempfehlungen gebe. Wird ein Essen doch erst mit dem passenden Wein zum abgerundeten gastronomischen Genuß. Ich finde, Empfehlungen zu geben, ist eine sehr heikle Angelegenheit. Welcher Wein zu einer Speise wirklich paßt, kann immer nur ein subjektiver Ratschlag sein und deshalb auch nur im Grundsätzlichen anwendbar. Wein ist und bleibt immer eine individuelle Ansichtssache, dem eigenen Geschmack vorbehalten. Die Lehrmeinung etwa, daß zu Fisch und hellem Fleisch nur Weißwein paßt, es dagegen zu dunklem Fleisch nur Rotwein sein darf, ist nur noch etwas für Unsichere.
Bei der Wahl des richtigen Weines kommt es heute doch fast mehr auf die Sauce und das Drumherum an als auf das Grundprodukt selbst. So ist es auch längst kein Fauxpas mehr, ein kleineres Menü mit ein- und demselben Wein zu begleiten oder gar mit Champagner.
Was mich ganz persönlich freut, ist die Rückbesinnung auf deutsche Weine: Riesling, Silvaner, Traminer, Spätburgunder – erstklassige saubere Weine, die zu vielem passen. Wer sich beim Wein noch nicht so recht zu Hause fühlt, der sollte sich im Restaurant immer nach dem Sommelier richten, im privaten Bereich auf erfahrene Freunde hören oder sich vom Weinhandel beraten lassen, ansonsten aber selbst auf Entdeckungsreisen gehen und probieren, probieren, probieren.

Als die letzten Manuskriptseiten dieses Buches von mir durchgesehen und korrigiert waren, spürte ich den typischen Stolz desjenigen, der etwas geschaffen hat.
Dies ist jedoch nicht der Moment der Selbstzufriedenheit, sondern vielmehr der Augenblick der Besinnung und des Dankes. Besinnung auf die langjährige Zusammenarbeit mit meinem Bruder Jörg – dankbare Erinnerung an viele Stunden des Probierens und der ersten gemeinsamen Erfolge.
Ich danke meiner Frau Birgit, der ich während der Entstehung dieses Buches auch das letzte bißchen meiner Freizeit entzog. Ihr natürlicher Humor hat unserer Familie in dieser hektischen Zeit die notwendige Ruhe gegeben.
Erfolge kann man nur erreichen, halten und erweitern im Team, mit kreativen, selbstbewußten Köchen wie:
Egbert Engelhardt, »Das Graue Haus«, Oestrich/Winkel
Stefan Steinheuer, »Zur Alten Post«, Bad Neuenahr
Johann Lafer, »Le Val d'Or«, Guldental
Stefan Rottner, »Restaurant Rottner«, Nürnberg
Karl-Josef Fuchs, »Spielweg«, Münstertal
Hermann Strecker, »Hirschen«, Glottertal
Burkhard Schork, »Gasthaus Schiller«, Bietigheim-Bissingen
Michael Baader, »Schweizer Stuben«, Wertheim-Bettingen
Thomas Müller, »Schweizer Stuben«, Wertheim-Bettingen
Ingo Holland, »Schweizer Stuben«, Wertheim-Bettingen, der durch sein tatkräftiges Mitwirken in der Sparte Pâtisserie mir sehr geholfen hat.
Und natürlich Adalbert und Andreas Schmitt, die mit den »Schweizer Stuben« das Ambiente für die feine Küche geschaffen haben.
Auch allen anderen ehemaligen und jetzigen Mitarbeitern herzlichen Dank. In diesem Sinne »weiter gut kochen«.

Dieter Müller

Vorspeisen
kalt und warm

Sie sind sozusagen die Visitenkarte des Hauses. Vorspeisen - ob es sich hierbei um eine dekorative Terrine handelt, einen erfrischenden kleinen Salat, eine feine Mousse oder kühle Sülze – sollten nie den Rahmen des überschaubaren Häppchens sprengen. Raffiniert und unwiderstehlich in Formen und Farben dürfen sie den Appetit reizen, aber nicht den großen Hunger befriedigen. Über Augen, Nase und Mund sollen sie uns anregen, neugierig machen auf nachfolgende Genüsse.

In vielen guten Restaurants gibt es vor dem eigentlichen Essen noch ein kleines pikantes Naschwerk, das sogenannte Amuse gueule. Dieses Häppchen aller Happen soll als erstes »Aha-Erlebnis« gelten – ein Präsent des Hauses, das in seiner Kunstfertigkeit andeutet, hier steht ein Meister am Herd und ist bereit, für Sie sein Bestes zu geben.

Nicht immer hatten Vorspeisen die Bedeutung, die wir ihnen heute beimessen. Ja, in der traditionellen deutschen Küche waren sie nahezu unbekannt. Abgesehen von der Suppe als Vorspeise – nach wie vor umstritten – wurden alle Gerichte immer gleichzeitig aufgetragen. Das führte zu überquellenden Tellern und zu einer oft barbarischen Speisenverbindung.

Von den Franzosen lernten wir, die Speisen zu trennen, mehrere kleinere Gänge zu servieren, die nicht nur unserem Magen besser bekommen. Gerade Vorspeisen hatten in Frankreich schon immer einen ganz besonderen Stellenwert. Von jeher waren sie ein unverrückbares Element eines jeden Essens. Und sie waren keineswegs immer von großem Aufwand begleitet. Ein paar Scheiben luftgetrocknete Wurst, zarter Schinken, etwas Pâté oder »foie gras«, garniert mit schwarzen Oliven, Essiggürkchen, vielleicht noch ein paar frisch geraspelten Radieschen und kleingeschnittenen Frühlingszwiebeln – das alles hübsch auf Tellern angerichtet, so einfach und doch so köstlich.

Bei Vorspeisen kann jeder seine Kreativität entfalten, seiner Phantasie freien Lauf lassen. Nur zwei Dinge sollten Sie berücksichtigen: Die Vorspeisen müssen sich den nachfolgenden Gängen harmonisch anpassen, und die gereichten Delikatessen dürfen nicht noch einmal in anderer Form innerhalb des Menüs erscheinen.

Die Frische und einwandfreie Qualität der Grundnahrungsmittel ist absolute Notwendigkeit und entscheidet über ein einwandfreies Ergebnis.

Terrinen, Pasteten und Sülzen sind etwas arbeitsaufwendiger als andere Vorspeisen, deshalb können sie ohne weiteres ein bis zwei Tage vorher zubereitet werden. Die Gelatine wird dann garantiert fest, und die Terrinen sind saftiger, würziger. Da sich diese Köstlichkeiten nicht so gut in kleinen Mengen herstellen lassen, sind die Rezepte für sechs bis zehn Personen berechnet.
Wer eine kalte und warme Vorspeise reichen will, serviert die warme Speise nach der Suppe.

Gänsestopfleberpraline auf Moscatogelee

Für 4 Personen
500 g Gänsestopfleber
Salz
weißer Pfeffer aus der Mühle
2 cl Armagnac
5 cl Sauternes
5 cl weißer Portwein
100 g grüner frischer Speck

80 g Pumpernickel
40 g Korinthen

Gelee
2 Blatt weiße Gelatine
0,2 l Moscato (= ital. Dessertwein, beispeilsweise Moscato d'Asti)

Garnitur
Feldsalatblättchen, mariniert in Kräuter-Vinaigrette oder frische Kerbelblättchen

★★★ Die Gänsestopfleber häuten, halbieren und die Adern sauber herausziehen. Die Leber mit Salz und Pfeffer würzen, in eine Schüssel legen, mit Armagnac, Sauternes und Portwein übergießen, mit Klarsichtfolie gut verschließen und 24 Stunden im Kühlschrank ruhen lassen.

Den Speck in hauchdünne Scheiben aufschneiden und eine Terrinenform ($^1/_2$ l Inhalt) damit so auslegen, daß noch ein Viertel der Scheiben übersteht. Die marinierte Gänsestopfleber auf Zimmertemperatur temperieren und in die Form legen, leicht hineindrücken und die Oberfläche glattstreichen. Die Form in Alufolie einschlagen und 30 Minuten kühl stellen.

Den Ofen auf 80 Grad (Gas: Stufe 1) vorheizen, die Fettauffangpfanne zu drei Viertel mit 50 Grad warmem Wasser füllen und die Form hineinstellen. 40 Minuten pochieren. Die Terrine herausnehmen und die Gänsestopfleber in der Form einen Tag ruhen lassen. Zum Stürzen die Form kurz unter warmes Wasser halten. Die Terrine halbieren. Die eine Hälfte in dem Fettmantel einschlagen, in Klarsichtfolie verpacken und im Kühlschrank aufheben. Die verbleibende Hälfte ohne Fettmantel durch ein Passiersieb streichen, eventuell etwas nachwürzen und verrühren. Kühl stellen.

Die Gelatine in kaltem Wasser einweichen, gut ausdrücken und auf dem Wasserbad oder bei sehr milder Hitze auflösen. Den Moscato nach und nach unterrühren und kalt stellen. Mindestens 3 Stunden kühlen, dann auf Klarsichtfolie in kleine Würfel schneiden, so erhält sich das Gelee seinen frischen Geschmack und nimmt keine Fremdgerüche an.

Anmerkung: Nur erste Qualität von der Gänseleber nehmen, sie darf weder zu fest noch zu weich sein. Lassen Sie sich deshalb beim Einkauf fachmännisch beraten.

Die restliche Hälfte der Gänsestopfleber kann, in Scheiben geschnitten, als Terrine serviert werden, z. B. mit feinen Blattsalaten und Portweingelee. Sie findet aber auch als Einlage für Pasteten Verwendung. Sie hält sich bis zu 10 Tage im Kühlschrank.

Anrichten
Die Pumpernickel mit den Korinthen im Küchenkutter zu einer Panade mixen. Von der Gänselebermasse mit einem Eisausstecher vier Kugeln formen und diese in der Panade wälzen. Auf vier gut gekühlte Teller die Geleewürfel verteilen, darauf je eine Praline setzen und mit marinierten Feldsalatblättchen oder Kerbel garnieren. Dazu schmecken ofenwarme Brioches (Rezept Seite 285).

Lachs-Kaviar-Blume

Für 4 Personen
2 kleine Kartoffeln
1 EL Butterfett
Salz
weißer Pfeffer aus der Mühle
200 g Baliklachsfilet (Rauchlachs)
50 g Feldsalat
½ Zitrone
1 EL Walnußöl
100 g Osietra- oder Beluga-Kaviar
2 EL Crème fraîche

★★★ Die Kartoffeln waschen, dünn schälen und auf einem Hobel in 2 mm dünne Scheiben teilen – ergibt etwa 20 Stück. In dem erhitzten Butterfett goldbraun braten und auf Küchenkrepp gut abtropfen lassen. Mit etwas Salz und einem Hauch Pfeffer würzen und warm halten.

Das Lachsfilet ebenfalls in 20 dünne Scheibchen schneiden. Den Feldsalat putzen, waschen, gut abtropfen lassen und in einzelne Blättchen zupfen. Etwas Zitronensaft mit dem Öl verrühren und mit einer Prise Salz abschmecken. Die Salatblättchen darin marinieren.

Anmerkung: Mit diesem optisch sehr schönen Gericht, bei dem die geschmackliche Harmonie von Lachs und Kartoffeln besticht, werden Sie den Beifall Ihrer Gäste finden.

Anrichten
Abwechselnd je fünf Lachs- und Kartoffelscheiben auf vier Teller im Rund anordnen. Dann zur Mitte hin die marinierten Salatblättchen zum Kreis legen und als »Kern« je einen Teelöffel von dem Kaviar in die Salatmitte setzen. Die Crème fraîche mit etwas Zitronensaft und Salz aromatisieren und wenig davon um den Kaviar träufeln.

Löwenzahnsalat mit gebratener Wachtel und Kräuter-Vinaigrette

Für 4 Personen
4 Wachteln
Salz
Pfeffer aus der Mühle
1 EL Butterfett
4 frische Wachteleier
0,1 l brauner Geflügelfond (Rezept Seite 265)
2 cl roter Portwein
30 g kalte Butterwürfelchen
200 g kleine Löwenzahnblätter (mit Knospen)

★★★ Keulen und Brüstchen der Wachteln vom Skelett ablösen und sauber parieren. Mit Salz und Pfeffer würzen und in dem Butterfett im Ofen bei 220 Grad (Gas: Stufe 4) 4 Minuten braten. Danach ruhen lassen. Aus der Karkasse mit Gemüse einen Fond kochen und entweder gleich für dieses Rezept verwenden oder als Vorrat einfrieren.

Die Wachteleier ins kochende Wasser legen und 2 ½ Minuten garen, abschrecken. Die Eier halbieren und mit einem Löffel vorsichtig aus der Schale lösen. Mit einer Prise Salz und Pfeffer würzen.

Den Geflügelfond mit dem Portwein zur Hälfte einkochen und mit der kalten Butter montieren. Mit Salz und Pfeffer würzen. Den Löwenzahn aussortieren und lauwarm waschen, so daß die Bitterstoffe etwas entzogen werden. Gut abtropfen lassen.

Die Vinaigrette mit den Kräutern verrühren und eventuell noch etwas nachwürzen.

Anmerkung: Jungen Löwenzahn gibt es nur im Frühjahr. Für die restliche Zeit auf feine Blattsalate ausweichen.

Vinaigrette
⅛ l Vinaigrette-Salatsauce (Rezept Seite 276)
1 TL Schnittlauchröllchen
1 TL feingehackter Kerbel
Salz
Pfeffer aus der Mühle

Garnitur
2 EL geröstete Toastbrotwürfelchen
Wachteleier

Anrichten
Den Löwenzahn mit zwei Drittel der Kräuter-Vinaigrette anmachen und auf vier Teller verteilen. Mit den Toastbrotwürfelchen überstreuen. Jeweils zwei heiße Wachtelbrüstchen und Keulen daranlegen, mit wenig Kräuter-Vinaigrette nappieren und um die Wachteln etwas von der heißen Sauce geben. Mit den Wachteleiern garnieren.

Mousse von Langustinen und Erbsen

Für 6–8 Personen
1,5 kg Langustinenschwänze (Scampi)
1 l Langustinenfond (Rezept Seite 267)
0,1 l Portweingelee (Rezept Seite 287)
½ Zitrone
Salz
2 EL Butterschmalz
2 cl Cognac
2 cl weißer Portwein
3 ½ Blatt weiße Gelatine
Cayennepfeffer
250 g geschlagene Sahne

Erbsenmousse
0,1 l Noilly Prat
400 g Sahne
100 g frische Zuckererbsen (oder TK)
1½ Blatt weiße Gelatine
1 EL schwarze Trüffelwürfel
Salz
Zucker

★★★ Vier schöne Langustinenschwänze aussortieren und beiseite stellen. Die restlichen aus den Schalen brechen und durch einen kleinen Schnitt auf der Rückenseite die Därme entfernen. Von den Krusteln einen Fond kochen und diesen dann auf 0,2 l einkochen. Eine Terrinenform von ¾ l Inhalt mit dem Portweingelee ausgießen und im Kühlschrank erstarren lassen.
Das Langustinenfleisch mit Zitronensaft und etwas Salz würzen und 10 Sekunden in dem erhitzten Butterfett schwenken. Zusammen mit der Langustinenreduktion, dem Cognac und Portwein im Mixer fein pürieren. Anschließend durch ein Spitzsieb passieren.
Die Gelatine in kaltem Wasser einweichen, gut ausdrücken und in der noch warmen Langustinenmasse auflösen. Mit einer Prise Cayenne und Salz abschmecken. Kühl stellen. Beginnt die Masse zu gelieren, die sehr steif geschlagene Sahne unterheben und nochmals abschmecken.
Den Noilly Prat auf ein Drittel reduzieren, 300 g Sahne zufügen, gut miteinander verrühren und auf 0,15 l einkochen. Die Erbsen waschen und in kochendem Salzwasser 10 Sekunden blanchieren. Gut abtropfen lassen und in einem Tuch ausdrücken, so daß sie nicht mehr feucht sind. Zu der eingekochten Sahne geben und im Mixer pürieren. Durch ein Spitzsieb passieren. Die Gelatine kalt einweichen, gut ausdrücken und in der warmen Erbsenmousse auflösen. Die Trüffelwürfel unterrühren, mit Salz und einer Prise Zucker abschmecken. Kalt stellen. Die restliche Sahne sehr steif schlagen. Beginnt die Masse zu stocken, einmal kräftig durchrühren und die Sahne unterziehen.
Drei Viertel von der Langustinenmousse in die mit dem Portweingelee ausgegossene Terrine füllen. In der Mitte mit einem Löffelrücken eine Mulde ziehen. Die Erbsenmousse in einen Spritzbeutel geben und in die Mulde spritzen. Die restliche Langustinenmousse darüber verteilen und glattstreichen. Im Kühlfach 2 ½ Stunden durchkühlen.

Garnitur
4 halbierte Langustinen, gewürzt und kurz in der Kruste gebraten
18 blanchierte Zuckererbsenschoten
1 EL Vinaigrette-Salatsauce (Rezept Seite 276)
1 EL Krustentiersahne (Rezept Seite 268)

Anrichten
Die Mousse auf ein Brett legen, die Terrinenform mit einem heißen Handtuch etwa 2 Sekunden fest andrücken und vorsichtig die Form abheben. Nochmals 10 Minuten kühl stellen. In Scheiben aufschneiden und auf Teller geben. Mit den gebratenen Krustentierhälften, blanchierten, in Vinaigrette marinierten Zuckerschoten und einem Klacks Krustentiersahne garnieren.

Anmerkung: Beide Mousses sollten parallel zubereitet werden, damit sie gleichzeitig in die Form gefüllt werden können. Wichtig ist bei der Herstellung der Mousse, daß man genau den Gelierpunkt abwartet, bevor die Sahne untergehoben wird.

Lachs- und Zanderpastete mit Kaviarsahne

Für 4–6 Personen
180 g Zanderfilet
Salz
Pfeffer aus der Mühle
1 Eiweiß
50 g frische Kräuter (Sauerampfer, Dill, Petersilie)
150 g Sahne
½ Zitrone

Fisch
200 g Blätterteig (Rezept Seite 283)
200 g Lachsfilet
200 g Zanderfilet
1 Zitrone
Salz
1 Eigelb
1 TL Milch

★★★ Das Zanderfilet kleinschneiden, salzen und pfeffern, mit dem Eiweiß vermengen und für 30 Minuten ins Eisfach des Kühlschranks stellen. Mit den grob geschnittenen Kräutern in den Küchenkutter geben. Die ebenfalls gekühlte Sahne nach und nach dazuschütten und alles zu einer geschmeidigen Farce pürieren. Mit Zitronensaft und Salz abschmecken. Durch ein Sieb streichen und kühl stellen.
Den Blätterteig dünn ausrollen und in zwei gleich große Platten schneiden.
Die Filets von Lachs und Zander mit Zitronensaft und Salz würzen. Zuerst das Zanderfilet rundum mit der grünen Farce etwa ½ cm dick bestreichen. In die Mitte des einen Blätterteigstücks legen, darauf das Lachsfilet geben, mit der Farce bestreichen. Das Eigelb mit der Milch verrühren, damit den Blätterteig rund um den Fisch bestreichen. Die zweite Blätterteigplatte auflegen und leicht andrücken. Mit dem Teigrädchen die Ränder abtrennen und die Oberfläche mit etwas Eigelb bestreichen. Bei 200 Grad (Gas: Stufe 3) etwa 17 Minuten im Ofen backen.
Die Crème fraîche mit Sherry, Essig, Zitronensaft und dem Öl verrühren. Mit einer Prise Salz und frischem Pfeffer abschmecken. Erst unmittelbar vor dem Servieren den Kaviar unterziehen.

Kaviarsahne
100 g Crème fraîche
1 EL trockener Sherry
1 TL Sherryessig
½ Zitrone
½ EL Walnußöl
Salz
Pfeffer aus der Mühle
50 g Beluga-Kaviar
50 g Lachskaviar

Anrichten
Die Terrine mit einem elektrischen Messer in dicke Scheiben schneiden und mit der Kaviarsahne servieren.

Tip: Die Terrine sollte am selben Tag zubereitet werden, an dem sie benötigt wird. Sie kann warm oder kalt gegessen werden. Wenn wir sie als warmes Fischgericht servieren, paßt am besten eine Fischweißweinsauce unter Zugabe von Safranfäden dazu (Rezept Seite 270).

Getrüffeltes Geflügelleber-parfait mit Portweingelee

Für 6–8 Personen
250 g frische Geflügelleber
2 Eier
250 g geklärte Butter
1 Msp. Pökelsalz
weißer Pfeffer aus der Mühle
2 cl roter Portwein
2 cl Cognac
20 g schwarze Trüffel
100 g grüner frischer Speck
1 Lorbeerblatt
1 Msp. feingerebelter Thymian

★★★ Die Leber fein säubern, d.h. von allen Sehnen und Häutchen befreien. Dann zusammen mit den Eiern im Mixer pürieren und durch ein Sieb streichen. Und nochmals pürieren. Nun langsam, unter ständigem Rühren, die geklärte, warme Butter zufügen. Mit Pökelsalz, Pfeffer, Portwein und Cognac abschmecken. Eventuell noch etwas Salz aus der Mühle dazugeben.
Die rohen Trüffel gut bürsten (verwendet man welche aus dem Glas, diese gut abtropfen lassen) und in feine Würfelchen hacken.
Eine Terrinenform von etwa 1/2 l Inhalt mit dem in dünnen Scheiben geschnittenen Speck so auslegen, daß jeweils ein Viertel der Scheiben übersteht. Die Lebermasse einfüllen und mit den überstehenden Speckscheiben abdecken. Mit einem Lorbeerblatt verzieren und etwas Thymian darüberstreuen, in Alufolie einschlagen und in die Fettauffangpfanne stellen. Zu drei Viertel mit 70 Grad heißem Wasser angießen und im Backofen bei 170 Grad (Gas: Stufe 2) etwa 50 Minuten pochieren. Das Parfait herausnehmen und mindestens 4 Stunden kühl stellen.

Anmerkung: Frische schwarze Trüffel aus dem Périgord sind Ende Februar/Anfang März am besten. Doch es gibt das ganze Jahr über beste Qualität in Dosen zu kaufen.

Garnitur
120 g Portweingelee (Rezept Seite 287)

Anrichten
Jeweils eine Scheibe von dem Parfait auf gut gekühlte Teller legen und mit kleingewürfeltem Portweingelee umlegen. Man kann getoastete Weißbrotecken dazu reichen oder selbstgebackene Brioches (Rezept Seite 285).

Entenpastete mit Apfel-Walnuss-Salat

Für 8–10 Personen
100 g Schweineschmalz
0,1 l handwarmes Wasser
7 g Salz
250 g Mehl (Type 405)

Farce
400 g Entenkeulen
Salz
Pfeffer aus der Mühle
200 g Crème double
1 Ei
4 cl weißer Portwein
2 cl Grand Marnier
40 g Pistazienkerne
40 g grob gehackte Walnußkerne

Einlage
2 Entenbrüste à 300 g
100 g marinierte Gänsestopfleber (Rezept Seite 16)
40 g blanchierte Spinatblätter
80 g grüner frischer Speck

★★★ Das Schmalz mit dem Wasser und Salz glattrühren. Nach und nach das Mehl dazusieben und zu einem geschmeidigen Teig verkneten. Im Kühlschrank ruhen lassen.

Das Fleisch von den Keulen trennen und von Sehnen und Häuten befreien. Dann in kleine Würfel schneiden und mit Salz und Pfeffer würzen. Separat mit der Crème double im Gefrierfach leicht anfrieren lassen. Fleisch, Crème double und das Ei im Küchenkutter zu einer geschmeidigen Creme mixen. Kühl stellen und durch ein Sieb streichen. Mit Portwein und Grand Marnier, etwas Salz und Pfeffer abschmecken. Die Pistazien und Walnüsse untermischen.

Die Entenbrüste taschenförmig aufschneiden und mit einem breiten Messerrücken leicht flach drücken. Als »Kern« in die Mitte die marinierte Gänsestopfleber geben und aufrollen. Die blanchierten Spinatblätter nebeneinander auslegen, die Entenrollen hintereinander daraufgeben und alles zusammen einrollen.

Eine Pastetenform mit 1 Liter Inhalt ausbuttern und leicht mehlieren. Den Pastetenteig gleichmäßig dünn ausrollen und die Form damit auslegen. Etwas Teig für den Deckel übriglassen. Den Speck in dünne Scheiben schneiden und die Teigform damit so auslegen, daß jeweils noch etwas von dem Speck übersteht. Die Hälfte der Farce darauf geben, die Enten-Spinat-Rolle hineindrücken und mit der restlichen Farce abdecken. Glatt verstreichen und mit dem Speckmantel zudecken. Mit dem Teigdeckel abschließen und fest andrükken. Mit verquirltem Eigelb bepinseln und zwei Löcher ausstechen (geht gut mit einer dicken Nudel), damit der Dampf entweichen kann. Bei 220 Grad (Gas: Stufe 4) 60 Minuten im Ofen backen.

Nach dem Erkalten das lauwarme Portweingelee in die zwei Öffnungen gießen und wieder kalt stellen.

Den Apfel sehr gut waschen, vierteln, entkernen und in gleichmäßig dünne Scheiben schneiden. Gleich mit etwas Zitronensaft beträufeln, damit sie sich nicht verfärben. Die Rosinen und Nüsse daruntermischen. Die leicht dickliche Sahne mit dem Honig verrühren und unter den Salat heben.

Butter und Mehl für die Form
1 Eigelb
1/4 l Portweingelee (Rezept Seite 287)

Salat
1 großer Apfel (Delicious)
1/4 Zitrone
1 EL Rosinen
1 EL grob gehackte Walnußkerne
2 EL leicht aufgeschlagene Sahne
1 TL Honig

Garnitur
100 g marinierte Zuckerschoten

Anrichten
Die Pastete mit einem elektrischen Messer in Scheiben aufschneiden. Auf die Teller verteilen. Marinierte Zuckerschoten daneben anordnen und den Salat darauf häufeln.

Rotkrautsalat mit Barbarie-Entenbrust und Honigschalotten

Für 4 Personen
4 Entenbrüste (weiblich)
1 EL Honig
Pfeffer aus der Mühle
100 g frisches feingeschnittenes Rotkraut
1/8 l lieblicher Rotwein
Salz
1 EL Butterfett
1 Spritzer Balsamicoessig
2 cl Traubenkernöl
Zucker
1 Apfel (Delicious)

★★★ Die Entenbrüste am besten in Vakuum etwa 10–14 Tage im Kühlschrank aufbewahren, dadurch wird das Fleisch zart. Einen Tag vor dem Zubereiten das Fett der Brüste zu Karos einschneiden. Mit Honig bepinseln und mit etwas Pfeffer bestäuben.

Das Rotkraut mit heißem Rotwein übergießen und in einem verschließbaren Glas einen Tag marinieren.

Die Entenbrüste salzen und in heißem Butterfett kurz auf der Innenseite, dann auf der Fettseite mit starker Hitze rosé braten und 3 Minuten ruhen lassen.

Das Rotkraut mit Balsamico, Traubenkernöl, Salz, Zucker und Pfeffer abschmecken. Den Apfel schälen und würfeln.

Die Schalottenwürfelchen in heißer Butter glasieren, mit Sherryessig, Balsamico und Wein fast dickflüssig einkochen. Mit einer Prise Salz und Pfeffer abschmecken. In das noch gut warme Gericht den Honig unterrühren.

Honigschalotten
4 EL kleingewürfelte Schalotten
1 EL Butter
1 Spritzer Sherryessig
1 Spritzer Balsamicoessig
1/8 l trockener Weißwein
Salz
Pfeffer aus der Mühle
1 EL Waldhonig

Garnitur
50 g Feldsalat
1 TL Walnußöl
1/2 Zitrone

Anrichten
Den geputzten Feldsalat auf Teller zum Halbmond auslegen, mit Walnußöl und Zitronensaft marinieren. Den abgetropften Rotkohl mit den Apfelwürfeln davor plazieren, die aufgeschnittene warme Entenbrust dazulegen und mit den Honigschalotten nappieren.

Warme Kalbskopfterrine mit Rote-Bete-Meerrettich-Sauce

Für 6 Personen
1/2 Kalbskopfmaske
1/2 Kalbszunge
1/4 l trockener Weißwein
2 cl Sherryessig
100 g Karotten
50 g Staudensellerie
50 g Lauch
1 geschälte Schalotte, gespickt mit 1 Lorbeerblatt und 2 Nelken
1 frischer Zweig Thymian
1 Prise Salz
50 g Kalbsbries

Farce
80 g Zanderfilet
1/2 Eiweiß
Salz
Pfeffer aus der Mühle
60 g Sahne
1 kleines Sträußchen Kerbel
1 kleines Sträußchen Petersilie
1/2 Zitrone
2 cl trockener Sherry

★★★ Die Maske vom Kalbskopf am besten gleich vom Metzger abtrennen lassen. Für die Terrine benötigen wir nur die Hälfte, der Rest kann für den Kalbskopfsalat verwendet werden (Rezept Seite 52). Von der Maske eventuell vorhandene Borsten mit einem scharfen Messer abschaben. Die Maske und Zunge in kochendem Wasser etwa 5 Minuten blanchieren. Kalt abschrecken und von den Innenbacken die weißen Stellen abkratzen. Die Maske in 1,5 cm große Würfelchen schneiden.

2 l Wasser mit dem Weißwein, Sherryessig, dem geputzten Gemüse und der gespickten Schalotte zum Kochen bringen. Die Zunge und das Kalbskopffleisch mit dem Thymianzweig und einer Prise Salz hineingeben. 45 Minuten weich kochen, das Fleisch sollte aber noch »Biß« haben. Das Kalbsbries enthäuten, wässern und etwa 6 Minuten beim Kalbskopf mitköcheln lassen. Das abgekühlte Bries dann zu Röschen zupfen, kühl stellen. Die Zunge aus dem heißen Fond nehmen, kalt abschrecken, die Haut abziehen und in Würfelchen schneiden und wieder in den Fond zurückgeben.

Das Zanderfilet klein würfeln, mit dem Eiweiß vermischen und mit Salz und Pfeffer würzen. Separat mit der Sahne im Tiefkühlfach leicht anfrieren. Dann alles zusammen mit gewaschenem Kerbel und Petersilie zu einer feinen Farce im Küchenkutter pürieren. Durch ein Passiersieb streichen. Die Farce mit Zitronensaft, Salz und Sherry abschmecken. Auf eine Klarsichtfolie, gut passend für die Terrinenform (16 cm lang, 1/2 l Inhalt), etwa 3 mm dick Farce ausstreichen und in die Form legen. Jetzt schichtweise abgetupfte Stückchen von Kalbskopf und Zunge sowie Bries hineingeben. Darüber jeweils dünne Farce streichen, bis die Terrine fest gefüllt ist. Als Abschluß mit Farce bestreichen und mit der überstehenden Folie verschließen. Alles in Alufolie einschlagen. In ein 80 Grad heißes Wasserbad stellen und 35 Minuten bei 150 Grad (Gas: Stufe 1 – 2) im Ofenrohr pochieren. Danach leicht beschwert kalt stellen.

Sauce
1/4 l Kalbskopffond
200 g Sahne
1 kleine rote Bete
60 g Butter (Zimmertemperatur)
1 TL ger. Meerrettich
2 cl trockener Sherry
1/2 Zitrone
Salz
1 EL geschlagene Sahne

Anrichten
Die Terrine stürzen und in der Klarsichtfolie mit einem elektrischen Messer in etwa 2 mm dicke Scheiben schneiden. Auf einem gebutterten Blech und mit etwas Kalbsfond im Rohr warm stellen. Auf heiße Teller verteilen, die Folie abnehmen, die Sauce dazugeben und nach Wunsch mit knusprig fritierten Streichholzkartoffeln und Feldsalat servieren.

Von dem Kalbskopffond 1/4 l abmessen und zusammen mit der Sahne auf die Hälfte einkochen. Die rote Bete schälen, würfeln und mit der Butter im Mixer fein pürieren. Durch ein Sieb streichen und nach und nach in die Sauce einrühren. Mit geriebenem Meerrettich, Sherry, Zitronensaft und Salz abschmecken. Vor dem Anrichten passieren und 1 Eßlöffel Schlagsahne unterheben.

Salat Mediterranée

Für 4 Personen
100 g Chicorée weiß
1 Bund Chicorée rot
1 Lollo Rosso
1 Roquette-Salat
1,5 kg Langustinen (oder 12 Scampischwänze, gefroren)
Salz
Zitronenpfeffer

Safranweinteig
0,1 l trockener Weißwein
1/2 TL Olivenöl (extra, erste Pressung)
1 Msp. Safranpulver
1 Prise Salz
1 Prise Zucker
4–5 EL Mehl
Mehl zum Bestäuben
Fritierfett zum Ausbacken

★★★ Die Salate putzen, vom Chicorée den bitteren Kern herausschneiden, die Salate entblättern und waschen. Danach alle Salate auf einem Sieb gut abtropfen.
Die Langustinenschwänze ausbrechen und die Därme herausschneiden, mit Salz und Zitronenpfeffer marinieren. Tiefgefrorene Scampi langsam im Kühlschrank auftauen lassen.
Den Weißwein mit Olivenöl, Safran, Salz und Zucker verschlagen. Mit dem Mehl zu einem dickflüssigen Teig verrühren. Die Langustinenschwänze mit Mehl bestäuben, durch den Safranteig ziehen und im 170 Grad heißen Fettbad goldbraun backen. Auf einer Papierserviette abtropfen lassen.
Für die Sauce alle angegebenen Zutaten in eine Schüssel geben und gut verrühren. Abschmecken.
Die Blattsalate mit der Vinaigrette marinieren.

Anmerkung: Roquette, auch als Rucula, Ruka oder Salatrauke bekannt, ist ein besonders feiner Blattsalat aus Italien und Frankreich. Der junge Salat hat intensiv grüne, kleine runde Blätter und ähnelt im Aussehen etwa jungem Spinat. Ist der Salat älter, sind die Blätter länglich feinrippig und ähneln mehr dem grünen Eichblattsalat. Auch der Geschmack hat sich verändert, er ist dann intensiver, bitterer.

Sauce
4 EL Mayonnaise (Rezept Seite 275)
1 EL Langustinenreduktion (Rezept Seite 268)
1 EL Tomatenketchup
1/2 TL gehackter Ingwer
1/2 TL Curry
1/2 TL Balsamicoessig
1 cl Cognac
1/2 Zitrone
Salz

2–3 EL Vinaigrette-Salatsauce (Rezept Seite 276)

Anrichten
Die Sauce auf vier kalte Teller geben. Mit den Salaten und ausgebackenen Langustinen anordnen.

Schaum von weissem und grünem Spargel mit gebratenem Rotbarbenfilet

Für 4 Personen
20 Stangen weißen Spargel
26 Stangen grünen Spargel
2 l Wasser
40 g Butter
½ Zitrone
Salz
1 Prise Zucker
6 EL Crème fraîche
Pfeffer aus der Mühle

★★★ Die Spargel schälen, holzige Enden abschneiden. Das Wasser mit Butter, Zitronensaft, Salz und Zucker zum Kochen bringen. Zuerst den weißen Spargel darin auf den Punkt garen, danach den grünen Spargel. Beide gleich in Eiswasser abkühlen. Vom weißen Spargel die Spitzen abschneiden und den Rest pürieren. Durch ein Sieb passieren und mit 3 Eßlöffeln Crème fraîche verrühren. Mit Salz und Pfeffer abschmecken.

Von dem grünen Spargel nur die Mittelstücke, sofern sie schön grün sind, und 12 Spitzen aussortieren. Den Rest pürieren, passieren und mit der restlichen Crème fraîche vermischen. Abschmecken, kühl stellen.

Die Rotbarbenfilets (mit Haut) salzen und pfeffern, mit Mehl bestäuben und in dem erhitzten Butterfett, hauptsächlich die Hautseite, schön kroß braten. Auf einem Tuch abtropfen lassen.

Den Friséesalat putzen, waschen, trockenschwenken und mit der Hälfte der leicht erwärmten Vinaigrette marinieren. Die Spargelspitzen mit der restlichen Vinaigrette überziehen.

Fisch
4 Rotbarbenfilets à 80 g
Salz
Pfeffer aus der Mühle
etwas Mehl
1 EL Butterfett

Garnitur
100 g Friséesalat
Spargelspitzen
6–7 EL Vinaigrette-Salatsauce (Rezept Seite 276)

Anrichten
Jeweils etwas vom weißen und grünen Spargelschaum auf die Teller geben und mit einem spitzen Gegenstand ineinander verziehen. In die Mitte das gebratene Rotbarbenfilet legen, mit Spargel und Frisée garnieren. Sofort servieren.

Soufflierte Belon-Austern unter der Blätterteighaube

Für 4 Personen
10 große Belon-Austern
80 g Zanderfilet
1 kleines Ei
130 g Sahne
1 Sträußchen frische Kräuter (Brunnenkresse, Dill, Petersilie)
2 cl trockener Sherry
½ Zitrone
Salz
Pfeffer aus der Mühle
4 große Jakobsmuschelschalen (oder Förmchen)
Butter für die Förmchen
200 g Blätterteig (Rezept Seite 283)
1 Eigelb
grobes Salz

★★★ Die Austern öffnen und vier besonders schöne beiseite stellen.

Das Zanderfilet klein schneiden, mit den restlichen Austern und einem Eigelb vermischen. Mit der Sahne separat in das Kühlfach stellen. Wenn beides leicht angefroren ist, zusammen mit den gewaschenen Kräutern im Küchenkutter zu einer geschmeidigen Farce pürieren. Durch ein Sieb streichen und ein steifgeschlagenes Eiweiß unterziehen. Mit Sherry, etwas Zitronensaft, Salz und Pfeffer abschmecken.

Die Muschelschalen ausbuttern, die Farce darauf verteilen und jeweils eine Auster hineindrücken.

Den Blätterteig ausrollen, entsprechend der Förmchen ausstechen und über die Muscheln legen. Die Ränder mit Eigelb bestreichen und fest andrücken. Die Muscheln vor dem Backen 15 Minuten im Kühlschrank ruhen lassen. Ein Backblech mit grobem Salz ausstreuen, die Muscheln daraufsetzen und im Ofenrohr bei 200 Grad (Gas: Stufe 3) 8–10 Minuten backen.

Den Fischfond mit dem Wein und der Schalotte auf 0,1 l einkochen. Die kalte Butter einrühren, Tomatenwürfel und Schnittlauch zufügen. Mit Salz und Zitronensaft abrunden.

Schnittlauchbutter
¼ l Fischfond (Rezept Seite 266)
0,1 l trockener Weißwein
1 kleine feingeschnittene Schalotte
60 g kalte Butterwürfelchen
2 EL gehäutete Tomatenwürfel
1 EL Schnittlauchröllchen
Salz
¼ Zitrone

Anrichten
Die Blätterteighaube von den Muschelschalen rund aufschneiden und mit der Schnittlauchbutter marinieren.

Jakobsmuscheln in Strudelteig mit getrüffeltem Kohlrabi

Für 4 Personen

Farce
50 g Langustinenfleisch oder Scampi
30 g Zanderfilet
70 g Sahne
½ Eiweiß
1 EL Langustinenreduktion (Rezept Seite 268)
½ Zitrone
1–2 EL Cognac
Salz
Pfeffer aus der Mühle

Muscheln
1,2 kg Jakobsmuscheln
Salz
1 Zitrone
8 blanchierte Spinatblätter
100 g Strudelteig (Rezept Seite 284)
etwas Butter zum Bepinseln
Öl zum Ausbacken

★★★ Das Langustinenfleisch und den Zander fein würfeln. Mit der Sahne und dem Eiweiß mischen, im Kühlschrank gut durchkühlen lassen. Im Küchenkutter mit der Langustinenreduktion zu einer feinen Farce mixen. Durch ein Sieb passieren. Mit Zitronensaft, Cognac, einer Prise Salz und Pfeffer abschmecken.
Die Jakobsmuscheln ausbrechen, säubern, mit Salz und Zitronensaft würzen. Die Muscheln (ohne Corail) mit der Farce einstreichen und in die Spinatblätter wickeln.
Den Strudelteig gleichmäßig dünn ausziehen und die Muscheln jeweils in etwas Teig einschlagen. Mit Butter bepinseln. Vor dem Servieren in 180 Grad erhitztem Öl etwa 3 Minuten ausbacken.
Fur die Noilly-Prat-Sauce den Wermut um zwei Drittel einkochen, mit der Sahne auffüllen und bei milder Hitze die kalte Butter einschlagen. Abschmecken.
Für die Buttersauce den Langustinenfond ebenfalls um zwei Drittel einkochen, mit dem Wein auffüllen und die kalte Butter einschlagen. Abschmecken.
Den Kohlrabi waschen, schälen und in dünne Streifen schneiden. In der erhitzten Butter glasig ziehen. Mit Salz und einer Prise Zucker abschmecken. Die Trüffelstreifen dazugeben. Die Kohlrabiblätter kurz blanchieren und in Eiswasser abschrecken.

Tip: Jakobsmuscheln sind am besten zwischen November und März. Dann ist der orangefarbene Rogen (Corail) eine Delikatesse für sich. Ansonsten kann man die abgetrennten kleineren Corails mit in die Langustinenfarce geben.

Noilly-Prat-Sauce
0,2 l Noilly Prat
2 EL Sahne
50 g kalte Butterwürfelchen
Salz

Buttersauce
0,2 l Langustinenfond (Rezept Seite 267)
2 cl Roséwein
50 g kalte Butterwürfelchen
Salz
Pfeffer aus der Mühle

Kohlrabi
2 junge Kohlrabi mit Blättern
1 TL Butter
Salz
1 Prise Zucker
10 g schwarze Trüffelstreifen

Anrichten
Die gebackenen Jakobsmuscheln halbieren, mit den beiden Saucen, dem Kohlrabigemüse und den Kohlrabiblättern servieren.

Gebackene Holunderblüten mit Krebsen

Für 4 Personen
3 Holunderblütendolden
0,1 l trockener Weißwein
1/2 TL Sonnenblumenöl
Salz
Zucker
3–4 EL Mehl (Type 405)
12 lebende Flußkrebse (à 40 g)
Fritierfett zum Ausbacken

★★★ Die Blütendolden nicht waschen, sondern nur gut abschütteln, damit eventuelle Tierchen abfallen. Jede Blüte in vier gleiche Teile zerschneiden und in den Weißwein legen. Zugedeckt drei Tage im Kühlschrank ruhen lassen. Den Sud abgießen und mit Öl, einer Prise Salz und Zucker verrühren. Mit dem Mehl zu einem dickflüssigen Teig rühren.
Die Krebse in kochendes Salzwasser werfen und 2 1/2 Minuten kochen, kalt abschrecken und aus den Schalen und Scheren brechen. Mit einem kleinen Schnitt am Rücken die Därme aus den Schwänzen entfernen und jeden Schwanz in einen Blütenzweig geben. In den Teig eintauchen und im 170 Grad heißen Fett 3 Minuten ausbacken. Auf Küchenkrepp abtropfen lassen.

Anmerkung: Dieses Gericht kann sehr gut auch als Amuse gueule serviert werden.
Das Fleisch der Scheren entweder für ein anderes Gericht verwenden oder als Vorrat einfrieren.

Sauce
1/8 l Fischweißweinsauce *(Rezept Seite 270)*

Anrichten
Auf jeden Teller jeweils drei gebackene Krebse geben und mit der Sauce umgießen.
Wer will, legt noch einen kleinen frischen Blütenzweig dazu.

Oben: Gebackene Holunderblüten mit Krebsen
Unten: Matjestatar auf Pumpernickel *(Rezept Seite 40)*

Matjestatar auf Pumpernickel

Abbildung Seite 39

Für 4 Personen
4 Matjesfilets
12 kleine runde Scheiben Pumpernickelbrot
Butter zum Bestreichen

Sauce
2 EL Mayonnaise (Rezept Seite 275)
2 cl trockener Weißwein
2 TL Gewürzgurkenfond
1 TL Tafelsenf
2 EL Olivenöl (extra, erste Pressung)
1 EL feingewürfelte Gewürzgurken
1 TL geschnittener Dill
½ Zitrone
Salz
Pfeffer aus der Mühle

Garnitur
1 Bund Radieschen
4 frische Zweige Dill

★★★ Die Matjesfilets in ½ cm große Würfelchen schneiden. Die Pumpernickel mit Butter bestreichen und die Matjeswürfelchen als etwa 2 cm hohe Häufchen darauf verteilen.
Die Mayonnaise mit Weißwein, Gurkenfond und Senf gut verrühren. Das Olivenöl einschlagen, bis eine dickflüssige Bindung entsteht. Die Gewürzgurken und den Dill zufügen und mit Zitronensaft, Salz und Pfeffer abschmecken. Jeden Pumpernickel mit der Sauce überziehen.

Anmerkung: Matjesheringe sind noch nicht geschlechtsreif, haben also weder Milch noch Rogen. Sie sind besonders mild gesalzen und im Juni am besten.

Tip: Mit diesem Tatar als kleinem kulinarischen Imbiß können Sie Ihre Freunde zum Sektempfang überraschen.

Anrichten
Je drei Pumpernickeltaler auf einen Teller geben und mit Radieschen-Julienne und Dillzweiglein ausgarnieren.

TELLERKÜRBCHEN, GEFÜLLT MIT KREBSEN, UND ROSA BUTTER

Zutaten für 4 Personen
1 kg lebende Flußkrebse
1 EL Butterfett
2 Schalotten
50 g Lauch
50 g Sellerie
50 g Karotten
1 vollreife Tomate
250 g geschälte Tomaten (aus der Dose)
6 schwarze zerdrückte Pfefferkörner
1 frischer Zweig Thymian
0,1 l trockener Weißwein
60 g kalte Butterwürfelchen
Salz
2 cl Cognac
2 EL geschlagene Sahne
4 Mini-Melonenkürbisse (etwa 7 cm Durchmesser)
30 g Butter

★★★ Die Krebse ins kochende Salzwasser werfen und 4 Minuten garen. Herausnehmen, in Eiswasser abschrecken und ausbrechen. Das Krebsfleisch in etwas Fond warm halten. Die Krebskrusteln kurz abspülen, zerkleinern und in einer Kasserolle in dem erhitzten Butterfett anrösten. Schalotten, Lauch, Sellerie, Karotten und Tomaten putzen, in kleine Würfel schneiden und zufügen. 1 Minute andünsten. Die Dosentomaten mit dem Saft, die Pfefferkörner und den Thymian untermischen. Mit Weißwein aufgießen und soviel Wasser dazugeben, bis alles eben bedeckt ist. Bei milder Hitze 15 Minuten köcheln. Den Fond durch ein feines Haarsieb passieren und auf 8 cl Flüssigkeit einkochen. Bei milder Hitze die Butter montieren und mit Salz und Cognac abschmecken. Kurz vor dem Servieren die Schlagsahne unterziehen.

Von den Kürbissen das obere Drittel als Deckel abschneiden. Mit einem Löffel die Kerne herausheben, die Böden und Deckel in der zerlassenen Butter 5–7 Minuten dünsten, ohne daß sie dabei Farbe nehmen.

Anrichten
Auf vier vorgewärmte Teller etwas von der Sauce geben, darauf die Kürbchenböden setzen, mit den warmen Krebsen füllen und mit Sauce nappieren. Die Kürbchendeckel seitlich an den Boden lehnen und sofort servieren.

Seezungenterrine mit Krebssalat

Zutaten für
6 Personen
800 g lebende Flußkrebse à 40 g
1 Zitrone
1 Seezunge von 700 g
1 Zitrone

Farce
200 g Zanderfilet
Salz
Pfeffer aus der Mühle
200 g Sahne
2 cl trockener Sherry
½ Zitrone
1 EL Krebsreduktion (Rezept Seite 268)
20 g Trüffelwürfelchen
1 Msp. Safranpulver
1 EL gekochte Karottenwürfelchen
1 EL gekochte Selleriewürfelchen
1 EL gehackte Pistazienkerne

Einlage
6 Scheiben grüner frischer Speck
6 große Spinatblätter

★★★ Die Krebse in kochendes Salzwasser geben, 3 Minuten zugedeckt kochen, mit einer Schaumkelle herausheben und in kaltem Wasser auskühlen. Ausbrechen. Die Krebsschwänze und -scheren in etwas leicht gesalzenem Wasser, vermischt mit Zitronensaft, aufheben. So bleibt die schöne Farbe erhalten. Von den Krebskarkassen mit Gemüse, Wein, Wasser und Gewürzen nach Rezept (siehe Seite 268) eine kräftige Reduktion kochen und kalt stellen.

Die Seezunge enthäuten, filetieren und die Filets zwischen Klarsichtfolie legen. Mit einem Schlagmesser leicht in Form drücken. Die Filets auf einem Küchentuch zu einem 18 × 16 cm großen Rechteck zurechtlegen. Wichtig dabei: Die Hautseite der Seezungen sollte nach oben zeigen, also für uns sichtbar, damit sich die Rolle später besser zusammenzieht. Die vorstehenden Spitzen der Filets oben und unten gerade abtrennen und kleinschneiden. Die Filets mit Zitronensaft beträufeln.

Das Zanderfleisch klein würfeln und mit den Seezungenresten vermischen. Mit Salz und Pfeffer würzen und im Tiefkühlfach leicht anfrieren lassen. Ebenso die Sahne. Das Fischfleisch zusammen mit der Sahne im Küchenkutter fein pürieren und durch ein Sieb streichen. Mit Sherry, Zitronensaft und Salz abschmecken. Ein Fünftel der Farce mit 1 Eßlöffel von der Krebsreduktion und den Trüffelwürfeln mischen. Auf die mit Zitrone und Salz gewürzten Seezungenfilets streichen. Sechs abgetropfte Krebsschwänze an die dünnen Seezungenenden legen und von hier aus zu einer Rolle formen.

Die restliche Fischfarce mit dem Safran färben, die Gemüsewürfelchen und die Pistazien untermischen und alles gut verrühren.

Eine kleine Terrinenform von etwa ¾ l Inhalt mit den Speckscheiben so auslegen, daß sie jeweils 4 cm über den Rand stehen. Die Spinatblätter 3 Sekunden in kochendem Wasser blanchieren, kalt abschrekken und trockentupfen. Auf den Speck legen. Die Hälfte der Farce in die Form geben und gleichmäßig verteilen. Vorsichtig die Fischrolle in die Mitte geben und etwas eindrücken. Mit der restlichen Farce bestreichen und mit dem überstehenden Speck abdecken. Die Form

Salat
100 g Keniaböhnchen
14 ausgelöste Krebsschwänze und -scheren
2–3 EL Vinaigrette-Salatsauce (Rezept Seite 276)
6 Blatt Lollo Rosso

Beilage
Weißbrot
Krustentiersahne (Rezept Seite 268)

Anrichten
Die Böhnchen putzen und in wenig kochendem Salzwasser mit »Biß« kochen. Abgießen und in Eiswasser abschrecken. Je nach Größe der Böhnchen diese halbieren und mit dem Krebsfleisch vermischen. Mit der Salatsauce überziehen. Den Lollo Rosso waschen, trockenschwenken und nur ganz kurz durch etwas Salatsauce ziehen.

in Alufolie einschlagen und in ein vorbereitetes 70 Grad heißes Wasserbad stellen. Die Form muß gut zu drei Viertel im Wasser stehen. Im Ofenrohr bei 170 Grad (Gas: Stufe 2–3) etwa 50 Minuten pochieren. Danach die Terrine abkühlen lassen. Es empfiehlt sich, eine Terrine immer einen Tag vor Gebrauch zuzubereiten.

Tip: Damit die Krebse sofort getötet werden, ist es wichtig, daß sie vollkommen von dem sprudelnd kochenden Sud bedeckt sind. Ist kein entsprechend großer Topf vorhanden, kocht man die Krebse am besten in mehreren kleineren Portionen.
Zum Stürzen der Terrine: Die Formunterseite kurz unter fließendes heißes Wasser halten. Mit einem elektrischen Messer dann die Scheiben schneiden.

Abgetropft auf sechs Tellerchen verteilen und mit den Krebsen, Böhnchen und einer Scheibe von der Seezungenterrine anrichten. Mit Weißbrot und Krustentiersahne servieren.

Topinambur-Apfel-Salat mit Gänsestopfleber »Cru«

Für 4 Personen
1 TL Walnußöl
1 TL Himbeeressig
1 Spritzer Zitronensaft
1 Spritzer Champagner

Salat
4 Topinamburknollen (etwa 150 g)
1 Apfel (Delicious)
6 frische Walnüsse
30 g frische Preiselbeeren
30 g Preiselbeermark

★★★ Die Zutaten für das Dressing in einer Schüssel verrühren. Die Topinambur und den Apfel schälen und in Julienne schneiden. Die Walnüsse knacken und zerkleinern. Alles zusammen mit den Preiselbeeren vermischen. Mit dem Dressing marinieren und mit dem Preiselbeermark überziehen.

Anmerkung: Topinambur ist ein altbekanntes knollenartiges Gemüse, das ich für Sie wieder neu entdeckt habe. Ihr rassiges Nußaroma harmoniert besonders gut mit der Säure des Apfels und dem zarten Schmelz der Gänseleber. Auch gekocht ist die Topinambur äußerst delikat. Da erinnert ihr Geschmack an Artischocken, weshalb sie auch Jerusalem-Artischocke genannt wird.

100 g frische Gänseleber (beste Qualität)
Meersalz
schwarzer Pfeffer

Anrichten
Die kalte Gänsestopfleber in dünne Scheiben aufschneiden, mit dem Salat hübsch anordnen und mit einer Prise zerstoßenem Meersalz und einem Hauch frischgemahlenem Pfeffer servieren.

Carpaccio von Jakobsmuscheln und Wildlachs

Für 4 Personen
1 kg Jakobsmuscheln in der Schale
300 g Wildlachsfilet, pariert
Salz
Zitronenpfeffer
1 frischer Zweig Basilikum

Zitrussauce
1 Zitrone (unbehandelt)
1 Limone (unbehandelt)
1 Orange (unbehandelt)
5 cl trockener Weißwein
1 frischer Zweig Estragon
½ TL Estragonessig
1 EL Walnußöl
1 EL Distelöl
1 EL Olivenöl (extra, erste Pressung)
Salz
1 Prise Zucker

★★★ Die Muscheln sorgfältig waschen. Zum Öffnen die Muscheln mit einem Küchentuch in die rechte Hand nehmen, die flache Schalenhälfte zeigt nach oben. Mit einem spitzen kurzen, aber kräftigen Messer zwischen die Schalen fahren und den Muskel an der flachen Innenseite durchtrennen. Die obere flache Schale abheben, die untere Schale festhalten. Mit dem Messer am Rand des Fleisches entlangfahren und die Muscheln rundherum auslösen. Den grauen Bartrand vom weißen Fleisch vorsichtig abtrennen, damit der orangefarbene Rogen nicht verletzt wird.

Das Lachsfilet in dünne Scheiben schneiden und diese im Rechteck (12×15 cm) auf Klarsichtfolie auslegen. Mit Salz und Zitronenpfeffer leicht würzen. Darauf in Streifchen geschnittenes Basilikum verteilen. Die Muscheln in dünne Scheiben schneiden und darüberlegen, leicht würzen. Das Ganze vorsichtig aufrollen und an den Enden zubinden, so daß die Rolle Spannung bekommt. Ins Tiefkühlfach legen und anfrieren lassen.

Die Zitrusfrüchte hauchdünn schälen, dabei alles Weiße abschneiden. Die Schalen in feinste Streifen schneiden. In einem Sieb in kochendes Wasser halten, 1 Minute blanchieren, dann in Weißwein etwa 5 Minuten kochen, durchseihen und abkühlen. Die Estragonblättchen klein schneiden und in den Weinsud geben. Nun alle restlichen Zutaten dazugeben, mit dem Saft der Orange und etwas Limonensaft auffüllen und mit Salz und einer Prise Zucker abrunden.

Anrichten
Das Carpaccio dünn aufschneiden und damit vier Teller auslegen. Mit der Zitrussauce sanft beträufeln.

Kaviarbeutelchen auf kalter Petersilienwurzelcreme

Für 4 Personen

Creme
150 g Petersilienwurzeln
20 g Butter
3 EL Crème fraîche
Salz
Pfeffer aus der Mühle

Crêpes
25 g Mehl (Type 405)
8 EL Milch
1 Ei
1 Eigelb
1 EL gebräunte Butter
1 EL gehackte Petersilie
Salz
Fett zum Backen
100 g Beluga-, Sevruga- oder Osietra-Kaviar

★★★ Die Petersilienwurzeln waschen, dünn schälen und in kleine Scheiben schneiden. In der erhitzten Butter weich dünsten. Ein Sieb mit einem Tuch auslegen und die Petersilienwurzeln darin abkühlen lassen. Zusammen mit der Crème fraîche im Mixer pürieren. Mit Salz und Pfeffer abschmecken.
Mehl mit Milch, Ei, Eigelb, gebräunter Butter und Petersilie zu einem glatten Teig verrühren. Mit einer Prise Salz würzen. In einer Pfanne etwas Butter oder Butterfett schmelzen lassen und vier dünne Crêpes goldgelb backen. Herausnehmen und in vier gleich große Crêpes (etwa 10 cm Durchmesser) ausstechen.

Anmerkung: Für die Herstellung der Karottensterne eine große Karotte schälen, waschen und der Länge nach in gleichmäßige, etwa 2 mm dünne Scheiben schneiden. Mit einer Form kleine Sternchen ausstechen. 2–3 Minuten in kochendem Salzwasser blanchieren und eiskalt abschrecken.

Garnitur
4 blanchierte Lauchstreifen
12 blanchierte Karottensterne
frische Kerbelblättchen

Anrichten
In die Mitte der ausgekühlten Crêpes jeweils 1 Teelöffel Kaviar geben und mit einem Lauchstreifen (oder Schnittlauch) zum Beutelchen zusammenbinden. Die Petersiliencreme auf den Tellern verteilen, mit den Karottensternen und Kerbelblättchen garnieren und darauf jeweils ein Kaviarbeutelchen setzen. Läßt sich auch gut als Amuse gueule servieren.

Kaninchensülze mit Tomatencoulis

Für 8–12 Personen
1 Kaninchen (Schultern, Keulen, Rückenfilets)
2 l Kaninchenbrühe
200 g feine grüne Bohnen
250 g junge Karotten
150 g Trompetenpilze
250 g Rinderhesse
2 Eiweiße
2 Petersilienstengel
½ Stange Staudensellerie
10 Blatt Gelatine
1 Spritzer Sherryessig
0,1 l trockener Sherry
Salz
Pfeffer aus der Mühle
1 EL Butterfett
1 Kaninchenleber
1 TL Butter

★★★ Das Kaninchenfleisch, außer den Filets, in der Brühe garen, bis das Fleisch sich leicht von den Knochen lösen läßt, dann im Kochfond abkühlen lassen. Die Bohnen und Karotten putzen, in leicht gesalzenem Wasser nicht zu weich kochen. Die Pilze putzen, waschen und am besten in der Salatschleuder trocknen. Die Pilze kurz in heißem Butterfett schwenken und kalt stellen.

Das Fleisch aus der Brühe nehmen, von Haut, Knochen und Sehnen befreien. Größere Stücke kleiner schneiden. Das Gemüse würfeln. Die Brühe durch ein Sieb passieren, abkühlen und in einen Kochtopf geben. Zum Klären der Brühe die Rinderhesse durch die große Scheibe des Fleischwolfs drehen, mit Eiweiß, Petersilienstengeln und Staudensellerie vermischen, in die Brühe geben, gut verrühren und aufkochen lassen. Dabei öfter umrühren. 15 Minuten bei sehr kleiner Hitze ziehen lassen. Durch ein Tuch passieren. Die in kaltem Wasser eingeweichte Gelatine ausdrücken und in der geklärten Brühe auflösen. Mit Sherryessig, Sherry, Salz und Pfeffer abschmecken. Kühl stellen. Die Rückenfilets enthäuten, mit Salz und Pfeffer würzen und in heißem Butterfett rosé braten, abkühlen. Die Kaninchenleber mit Salz und Pfeffer würzen, in Butter kurz (rosé) anbraten und zum Abtropfen auf ein Tuch legen. Eine gekühlte 1,5-l-Pastetenform mit der vorbereiteten gelierten Brühe dünn ausgießen. Kühl stellen. Die Rückenfilets, das grobgeschnittene Kaninchenfleisch, Leber, Gemüse und Pilze schichtweise einfüllen, mit dem restlichen Gelee übergießen und 4 Stunden durchkühlen lassen.

Die Tomaten in kochendem Wasser blanchieren, kalt abschrecken und häuten. Halbieren, die Kerne entfernen, das Fruchtfleisch in kleine Würfel schneiden. Ein Drittel der Tomatenwürfelchen beiseite stellen, den Rest in dem erhitzten Olivenöl andünsten und so lange köcheln lassen, bis ein Tomatenpüree entstanden ist. Mit Salz, Pfeffer, Zucker und etwas Sherryessig abschmecken. Die kalten Tomatenwürfel zufügen. Alles gut durchkühlen lassen.

Tip: Die Sülze mindestens einen Tag vorher zubereiten, damit sie auch wirklich fest wird.

Tomatencoulis
500 g vollreife Tomaten
2 EL Olivenöl (extra, erste Pressung)
1 Prise Salz
Pfeffer aus der Mühle
1 Prise Zucker
Sherryessig

Anrichten
Vor dem Servieren die Pastetenform in heißes Wasser tauchen, dann die Sülze auf eine Platte stürzen, nochmals kurz kalt stellen und mit einem Elektromesser in feine Scheiben schneiden. Mit den Tomatencoulis umlegen.
Zu der erfrischenden Sülze kann man sehr gut kleine Kartoffelpuffer servieren.

Gelierter Kaviar mit weisser Spargelmousse

Für 4 Personen
0,1 l Geflügelfond
(Rezept Seite 265)
2 cl trockener Sherry
Salz
weißer Pfeffer aus der Mühle
3 Blatt weiße Gelatine
120 g Beluga- oder Osietra-Kaviar
400 g Spargel
150 g Crème fraîche
3 EL geschlagene Sahne

★★★ Den Geflügelfond mit Sherry, einer Prise Salz und Pfeffer abschmecken. Ein Blatt Gelatine in kaltem Wasser einweichen, ausdrücken und in der warmen Brühe auflösen. Kalt stellen. Beginnt die Brühe leicht zu gelieren, den Kaviar unterziehen und in eine kleine Glasschüssel füllen. Im Kühlschrank erstarren lassen.
Den Spargel schälen und in kochendem Salzwasser 15 Minuten weich kochen. Die Spargelspitzen als Garnitur beiseite stellen, den restlichen Spargel im Mixer fein pürieren. Durch ein Sieb streichen, unter die Crème fraîche rühren und mit Salz abschmecken. Die restliche Gelatine einweichen, gut ausdrücken und mit 2 Eßlöffeln von dem heißen Spargelfond auflösen. Rasch unter die Spargelmousse rühren. Kalt stellen. Beginnt die Speise zu gelieren, die Schlagsahne unterheben und auf die Kaviarmasse geben. Dabei die Schüssel leicht rütteln, damit sich die weiße Schicht glatt verteilt. Mindestens 90 Minuten kühl stellen.

Anmerkung: Für die Tomatenröschen werden kleine feste Tomaten mit einem scharfen Messer wie ein Apfel geschält. Die dadurch entstandene Hautspirale wird zur Rose zusammengefügt.

Garnitur
Spargelspitzen
4 Tomatenröschen

Anrichten
Mit einem Eßlöffel Nocken aus der Masse stechen und auf vier Teller verteilen. Mit Spargelspitzen und Tomatenröschen garnieren. Dazu serviert man am besten französisches Weißbrot mit leicht gesalzener Butter.

Matjes in Apfel-Dill-Sauerrahm

Für 4 Personen
6 frische Matjesfilets
1 Apfel (Delicious)
2 kleine Gewürzgurken
2 Schalotten
1 kleiner Becher Sauerrahm
1 EL Mayonnaise (Rezept Seite 275)
1 TL Senf
1/2 Zitrone
Salz
Pfeffer aus der Mühle
1 EL geschnittener Dill
2 EL geschlagene Sahne

★★★ Die Matjesfilets in etwa 1,5 cm dicke Streifen schneiden. Den Apfel dünn schälen und in Rauten schneiden. Die Gewürzgurken und die abgezogenen Schalotten in Scheibchen schneiden. Den Sauerrahm mit der Mayonnaise gut verrühren und mit Senf, Zitronensaft, Salz, Pfeffer und Dill aromatisieren. Mit allen Zutaten vermischen und etwa 1 Stunde kühl stellen. Vor dem Servieren die geschlagene Sahne unterheben. Dadurch wird das Gericht leichter und cremiger.

Beilage
1 kleine gekochte rote Bete
1 EL Vinaigrette-Salatsauce (Rezept Seite 276)
1 Prise Zucker
250 g neue Kartoffeln

Anrichten

Die gekochte rote Bete in sehr feine, dünne Streifen schneiden, mit der Salatsauce und einer Prise Zucker marinieren. Als Nestchen auf die Teller verteilen und darauf den Matjessalat anrichten. Das sieht farblich sehr gut aus und schmeckt zusammen auch ausgezeichnet. Als Ergänzung frisch gekochte neue Kartoffeln dazu servieren.

Mousse von geräucherten Forellen und Lachs mit Preiselbeer-Meerrettich-Parfait

Für 8 Personen

Weißwein-Gelee

1/8 l klarer Fischfond
(Rezept Seite 266)
1/8 l trockener
Weißwein
3 Blatt Gelatine
Salz
Tabasco
1 Tomate
2–3 frische Zweige
Dill

Mousse von Forellen

2 geräucherte
Forellen à 200 g
10 g Butter
6 cl trockener
Weißwein
0,1 l Fischfond
(Rezept Seite 266)
300 g Sahne
1/2 Zitrone
Salz
Pfeffer aus der Mühle
2 1/2 Blatt Gelatine
2 cl trockener Sherry

★★★ Den Fischfond mit dem Weißwein erwärmen. Darin die kalt eingeweichte und ausgedrückte Gelatine auflösen. Mit Salz und Tabasco abschmecken. Im Kühlschrank leicht dickflüssig werden lassen. In einer Pastetenform von etwa 1 l Inhalt einen Spiegel gießen und fest werden lassen. Mit Tomatenstreifchen und Dill ausgarnieren und das restliche dickflüssige Gelee darauf verteilen; wieder fest werden lassen.

Die Forellen filetieren und die Haut abziehen. Eine Kasserolle erhitzen, die Butter darin schmelzen und alle Forellenabfälle (Gräten, Kopf und Haut) hineingeben. Etwas anschwitzen, mit dem Weißwein, Fischfond und 200 g Sahne auffüllen. Am Herdrand 15 Minuten köcheln lassen. Danach durch ein Sieb in den Mixer passieren. Etwas abkühlen, die Forellenfilets zufügen und ganz fein pürieren. Die feine Masse in eine ausreichend große Schüssel passieren. Mit Zitronensaft, Salz und Pfeffer kräftig abschmecken und gut durchkühlen.

Die eingeweichten und gut ausgedrückten Gelatineblätter mit dem Sherry im Wasserbad auflösen und schnell unter die kühle Forellenmasse rühren. Wenn es anzieht, die restliche geschlagene Sahne unterheben. Wenn nötig, noch etwas mit Salz und Zitronensaft nachwürzen. Jetzt rasch in die vorbereitete Form auf das Weißwein-Gelee streichen.

Die Lachsmousse wird genauso zubereitet. Man kann am Schluß noch ein paar Tropfen Rote-Bete-Saft unterrühren (zur Farbauffrischung). Sie wird als zweite Schicht über die Forellenmousse gestrichen. Die Form danach kalt stellen. Die Mousse nach etwa 3 Stunden stürzen und aufschneiden.

Für das Preiselbeer-Meerrettich-Parfait alle Zutaten vorsichtig miteinander vermengen und in eine kleine Eisform geben. Im Tiefkühlfach gefrieren.

Mousse von Lachs

300 g Rauchlachsfilet
10 g Butter
6 cl trockener
Weißwein
0,1 l Fischfond
(Rezept Seite 266)
350 g Sahne
1/2 Zitrone
Salz
Pfeffer aus der Mühle
2 1/2 Blatt Gelatine
2 cl trockener Sherry
1 cl Rote-Bete-Saft

Preiselbeer-Meerrettich Parfait

80 g geschlagene
Sahne
80 g festes Preiselbeerkompott
1/2 EL Meerrettich

Anrichten

Das Parfait in dicke Scheiben schneiden und zusammen mit der Lachs- und Forellenmousse auf kalten Tellern hübsch plazieren.

Kalbskopfsalat à la Vinaigrette

Für 4 Personen
1 Kalbsgaumen
(blanchiert, etwa
400 g)
1 kleine Kalbszunge
100 g Kalbsbries
1 l Kalbsfond
(Rezept Seite 264)
1/4 l trockener
Rotwein
1 l Wasser
1 Lorbeerblatt
1 EL Essig
Salz
Pfeffer aus der Mühle
1 bouquet garni
(1 Karotte, 1 dünne
Stange Lauch,
1 Stückchen Sellerie,
1 Zwiebel)
1 TL Butter

★★★ Die Kalbsgaumen in etwa 1 cm große Würfel schneiden. Die Zunge kurz abspülen. Das Kalbsbries häuten und wässern. Den Kalbsfond mit Wein und Wasser vermischen. Mit Lorbeerblatt, Essig, etwas Salz und Pfeffer würzen und das Gemüsebund zufügen. Auf den Herd stellen, Zunge, Kalbsgaumen und Bries hineingeben und kochen. Das Bries nach 10 Minuten herausnehmen. Gaumen und Zunge brauchen knapp 1 Stunde.

Die Salate waschen, putzen und entblättern. Karotte schälen, Zucchini putzen, beides in feine Scheibchen schneiden und die Karotte 1 - 2 Minuten blanchieren. Bohnen putzen und 2 Minuten blanchieren. Das Gemüse sofort in Eiswasser abschrecken, damit es seine schöne Farbe behält.

Die Kräuter waschen, trockenschwenken und zerkleinern.

Alle Zutaten für die Marinade verschlagen und die Hälfte der Sauce über die Salate träufeln. Die restliche Marinade in einen Topf geben, mit den gehackten Kräutern vermischen. Gewürfelten Gaumen und die abgezogene, in Scheibchen geschnittene Zunge zufügen. Darin marinieren. Auf den Herd stellen. Ganz kurz erwärmen und zum Schluß das Gemüse dazugeben.

Das Kalbsbries in feine Scheiben schneiden, mit Pfeffer und Salz würzen und in der Butter ganz kurz anbraten.

Tip: Statt Kalbsgaumen kann für diesen Salat auch Kalbsmaske genommen werden. Da die für den Salat gebrauchten Kalbfleischsorten nicht immer vorhanden sind, empfiehlt es sich, sie beim Metzger vorzubestellen.

Salat
1/2 Friséesalat
60 g Feldsalat
1/2 Eichblattsalat
1 kleine Karotte
1 kleine Zucchini
100 g feine grüne
Bohnen
10 g Kerbel
1/2 Bund Schnittlauch
1/4 Bund Petersilie

Marinade
1–2 Schalotten
brunoise
Salz
Pfeffer aus der Mühle
1 TL Dijon-Senf
0,1 l Kraftbrühe
2 EL Sherryessig
6–7 EL Oliven- und
Nußöl

Anrichten
Die Teller mit den marinierten Salaten auslegen, darauf Gaumen, Zunge und Gemüse anrichten und die Briesscheiben obendrauf legen. Eventuell noch mit etwas Kräuter-Vinaigrette beträufeln.

Mousse von Kalbsbries und Krebsen

Für 4 Personen

Krebsreduktion
1 Schuß Sherryessig
250 g lebende Flußkrebse (4–6 Stück)
20 g Butter
1 Schalotte
150 g geschälte Tomaten (aus der Dose)
3 cl trockener Sherry
2 cl Cognac
0,1 l trockener Weißwein
1/4 l Geflügelfond (Rezept Seite 265)

★★★ Einen großen Topf mit ausreichend Wasser und dem Essig zum Kochen bringen. Die Krebse hineingeben und zugedeckt 3 Minuten ziehen lassen. Herausnehmen, die Schwänze und Scheren ausbrechen und die Karkassen im Mörser fein zerstoßen.
Die Butter schmelzen, die Krebsschalen mit der geschälten, gehackten Schalotte und den zerkleinerten Tomaten darin anschwitzen. Mit Sherry, Cognac und Weißwein ablöschen, mit dem Geflügelfond auffüllen. 10 Minuten köcheln. Durch ein Sieb passieren und so lange einkochen, bis 6 Eßlöffel Krebssauce übrigbleiben. Kalt stellen.
Das Bries häuten und gut wässern. Den Geflügelfond mit dem Wein vermischen, das Bries hineingeben und zum Kochen bringen. Bei milder Hitze 10 Minuten ziehen lassen. Das Bries herausnehmen und vier schöne dünne Scheiben abschneiden, diese beiseite legen und den Rest in einen Mixer geben. Die Kochbrühe vom Bries mit der Crème double verrühren, aufkochen und bis auf die Hälfte der Flüssigkeit reduzieren. Zum Bries in den Mixer gießen und alles fein pürieren. Anschließend passieren und kalt stellen.
Karotte und Fenchel putzen, waschen und in sehr kleine Würfel schneiden. In wenig leicht gesalzenem Wasser »bißfest« kochen und gut abgetropft unter die Briesmasse ziehen.
Eine längliche Form (etwa 16 cm) mit dem Portweingelee ausgießen und im Kühlschrank erstarren lassen. Darauf die ausgelösten Krebsschwänze und die Briesscheiben dekorativ anordnen. Vorsichtig mit dem restlichen Gelee begießen – damit die Garnitur nicht verrutscht. Kühl stellen.
Die Gelatine kalt einweichen, gut ausdrücken und in dem erwärmten Geflügelfond auflösen.
Das Fleisch der Krebsscheren würfeln und unter die Krebssauce geben. Einen knappen Eßlöffel aufgelöste Gelatine zufügen und im Kühlschrank dickflüssig werden lassen. 3 gehäufte Eßlöffel Schlagsahne unterheben und mit einer Prise Salz, etwas Cognac und frischem Pfeffer würzen.
Die restliche, gut warme Gelatine rasch unter die Briesmasse rühren

Mousse
300 g Kalbsbries
1/4 l Geflügelfond (Rezept Seite 265)
0,1 l trockener Weißwein
100 g Crème double
1 kleine Karotte
1 kleine Fenchelknolle
1/8 l Portweingelee (Rezept Seite 287)
6 Blatt Gelatine
2 EL Geflügelfond (Rezept Seite 265)
1/4 l geschlagene Sahne
Salz
2 cl Cognac
Pfeffer aus der Mühle
1/2 Zitrone
4 cl trockener Sherry

Anrichten
In Scheiben geschnitten mit einem kleinen Salat nach Saison und Weißbrot servieren.

und wieder kühl stellen. Beginnt sie zu gelieren, die restliche Schlagsahne unterziehen. Mit Zitronensaft, Sherry und Cognac, Salz und Pfeffer abschmecken. Die Hälfte von der Briesmasse in die vorbereitete Form geben und glattstreichen. Mit einem Löffel eine Vertiefung formen und die aufgerührte Krebsmousse einfüllen. Mit der restlichen Briesmousse bedecken und glattstreichen. Mindestens 3 Stunden kalt stellen.

Tip: Diese Mousse bereitet man am besten schon einen Tag vorher zu, damit sie sich auch gut stürzen und schneiden läßt.

Pochierte Felsenaustern auf Gemüse mit Sahne-Vinaigrette

Für 4 Personen

Gemüse

100 g Karotten
100 g Broccoliröschen
100 g Staudensellerie
1 Fleischtomate
1 Bund Brunnenkresse

Vinaigrette

3 cl Traubenkernöl
2 cl Olivenöl (extra, erste Pressung)
1 cl Sherryessig
1 cl trockener Weißwein
Salz
Pfeffer aus der Mühle
2 EL Crème fraîche
1 EL Schnittlauchröllchen

Austern

24 frische Felsenaustern
4 cl Champagner

★★★ Die Karotten schälen, sternförmig schneiden, in kochendem Salzwasser 2 Minuten blanchieren und in Eiswasser abschrecken. Die Broccoliröschen waschen, 1 Minute blanchieren, abschrecken. Den Sellerie putzen, waschen und in feine Streifen schneiden, 1 Minute blanchieren und abschrecken. Die Tomaten häuten, entkernen und das Fruchtfleisch in feine Würfelchen schneiden. Die Brunnenkresse abzupfen und waschen.
Traubenkernöl mit Olivenöl, Sherryessig, Weißwein, einer Prise Salz und Pfeffer verschlagen. Die Hälfte davon abnehmen und mit Crème fraîche verrühren. Den Schnittlauch unterziehen. Beiseite stellen.
Die Gemüse miteinander vermischen und mit der restlichen klaren Vinaigrette marinieren.
Die Austern aufbrechen, aus der Schale lösen und das Austernwasser auffangen. Das Austernwasser mit dem Champagner erhitzen und die Austern 1 Minute darin pochieren.

Anrichten

Das marinierte Gemüse auf vier Tellern anordnen, die abgetropften Austern darauflegen und mit der Vinaigrette überziehen. Mit Weißbrot servieren.

Wachtelterrine mit Gänsestopfleber und Orangenconfit

Für 10 Personen
250 g Gänsestopfleber
Salz
Pfeffer aus der Mühle
2 cl Armagnac
3 cl weißer Portwein
2 cl trockener Sherry
10 große Wachteln
2 cl Armagnac
5 cl weißer Portwein
4 cl trockener Sherry
30 g Butterfett
0,2 l Rotwein
0,3 l Geflügelfond
(Rezept Seite 265)
4 cl Madeira
250 g Poulardenbrustfleisch
1 Ei

★★★ Die Gänsestopfleber enthäuten, halbieren, entsehnen, salzen und pfeffern. Mit Armagnac, Portwein und Sherry marinieren. 24 Stunden kühl stellen.

Die Wachteln ausnehmen, Lebern und Herzen aufheben. Vom Rücken her auslösen, die vier schönsten Wachteln aussuchen und genauso wie die Gänsestopfleber marinieren.

Die Wachtelkarkassen in Butterfett anbraten, mit Rotwein, Geflügelfond und Madeira ablöschen. Die Flüssigkeit etwa zur Hälfte einkochen, passieren, weiterkochen, bis eine dickflüssige Reduktion entsteht. Entfetten und kühl stellen.

Das restliche Wachtelfleisch, das Poulardenfleisch, die Lebern und Herzen mit dem Ei zweimal durch die feinste Scheibe des Fleischwolfs drehen. Im Tiefkühlfach mit der Crème double separat gut durchkühlen. Im Kuchenkutter das Fleisch und die Crème double zu einer feinen Farce kuttern. Am Schluß die eingekochte entfettete Reduktion und die Marinaden der Leber und Wachteln dazugeben, durch ein Sieb streichen. Ein Drittel gewürfelte Gänsestopfleber und gewürfelte Trüffel unterheben. Mit Salz und Pfeffer abschmecken. Die marinierten Wachteln mit Küchenkrepp trockentupfen, längs auslegen und mit der restlichen Gänsestopfleber füllen. Zu einer Rolle formen.

Eine Pastetenform (etwa 18 cm lang, 1 l Inhalt) mit den Speckscheiben auslegen und bis zur Hälfte mit der Farce füllen. Die gefüllten Wachteln in die Mitte legen und mit der restlichen Farce bedecken. Mit den überstehenden Speckscheiben die Form verschließen und darüber frischen Thymian und die Wacholderbeeren verteilen.

Aus Mehl und Wasser einen nicht zu festen Teig herstellen, auf die Terrine geben und gut verstreichen. Die Terrine in ein 80 Grad heißes Wasserbad stellen (sie sollte zu zwei Drittel in heißem Wasser stehen) und bei 130 Grad (Gas: Stufe 1) im Ofen 1 Stunde garen. Die Terrine herausnehmen, abkühlen lassen, kalt stellen.

400 g Crème double
30 g schwarze Trüffelwürfelchen
8–10 dünne Scheiben grüner Speck
3 frische Zweige Thymian
6 Wacholderbeeren
300 g Mehl
(Type 405)
Wasser

10 EL Orangenconfit
(Rezept Seite 277)

Anrichten
Zum Gebrauch den Teigmantel abnehmen, stürzen und mit einem elektrischen Messer portionieren. Mit dem Orangenconfit und warmen Brioches servieren.

Tip: Die Terrine möglichst 3–5 Tage vorher fertigstellen und im Kühlschrank in der Form aufbewahren. Die Aromen verteilen sich besser, die Terrine ist saftiger und schmeckt köstlich.

Carpaccio vom Kalb mit Zitronenpfeffersauce

Für 4 Personen
320 g frischer, in Form geschnittener Kalbsrücken

Sauce
3 EL Mayonnaise (Rezept Seite 275)
½ Zitrone
1 Msp. guter Senf
1 Spritzer Sherryessig
1 cl trockener Sherry
2 EL Fleischfond (Rezept Seite 264)
1 Msp. Zitronenpfeffer
Salz

★★★ Das Fleisch in Klarsichtfolie straff einwickeln und etwa 3 Stunden im Tiefkühlfach gefrieren lassen.
Die Mayonnaise mit dem ausgepreßten Zitronensaft glatt verrühren. Den Senf zufügen. Mit Sherryessig, trockenem Sherry und dem Fleischfond aromatisieren. Mit Zitronenpfeffer und einer Prise Salz abschmecken.
Für die Garnitur die Blattsalate putzen, waschen und gut trockenschwenken. Mit der Kräuter-Vinaigrette marinieren.

Garnitur
50 g junge zarte Blattsalate
2 TL Kräuter-Vinaigrette (Rezept Seite 276)
4 große, schöne rosa Champignons oder kleine feste Steinpilze

Anrichten
Das angefrorene Fleisch auf der elektrischen Aufschnittmaschine in hauchdünne Scheiben aufschneiden und rosettenförmig auf gut gekühlte Teller legen. Mit der Sauce dünn bestreichen. In die Mitte etwas marinierten Salat häufeln und die in Scheiben geschnittenen Pilze darauf anordnen.

SUPPEN
KALT UND WARM

Sie haben in unserer Tradition immer eine bedeutende Rolle gespielt. Aus zartem Fleisch, frischem Fisch und Wildkräutern kochten schon unsere Urvorfahren kräftige Süppchen. So ein Pot-au-feu ist auch heute noch Grundlage französischer und deutscher Suppenkochkunst.

Jahrhundertelang mußte die Suppe um ihr Image kämpfen, als »Arme-Leute-Essen« degradiert, als Dickmacher verschrien. Ihre Ehrenrettung verdankt sie engagierten Köchen, die die Suppe wieder gesellschaftsfähig machten – und wie. Allerdings, an der Spitze eines kulinarischen Menüs wird man sie nicht mehr antreffen. Diesen Platz behaupten die delikaten Vorspeisen. Doch als zweiter Gang gehört die Suppe zur vollendeten Speisenfolge. Ob kalt oder warm, ein Süppchen bringt die Magennerven zum Vibrieren, gibt wohlige Wärme im Winter, erfrischende Kühle an heißen Tagen und ist bei großen festlichen Diners ein idealer »Menüteiler« zwischen dem Fisch- und dem Fleischgang.

Die Suppen der großen klassischen Köche waren mit viel Zeitaufwand verbunden – das ist heute anders. Um eine gute Suppe zu kochen, bedarf es nur zweier Dinge: überlegter Planung und erstklassiger Zutaten.

Suppen können klar oder gebunden sein. Die Basis ist immer die gleiche – ein besonders würziger, feiner Fond, den man zum Beispiel in ausreichender Menge im Tiefkühlvorrat haben kann. Gekocht wird er aus Fisch und Krustentieren, aus Knochen, verschiedenen Fleischsorten und Gemüsen. Will man eine klare aromatische Essenz von intensiver Farbe, wird die passierte, entfettete Brühe zur Consommé eingekocht, geklärt und nochmals reduziert. So ein feiner aromatischer Auszug kann pur gelöffelt werden oder mit delikaten Einlagen: ein Krebschen, wenige Streifen von Edelfischen, eine zarte Scheibe von Bries, Leber, Niere oder Hirn, ein schaumiges Klößchen, etwas knackiges Gemüse.

Cremig, samtig gebunden wird die moderne Suppe mit Butter oder Mehlbutter, mit Sahne und Eigelb. Je nachdem, wie die nachfolgenden Gerichte in Ihrem Menü serviert werden – vielleicht mit Sahne- oder Buttersaucen –, so wird man überlegen müssen, ob die Suppe klar oder gebunden sein soll.

Melonenkaltschale mit Langustinen

Für 4 Personen
1,2 kg Langustinen à 100 g
20 g Butterfett
je 50 g Schalotten, Karotten, Staudensellerie
4 cl Cognac
¼ Dose geschälte Tomaten
100 g Crème double
Cayennepfeffer
Salz
2 kleine Cavaillon-Melonen
1 Scheibe Wassermelone (etwa 200 g)
⅓ TL kleingewürfelter Ingwer
4 cl weißer Portwein
4 cl Champagner oder trockener Sekt
½ TL frischgeschnittener Estragon
weißer Pfeffer aus der Mühle
1 TL Butter

★★★ Von den Langustinen die Schwänze abziehen, ausbrechen und durch einen leichten Schnitt längs über den Rücken die Därme freilegen und herausziehen. Das Fleisch kühl stellen. Die Krusteln wässern, abtropfen und zerhacken. Das geht am besten so: Ein Brett mit einem dicken Tuch auslegen, darauf die Langustinenschalen mit den Scheren geben, die Tuchenden umschlagen und mit dem Schlagmesserrücken klein zerklopfen. Durch diese Bearbeitung geht der Krustentiergeschmack sehr viel schneller in die Sauce über.
Eine Kasserolle erhitzen, Butterfett zufügen und die Krusteln zusammen mit dem geputzten, zerkleinerten Gemüse darin leicht anrösten. Mit dem Cognac abflambieren. Die abgetropften Tomaten dazugeben und alles mit Wasser gerade eben bedecken. Etwa 20 Minuten köcheln. Dann durch ein Tuch passieren und auf $^1/_{10}$ l Flüssigkeit einkochen. Die Crème double unterrühren und nochmals leicht einkochen. Kräftig mit Cayennepfeffer und Salz würzen. Abschmekken, passieren und kalt stellen.
Die Cavaillon-Melonen halbieren, die Kerne mit einem Löffel herausheben und das Fruchtfleisch vorsichtig auslösen. Je ein Drittel vom schönsten Melonenfleisch in Würfel schneiden oder als Kugeln ausstechen und als Einlage beiseite stellen. Den Rest zusammen mit der geschälten entkernten Wassermelone im Mixer pürieren. Die kaltgestellte Langustinensauce und den Ingwer zufügen und nochmals kurz durchmixen. Passieren und eventuell nachwürzen. Mit Portwein, Champagner und Estragon verfeinern.
Die Langustinenschwänze mit Pfeffer und etwas Salz würzen, in der zerlassener Butter glasig braten und auf Küchenkrepp abtropfen lassen.

Anrichten
Die Kaltschale in gut gekühlte Teller oder in die ausgehöhlten Melonenschalen füllen und mit den gebratenen Langustinen und den Melonenwürfeln oder -kugeln servieren.

Anmerkung: Die Cavaillon-Melonen sind besonders feine aromatische Honigmelonen.

Pot-au-feu von Miesmuscheln mit Schollenstreifen

Für 4 Personen
1 Scholle
(etwa 600 g)
1 kg Miesmuscheln
½ Knoblauchzehe
1 kleine Fenchelknolle mit Grün
50 g Staudensellerie
2 Schalotten
20 g Butterfett
1 frischer Zweig Thymian
⅛ l trockener Weißwein
½ l Fischfond (Rezept Seite 266)
400 g Sahne
1 Msp. Safranfäden
60 g kalte Butterwürfelchen
1 Zitrone
Salz
weißer Pfeffer aus der Mühle
2 cl Pernod

★★★ Die Scholle filetieren. Das geht so: Den Fisch mit der weißen Seite auf die Arbeitsfläche legen. Das Messer – möglichst spitz, stabil und scharf – direkt über den Augen am Rand des Kopfes, da wo der Flossenrand beginnt, ansetzen, um den Kopf herum führen zur sichtbaren Seitenlinie und entlang der Mittelgräte bis zum Schwanz einschneiden. Nun entlang des Flossensaums einschneiden. Das Filet samt Haut anheben und mit dem Messer entlang der Gräte abtrennen. Die anderen drei Filets nach gleichem Muster abtrennen. Anschließend die Filets häuten. Aus den Gräten und Gemüse einen Fond kochen (Rezept Seite 266). Sie können sich die Scholle auch von Ihrem Fischhändler küchenfertig machen lassen, dann aber die Gräten mitnehmen.

Die Muscheln bürsten, waschen und die Bärte entfernen.

Die Knoblauchzehe abziehen, den Fenchel putzen. Das Grün für die Garnitur übriglassen. Das Fenchelherz in feine Streifen schneiden, blanchieren und beiseite stellen. Das Fenchaläußere, den Staudensellerie und die abgezogenen Schalotten zerkleinern. Das Butterfett in einer Kasserolle erhitzen, die Muscheln darin anschwitzen, Knoblauch, zerkleinertes Gemüse und Thymian zufügen. 1 Minute schwenken. Mit Wein ablöschen und mit dem Fischfond auffüllen. Zugedeckt ca. 7 Minuten köcheln, bis sich alle Muscheln geöffnet haben. Die Muscheln mit einer Schaumkelle herausheben und das Fleisch aus den Schalen lösen. Den Fond durch ein Sieb gießen und auf die Hälfte einkochen. Die Sahne und den Safran unterrühren und wieder etwas reduzieren. Bei milder Hitze die kalte Butter montieren bis zur leichten Bindung. Mit Zitronensaft, Salz, Pfeffer und Pernod abschmecken.

Die Schollenfilets in feine Streifen schneiden, mit Salz und Zitronensaft würzen. Zusammen mit den blanchierten Fenchelstreifen in die Suppe geben und 2 Minuten darin ziehen lassen. Das Muschelfleisch zufügen und eben gerade heiß werden lassen.

Garnitur
20 blanchierte Karottensterne
Fenchelgrün

Anmerkung
Für die Herstellung der Karottensterne eine dicke geschälte Karotte der Länge nach in 2 mm feine Scheiben schneiden (geht am besten mit der elektrischen Aufschnittmaschine) und aus den einzelnen Scheiben mit entsprechenden Formen Sternchen ausstechen oder Rauten schneiden. 2–3 Minuten in kochendem Salzwasser blanchieren und eiskalt abschrecken.

Anrichten
Die Suppe in vier vorgewärmte Teller füllen und mit den blanchierten Karottensternen und etwas Fenchelgrün verzieren.

Bisque von Hummer oder Krebsen

Für 4 Personen
2 l Fond von Hummer, Langustinen oder Krebsen (Rezept Seite 267)
1 TL Mehlbutter (Rezept Seite 274)
400 g Sahne
80 g kalte Butterwürfelchen
4 cl Cognac
Salz
Cayennepfeffer
4 cl Champagner
1 EL geschlagene Sahne

★★★ Den Fond langsam auf 0,3 l Flüssigkeit einköcheln. Die Mehlbutter einrühren und mit der Sahne auffüllen. Zur gewünschten Konsistenz - etwa 0,4 l - einkochen lassen. Die Bisque passieren, wieder auf den Herd stellen und bei milder Hitze die Butter montieren. Mit Cognac, Salz und Cayennepfeffer abschmecken. Erst kurz vor dem Servieren den Champagner und die geschlagene Sahne unterheben.

Anmerkung: Eine Bisque ist ein reduziertes kräftiges, cremiges Süppchen, das man nur in kleiner Menge serviert.

Garnitur
etwas Fleisch vom jeweiligen Krustentier, aus dem der Fond gekocht wird
1 frischer Zweig Estragon

Anrichten
Vom Krustentierfleisch einige Würfelchen in die Täßchen geben, mit wenig kleingeschnittenem Estragon bestreuen und mit der Bisque auffüllen.

Klares Krebssüppchen mit Hechtklösschen

Für 4 Personen
1 kg lebende Flußkrebse
1 EL Butterfett
2 cl Cognac
0,1 l trockener Weißwein
1 l Geflügelfond (Rezept Seite 265)
½ Dose geschälte Eiertomaten
je 50 g Zwiebeln, Staudensellerie, Karotten, Lauch
je 2 Stengel Dill und Petersilie
1 frischer Zweig Thymian
1 frischer Zweig Estragon
1 geschälte Knoblauchzehe
12 zerdrückte schwarze Pfefferkörner
8 zerdrückte Pimentkörner
½ EL Tomatenmark
2 Eiweiße
2 cl trockener Sherry
Salz

★★★ Die Krebse in sprudelnd kochendes Wasser werfen und 3 Minuten garen. In kaltem Wasser abschrecken. Die Schwänze und Scheren ausbrechen, längs über den Rücken der Schwänze mit einem leichten Schnitt die Därme freilegen und herausziehen. Das Fleisch in leicht gesalzenes Wasser legen. Die Krebskrusteln waschen und zerkleinern. Zwei Drittel davon in einer heißen Kasserolle mit dem Butterfett leicht anrösten. Mit dem Cognac übergießen und flambieren. Weißwein, Geflügelfond und die Tomaten zufügen. Bei milder Hitze 20 Minuten köcheln lassen. Diesen Ansatz abkühlen und kalt stellen.

Das Gemüse putzen, zerkleinern und zusammen mit den restlichen Krusteln, den gewaschenen Kräutern, Gewürzen, Tomatenmark und den Eiweißen in einer Schüssel vermengen. Durch die große Scheibe des Fleischwolfs drehen und unter den Ansatz mischen. Auf den Herd stellen und langsam aufkochen. Die Trübteile mit einer Schaumkelle abschöpfen, nach etwa 20 Minuten alles durch ein Passiertuch geben. Die Suppe mit Sherry und einer Prise Salz abschmecken.

Das Hechtfleisch sehr klein würfeln und mit dem Eiweiß und einer Prise Salz vermischen. Im Tiefkühlfach separat mit der Sahne gut durchkühlen lassen. Wenn das Fischfleisch leicht angefroren ist, im Küchenkutter pürieren. Die ebenfalls gut gekühlte Sahne untermischen und so lange weiterschlagen, bis eine glatte glänzende Farce entsteht. Die Farce durch ein Sieb streichen, den Noilly Prat und die geschlagene Sahne unterziehen und mit Zitronensaft, Salz und Pfeffer abschmecken. Die Farce kalt stellen. Erst kurz vor dem Servieren von der Masse mit zwei Teelöffeln kleine Nocken abstechen und in siedendem Fischfond oder Salzwasser 5 Minuten garziehen lassen.

Tip: Damit die Suppe während des Klärvorgangs nicht anbrennt, den Topf am besten nicht direkt auf die Herdplatte stellen, sondern ein rundes Kuchengitter unterschieben.

Hechtklößchen
100 g frisches Hechtfilet
½ Eiweiß
Salz
80 g Sahne
2 cl Noilly Prat
1 EL geschlagene Sahne
⅓ Zitrone
weißer Pfeffer aus der Mühle

Garnitur
1 frischer Zweig Estragon

Anrichten
Vor dem Servieren das gut abgetropfte Krebsfleisch in die Suppe geben, auf vier heiße tiefe Teller füllen und jeweils zwei Hechtklößchen in die Mitte legen. Mit Estragonblättchen garnieren.

Spargelcreme mit Langustinen

Für 4 Personen
12 frische Langustinenschwänze (Scampi)
1 Zitrone
Salz
weißer Pfeffer aus der Mühle
2–3 EL Mehl (Type 405)
500 g Spargel
¾ l Geflügelfond (Rezept Seite 265)
200 g Sahne
200 g Crème fraîche
4 cl trockener Weißwein
80 g kalte Butterwürfelchen
Zucker
1 EL Butterfett

★★★ Die Langustinenschwänze ausbrechen, entlang des Rükkens einen kleinen Schnitt machen und die Därme heraustrennen. Die Langustinenschwänze mit Zitronensaft beträufeln, mit Salz und Pfeffer würzen. Mit Mehl bestäuben. Von den Krusteln mit Gemüse einen Fond und dann eine Reduktion kochen (Rezepte Seite 267 und 268).
Den Spargel schälen und in dem Geflügelfond 15 Minuten garen, er sollte gerade weich sein. Aus dem Fond nehmen und die Flüssigkeit leicht einkochen. Die Spargelspitzen abschneiden und als Einlage beiseite stellen. Die Spargelstangen zerkleinern und mit dem Fond und der Sahne im Mixer pürieren. Auf den Herd stellen und zum Kochen bringen. Die Crème fraîche und den Wein unterrühren. Bei milder Hitze die kalte Butter in die Suppe montieren, bis eine leichte Bindung entsteht. Mit Salz und einer Prise Zucker abschmecken.
Die mehlierten Langustinenschwänze in dem erhitzten Butterfett glasig braten und auf Küchenkrepp gut abtropfen lassen.

Anmerkung: Achten Sie darauf, daß die Langustinenschwänze knackfrisch sind; bei älteren Produkten wird das Fleisch flockig und zu weich. Sie sehen dann nach dem Braten nicht mehr so schön aus.

Garnitur
1 EL geschlagene Sahne
4 TL Langustinenreduktion (Rezept Seite 268)
frischer Kerbel

Anrichten
Je drei Langustinenschwänze in vorgewärmte tiefe Teller geben, mit den Spargelspitzen umlegen und die Spargelcreme darauf verteilen. In die Mitte jeweils ein Sahnehäubchen setzen und mit der Langustinenreduktion beträufeln. Mit Kerbelblättchen garnieren und sofort servieren.

Kaltes Apfel-Meerrettich-Süppchen mit Baliklachsfilet

Für 4 Personen
1 kg Äpfel (Delicious)
½ Zitrone
½ l Fischfond
(Rezept Seite 266)
0,3 l trockener
Weißwein
2 Eiweiße
50 g frischer
Meerrettich
3 Blatt weiße
Gelatine
Salz
4 cl Champagner
160 g Baliklachsfilet

★★★ Einen Apfel dünn schälen, halbieren, entkernen und in feine Würfel schneiden. Mit etwas Zitronensaft beträufeln und zugedeckt beiseite stellen. Die restlichen Äpfel waschen, vierteln, entkernen und im Mixer pürieren. In einen Topf geben, mit dem Fischfond und Weißwein auffüllen und das Eiweiß untermischen. Den Meerrettich schälen, ein etwa 1 cm großes Stück beiseite legen, den Rest klein schneiden und zu den Äpfeln geben. Unter ständigem Rühren alles zum Kochen bringen und vom Herd nehmen. Die Äpfel sollten nicht zu Brei verkochen. Ein Sieb mit einem Tuch auslegen und die Suppe passieren. Die Gelatine in kaltem Wasser einweichen, gut ausdrücken und in der noch warmen Suppe auflösen. Abkühlen lassen und mit einer Prise Salz und Champagner abschmecken. Apfelwürfel und hauchdünn gehobelten Meerrettich unter die Suppe rühren. Auf vier Teller verteilen und kühl stellen.
Den Lachs in gleichmäßige, dünne Scheibchen schneiden.

Anmerkung: Baliklachs ist ein Wildlachs, der nach besonderer Methode geräuchert wird. Er kommt rauchfrisch in den Handel.

Garnitur
3 EL geschlagene
Sahne
1 EL Preiselbeer-
kompott

Anrichten
Den Lachs fächerförmig auf dem leicht gelierten Süppchen anordnen. Die Preiselbeeren mit der Schlagsahne vermischen und jeweils ein Häubchen davon auf die Suppe setzen.

Paprikaessenz mit grünem und rotem Eierstich

Für 4 Personen
1 Schalotte
¼ frische rote Pepperoni
2 rote Paprikaschoten
3–4 EL Olivenöl (extra, erste Pressung)
0,3 l trockener Weißwein
2 ½ l Rinderkraftbrühe
300 g Wadenrindfleisch (Klärfleisch)
2 Eiweiße
1 EL Tomatenmark
Salz
Pfeffer aus der Mühle

★★★ Die Schalotte abziehen und in Scheiben schneiden. Die Pepperoni in feine Ringe teilen, die Paprikaschoten halbieren, entkernen, waschen und zerkleinern. Alles zusammen in dem erhitzten Öl andünsten. Mit Weißwein ablöschen und mit der Brühe auffüllen. Etwa 30 Minuten bei milder Hitze köcheln. Durch ein feines Sieb passieren und kühl stellen.

Das Fleisch zum Klären durch die feine Scheibe des Fleischwolfs drehen und mit den Eiweißen und Tomatenmark vermischen, unter den gut gekühlten Paprikafond rühren und langsam zum Kochen bringen. 30 Minuten wallen lassen, dann durch ein Passiertuch geben und mit Salz und Pfeffer abschmecken.

Die halbe Paprikaschote putzen, grob zerteilen und 1–2 Minuten blanchieren, eiskalt abschrecken. Zusammen mit den Eiern im Mixer pürieren und durch ein feines Sieb passieren. Die Sahne aufkochen und unter die Ei-Paprika-Masse geben. Mit Salz und Pfeffer abschmecken. In ein kleines Förmchen füllen und im Wasserbad abgedeckt 40 Minuten pochieren.

Die Spinatmatte mit den Eiern im Mixer pürieren. Die Sahne erhitzen und zufügen, mit Salz und Pfeffer abschmecken. In ein kleines Förmchen füllen und im Wasserbad 40 Minuten pochieren.

Roter Eierstich
½ dunkelrote Paprikaschote
2 Eier
80 g Sahne
Salz
Pfeffer aus der Mühle

Grüner Eierstich
1 TL Spinatmatte (Rezept Seite 286)
2 Eier
100 g Sahne
Salz
Pfeffer aus der Mühle

Einlage
120 g gebratene Hähnchenbrust

Anrichten
Das Hähnchenbrustfleisch in feine Streifen schneiden. Den kalten Eierstich stürzen und in feine Würfel oder Rauten schneiden. Alles auf vier vorgewärmte Teller verteilen und mit der heißen Paprikaessenz übergießen.

Petersilienwurzelcreme mit weissen Trüffeln und Kalbsbriesravioli

Zutaten für 4 Personen

Ravioli
100 g Kalbsbries
0,2 l Fleischfond (Rezept Seite 263)
30 g Karottenwürfel
30 g Kohlrabiwürfel
25 g weiße Trüffel
1 EL Geflügelfarce (Rezept Seite 281)
2 cl Noilly Prat
Salz
Pfeffer aus der Mühle
120 g Nudelteig (Rezept Seite 288)
1 Eigelb

Creme
300 g Petersilienwurzeln
½ l Geflügelfond (Rezept Seite 263)
300 g Sahne
100 g Sauerrahm
40 g kalte Butterwürfelchen
Salz
1 Prise Zucker
1 EL geschlagene Sahne

★★★ Das Kalbsbries wässern, säubern und in dem Fleischfond bei milder Hitze 10 Minuten ziehen lassen. Aus der Brühe nehmen, abkühlen und in kleine Würfel schneiden.

Die Gemüsewürfel in kochendem Salzwasser mit »Biß« garen, abgießen und auskühlen lassen.

Die Trüffel gut bürsten, dann dünn schälen und die Schalen klein schneiden. Die Trüffel für die Garnitur beiseite legen. Das Bries mit Gemüse, zerkleinerten Trüffelschalen, Geflügelfarce und Noilly Prat vermischen, mit Salz und Pfeffer abschmecken und in einen Spritzbeutel geben.

Den Nudelteig dünn ausrollen, auf die eine Hälfte 12 Häufchen von der Füllung aufspritzen, die andere Teighälfte mit dem verschlagenen Eigelb bepinseln. Über die Füllung legen, leicht andrücken und mit einem Kuchenrädchen ausformen. Kurz vor dem Servieren in leicht gesalzenem kochenden Wasser etwa 3 Minuten ziehen lassen.

Die Petersilienwurzeln waschen, schälen und klein schneiden. In dem Geflügelfond weich kochen. Zusammen mit der Sahne und dem Sauerrahm im Mixer pürieren und durch ein Sieb passieren. Die Creme nochmals aufkochen und bei milder Hitze die kalten Butterwürfelchen einrühren – das geht am besten mit einem Saucenstab. Mit Salz und einer Prise Zucker abschmecken.

Tip: Den Briesfond aufheben und zur weiteren Verwendung einfrieren oder anderweitig für eine Sauce nehmen.

Garnitur
1 TL gehackte Petersilie
weiße Trüffel

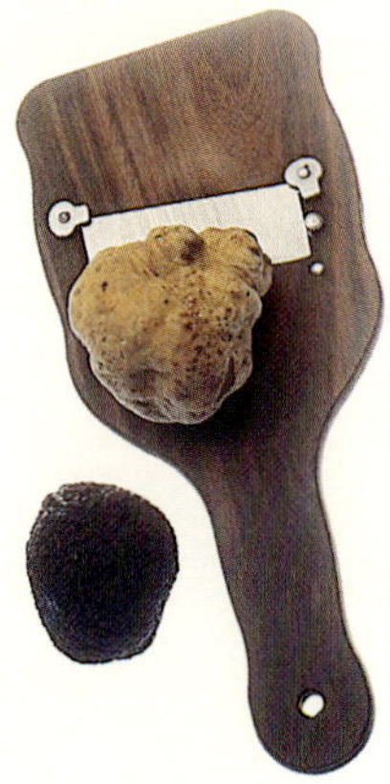

Anrichten
Die geschlagene Sahne unter die heiße Creme heben und auf vier vorgewärmte Tassen verteilen. Ravioli und Petersilie einlegen und die Trüffel dünn darüberhobeln.

Tomatenessenz mit Topfenklösschen

Für 4 Personen
40 g Magerquark
30 g Sahnequark
1 Eigelb
2 Scheiben Toastbrot (ohne Rinde)
1 EL Mehl (Type 405)
Salz
Pfeffer aus der Mühle
5 Blättchen frisches Basilikum

Essenz
500 g vollreife Tomaten (oder geschälte Tomaten aus der Dose)
1 kleine Karotte
2 Schalotten
½ Knoblauchzehe
¼ Stange Staudensellerie

Oben: Melonensüppchen mit Estragon (Rezept Seite 72)
Unten rechts: Tomatenessenz mit Topfenklößchen
Unten links: Topfensorbet mit Himbeermark (Rezept Seite 251)

★★★ Den Quark mit dem Eigelb verrühren. Das Toastbrot klein würfeln und im Mixer zu Grieß hacken. 3 Eßlöffel davon abmessen und unter die Quarkmasse rühren. Das Mehl darübersieben und alles gut vermischen. Mit Salz, Pfeffer und dem feingeschnitten Basilikum würzen. Mindestens 20 Minuten kühl stellen. Kurz vor dem Servieren mit dem Teelöffel kleine Klößchen von der Masse abstechen und in siedendem Salzwasser 10 Minuten ziehen lassen.

Die Tomaten waschen und vierteln. Karotte schälen, Schalotten und Knoblauch abziehen, Staudensellerie waschen und putzen, alles klein schneiden. Die Butter in einer Kasserolle erhitzen und das Gemüse darin anschwitzen. Mit dem Fond auffüllen und bei milder Hitze 15–20 Minuten köcheln lassen. Vom Herd nehmen und kühl stellen.

Die Fleischtomate mit kochendheißem Wasser überbrühen, kurz ziehen lassen, dann häuten. Halbieren, mit einem Löffel die Kerne herausheben und das Fruchtfleisch in feine dünne Streifen schneiden. Für die Einlage beiseite stellen.

Die Eiweiße mit den Eiswürfeln, Tomatenmark und Petersilienstengeln vermischen und unter die abgekühlte Suppe rühren. Auf den Herd stellen und bei milder Hitze unter häufigem Rühren langsam zum Kochen bringen. Mit Salz, Pfeffer, Zucker und Gin abschmecken. Ein Sieb mit einem Tuch auslegen und die Suppe passieren. Nochmals kurz erhitzen.

40 g Butter
3 EL Tomatenmark
¾ l Fleischfond (Rezept Seite 263)
1 Fleischtomate
2 Eiweiße
½ Tasse Eiswürfel
2–3 Petersilienstengel
Salz
Pfeffer aus der Mühle
1 Prise Salz
2 cl Gin

Garnitur
4 Basilikumblättchen, in feine Streifen geschnitten

Anrichten
Die gut abgetropften Topfenklößchen auf vier vorgewärmte tiefe Teller geben, die Tomatenstreifen darüber verteilen und mit der heißen Essenz übergießen. Mit Basilikumstreifen garnieren und sofort servieren.

Melonensüppchen mit Estragon

Abbildung Seite 70

Für 4 Personen
1 Cavaillon- oder Honigmelone
1 kleine reife Wassermelone
4 cl weißer Portwein
6 cl trockener Sekt oder Champagner
1 EL feingeschnittener frischer Estragon

★★★ Die Melonen aufschneiden und entkernen. Dann mit einem Ausstecher etwa 24 schöne gleichmäßige Kugeln ausstechen und kühl stellen.
Das restliche Fruchtfleisch aus den Schalen lösen und im Mixer pürieren. Durch ein feines Haarsieb passieren. Portwein, Sekt und Estragon untermischen.

Tip: Dieses Süppchen eignet sich besonders an heißen Tagen als Menüteiler oder tagsüber als köstliche Erfrischung.

Anrichten
Die gut gekühlte Suppe auf vier Teller verteilen und mit den Fruchtkugeln als Einlage servieren.

Schwarzwurzelcreme mit Hähnchenleber

Für 4 Personen
400 g Schwarzwurzeln
½ Zitrone
¼ l Milch
½ l Geflügelfond (Rezept Seite 263)
200 g Crème fraîche oder Sauerrahm
200 g Sahne
6 cl trockener Weißwein
Salz
weißer Pfeffer aus der Mühle
50 g kalte Butterwürfelchen
150 g Hähnchenleber
10 g Butter

Garnitur
1 EL geschlagene Sahne
1 TL Schnittlauchröllchen

★★★ Die Schwarzwurzeln schälen, mit Zitronensaft einreiben und klein schneiden. Sofort in die Milch legen, damit sich die Wurzeln nicht verfärben. Den Geflügelfond mit der Crème fraîche und Sahne aufkochen. Die Schwarzwurzeln mit der Milch zufügen und bei mittlerer Hitze 15 Minuten köcheln. Alles im Mixer pürieren und durch ein Sieb streichen. Die Creme mit Weißwein, Salz und einer Prise Pfeffer abschmecken. Bei milder Hitze die kalten Butterwürfel einrühren.
Die Hähnchenleber säubern, in der erhitzten Butter rosa braten, mit Salz und Pfeffer würzen und in Scheiben schneiden.

Anrichten
Die Creme auf vier vorgewärmte Teller verteilen, die Hähnchenleber einlegen und jeweils mit einem Sahnehäubchen und Schnittlauch verzieren.

Eintopf vom Reh

Für 4 Personen
500 g Rehknochen und -abschnitte
2 EL Öl
2 Zwiebeln
je 30 g Lauch, Karotten, Sellerie (geputzt und gewürfelt)
grober schwarzer Pfeffer aus der Mühle
1/4 l trockener Weißwein
2 l Fleischfond (Rezept Seite 264)
Salz
1/2 Lorbeerblatt
5 Nadeln Rosmarin
5 Wacholderbeeren
2 Gewürznelken
300 g Rehfleisch mit Sehnen
1 Eiweiß
1 EL trockener Weißwein
Gin
trockener Sherry

★★★ Die Knochen waschen, hacken und zusammen mit den Abschnitten in dem erhitzten Öl anbraten. Die Zwiebeln abziehen, achteln und dazugeben. Umrühren und anbraten. Die Gemüsewürfel zufügen und alles mit drei bis vier Umdrehungen der Pfeffermühle würzen. 5 Minuten anrösten, mit dem Weißwein ablöschen und mit dem Fleischfond und Wasser auffüllen. Etwas salzen und die Gewürze unterrühren. Aufkochen und bei milder Hitze etwa 1 1/2 Stunden köcheln lassen. Durch ein feines Haarsieb passieren und kühl stellen. Zum Klären der Brühe das Rehfleisch zerkleinern und zusammen mit den Sehnen durch die grobe Scheibe des Fleischwolfs drehen. Das Eiweiß zufügen und mit Weißwein und je einem Spritzer Gin und Sherry aromatisieren. Mit dem Schneebesen in den abgekühlten Rehfond einrühren und bei mittlerer Hitze unter Rühren zum Kochen bringen. 40 Minuten bei milder Hitze ziehen lassen und durch ein Tuch passieren. Mit Salz, Sherry und Gin abschmecken.

Einlage
200 g Rehfilet
2 Steinpilze
je 2 EL blanchiertes Julienne-Gemüse (Karotten, Lauch, Sellerie)

Anrichten
Den heißen Rehfond in vorgewärmte tiefe Teller füllen. Das rohe Rehfilet in hauchdünne Scheiben schneiden, die geputzten Pilze ebenso, und alles zusammen mit den Gemüsestreifchen in die Suppe geben. Sofort servieren.

Spinatcreme mit gebackenen Weinbergschnecken

Für 4 Personen

Spinatcreme
80 g Kartoffeln
1 gewürfelte Schalotte
80 g Butter
3/4 l Geflügelfond (Rezept Seite 263)
300 g Spinat
1/2 Knoblauchzehe
200 g Sahne
200 g Sauerrahm
4 cl Noilly Prat
4 cl trockener Weißwein
Salz
weißer Pfeffer aus der Mühle
4 TL geschlagene Sahne

★★★ Die Kartoffeln schälen, würfeln und zusammen mit den Schalottenwürfeln in 20 g Butter anschwenken. Mit dem Geflügelfond auffüllen und gerade eben weich kochen. Den geputzten und sehr gut gewaschenen Spinat in kochendem Salzwasser 12 Sekunden blanchieren, kalt abschrecken und sehr gut ausdrücken. Den Spinat mit dem ausgepreßten Knoblauch in 10 g leicht gebräunter Butter anschwitzen und zusammen mit der Sahne und dem Sauerrahm zu den Kartoffeln geben. Noch 5 Minuten aufwallen lassen und alles im Mixer fein pürieren. Durch ein Spitzsieb abpassieren, nochmals aufkochen und mit Noilly Prat, Weißwein, Salz und Pfeffer abschmekken. Kurz vor dem Servieren mit einem Saucenstab oder Schneebesen die restliche gekühlte Butter in Würfelchen in die Creme montieren.

Die gut abgetropften Schnecken, wenn nötig, mit Salz und Pfeffer würzen. Aus Wein, Safran und Mehl einen dickflüssigen Teig zubereiten, mit etwas Salz, Zucker und dem Öl abrunden. Die Schnecken mit Mehl bestäuben, in dem Teig wenden, abtropfen lassen und im heißen Fettbad bei 160 Grad 3 Minuten knusprig backen. Auf Küchenkrepp gut abtropfen lassen.

Schnecken
20 Stück große Weinbergschnecken (aus dem Glas)
Salz
Pfeffer aus der Mühle
0,1 l trockener Weißwein (z.B. Riesling)
1 Msp. Safranpulver
60 g Mehl (Type 405)
1 Prise Zucker
1/3 TL Öl
Mehl zum Bestäuben
Fritierfett zum Ausbacken

Anrichten
Die Spinatcreme auf vorgewärmte Teller verteilen, mit je einem Teelöffel Schlagsahne verfeinern und mit je fünf gebackenen Weinbergschnecken garnieren.

Sauerampfercreme mit Lachswürfelchen

Für 4 Personen
100 g Sauerampfer
70 g Butter
150 g Kartoffeln
0,8 l Geflügelfond
(Rezept Seite 263)
400 g Sahne
Salz
Pfeffer aus der Mühle
4 cl trockener Weißwein

★★★ Den Sauerampfer mehrmals gut waschen und auf einem Sieb abtropfen lassen. Die Blätter von den Stielen zupfen, etwa sechs schöne Blätter in feine Streifen schneiden und für die Garnitur beiseite stellen. Zwei Drittel der Sauerampferblätter mit 60 g weicher Butter im Küchenkutter sehr fein pürieren und kalt stellen.

Die Kartoffeln schälen und klein würfeln, in der restlichen Butter anschwenken und mit dem Geflügelfond aufgießen. Mit der Sahne auffüllen und bei milder Hitze 20 Minuten köcheln. Die Creme mit dem restlichen Sauerampfer im Mixer pürieren, durch ein Sieb passieren und mit Salz, Pfeffer und Weißwein abschmecken. Erst kurz vor dem Servieren die Sauerampferbutter mit einem Saucenstab einrühren und eventuell nochmals nachwürzen.

Einlage
150 g Lachsfilet, in 1 cm große Würfelchen geschnitten
1 EL geschlagene Sahne
1 EL feine Sauerampferstreifen

Anrichten
In tiefe vorgewärmte Teller die leicht gesalzenen Lachswürfelchen verteilen und mit der Creme überziehen. Etwas Schlagsahne darauf zerlaufen lassen und mit den Sauerampferstreifen bestreuen. Sofort servieren.

Fisch

Unbestritten, Fisch ist heute eine Delikatesse, die zu den edelsten und gesündesten Nahrungsmitteln gehört. Und doch hat es lange gedauert, bis er sich kulinarisch durchsetzen konnte. Wenn sich auch große Köche und Feinschmecker von jeher dem Fisch mit Interesse widmeten, im häuslichen Bereich fristete er eher ein Mauerblümchendasein. Meeresfische, bedingt durch das kleine deutsche Küstengebiet, waren ohnehin nur im Norden von Bedeutung. Im Binnenland hielt man sich an die Süßwasserfische aus Seen und Flüssen, und Edelfische kamen durch lange Transportwege keineswegs mehr frisch an ihren Bestimmungsort. Moderne ausgeklügelte Liefersysteme machen es heute möglich, daß wir von vielen europäischen Häfen innerhalb von 48 Stunden frisch angelandeten Fisch kaufen können.

Wirklich frischen, makellosen Fisch erkennen Sie an folgenden Kriterien: leuchtend rote Kiemen, klare hervortretende Augen, festes Fleisch. Die Flossen- und Schwanzränder dürfen auf keinen Fall angetrocknet sein, das Fleisch muß im Anschnitt glatt und weiß aussehen. Ein frischer Fisch hat keinen ausgeprägten Geruch, bestenfalls duftet er zart nach seinem Element – dem Meer, See oder Fluß.

In seiner großen Vielfalt bietet Fisch schier unbegrenzte Möglichkeiten für den kreativen Bereich. Denn kaum ein anderes Produkt läßt sich immer wieder mit wenigen Zutaten neu verwandeln. Es ist sicher kein Zufall, daß Gourmet-Restaurants oft mehr Fischgerichte als Fleisch anbieten.

Fisch verlangt Sorgfalt bei der Zubereitung. Es geht nicht darum, ihn einfach ins Wasser zu werfen, blau zu kochen oder in reichlich Fett auszubacken. Das richtige Gefühl für die Würze, eine harmonisch abgestimmte feine Sauce, sanft schonendes Garen auf den Punkt – Feinheiten der großen Fischküche, die jeder lernen kann.

Um ein wohlschmeckendes Fischgericht herzustellen, ist ganz bestimmt nicht der Preis des Produktes ausschlaggebend, nicht der Edelfisch entscheidend, sondern einzig und allein die Frische. Jeder Fisch, ob Loup de mer, Kabeljau, Lachs, Seezunge, Scholle oder Saibling, ist gut, wenn er topfrisch ist.

Zanderroulade mit Champagnersauce

Für 4 Personen
500 g Zanderfilet
1 Zitrone
Salz

200 g Lachsfilet
weißer Pfeffer aus der Mühle
1 großes Ei
150 g Sahne
1–2 Tropfen Rote-Bete-Saft

16 große Spinatblätter
Butter für die Form
0,2 l Fischfond (Rezept Seite 266)
4 cl trockener Weißwein

★★★ Den Zander zu je zwei Filets à 190 g zurechtschneiden. Mit etwas Zitronensaft und Salz würzen.

Die Zanderabschnitte zusammen mit 150 g Lachs fein würfeln. Salzen, pfeffern und mit dem Ei vermischen. Separat mit der Sahne im Tiefkühlfach anfrieren lassen. Anschließend im Küchenkutter alles zusammen zu einer geschmeidigen glatten Farce verarbeiten. Nochmals kühl stellen, dann durch ein Passiersieb streichen und mit etwas Rote-Bete-Saft einfärben. Mit Salz und Zitronensaft würzen, das restliche Lachsfilet fein würfeln und unter die Farce geben.

Die Spinatblätter entstielen, gut waschen und 15 Sekunden in kochendem Salzwasser blanchieren. Kalt abschrecken und auf einem Küchentuch Blatt für Blatt nebeneinander auslegen.

Die Zanderfilets rundum mit der Farce bestreichen und aufeinanderlegen. Auf die Blätter geben und aufrollen. Eine flache feuerfeste Form oder Edelstahlpfanne leicht ausbuttern, die Fischroulade hineinlegen, die Spinatfläche buttern, mit dem Fischfond und Wein angießen. Im Ofen bei 180 Grad (Gas: Stufe 2–3) 12 Minuten pochieren. Herausnehmen und zugedeckt ruhen lassen.

Den Fischfond mit der Crème fraîche mischen und sämig einkochen. Bei milder Hitze die eiskalten Butterwürfel einrühren und mit Salz und Zitrone abschmecken. Kurz vor dem Servieren den Champagner und die Schlagsahne unterziehen.

Sauce
100 g Crème fraîche
80 g kalte Butterwürfelchen
Salz
4 cl trockener Champagner (extra brut)
1 EL geschlagene Sahne

Anrichten
Die Zanderroulade mit einem scharfen oder dem elektrischen Messer in Scheiben aufschneiden und auf der Sauce servieren. Dazu kann man noch wilden Reis anbieten.

Dorade rosé mit Spinatflan und Rotweinbutter

Für 4 Personen

2 Doraden rosé
à 400 g
1 Zitrone
Salz
Pfeffer aus der Mühle
Mehl zum Bestäuben
1 EL Butterfett

Flan

350 g junger Spinat
2 Eier
3 cl Noilly Prat
10 g gebräunte Butter
1 kleine Zucchini
10 g Butterfett
Salz
Pfeffer aus der Mühle
½ Knoblauchzehe
Butter für die Förmchen

★★★ Die Doraden vom Fischhändler küchenfertig herrichten lassen oder selber schuppen und ausnehmen. Das geht so: Die Bauchseite vom Schwanz zum Kopf mit einem scharfen spitzen Messer flach aufschlitzen und vorsichtig die Eingeweide vom Schwanz zum Kopf hin herausziehen, am Kopf mit einer Küchenschere abtrennen und die Kiemen-, Schwanz- und Rückenflossen abschneiden. Unter fließend kaltem Wasser ausspülen und die Filets vom Kopf zum Schwanz so dicht wie möglich an der Mittelgräte entlang ablösen. Bei der anderen Seite ebenso verfahren, nur diesmal das Messer vom Schwanz zum Kopf führen. Mit einer Pinzette die noch vorhandenen Gräten ziehen und gleich einen Fischfond kochen (Rezept Seite 266) und einfrieren. Die vier Filets mit Zitronensaft säuern, mit Salz und Pfeffer würzen, mit Mehl bestäuben und kurz vor dem Servieren in dem erhitzten Butterfett von jeder Seite 1 – 2 Minuten braten.

Den Spinat verlesen und gut waschen. In kochendem Salzwasser 1 Minute blanchieren, eiskalt abschrecken und sehr gut ausdrücken. Mit den Eiern, dem Noilly Prat und der gebräunten Butter im Mixer pürieren. Die Zucchini waschen, putzen und ungeschält in feine kleine Würfel schneiden. In dem erhitzten Butterfett 1 Minute dünsten. Unter die Spinatmasse geben. Mit Salz und Pfeffer abschmecken. Die Flanförmchen mit der geschälten Knoblauchzehe ausreiben, leicht buttern und die Flanmasse einfüllen.

Den Boden einer Stielkasserolle mit einem zurechtgeschnittenen Stück Zeitungspapier auslegen, darauf etwa 1 cm hoch Wasser gießen und erhitzen. Die Förmchen hineinstellen und in den vorgeheizten Backofen schieben. Bei 180 Grad (Gas: Stufe 3) 10–12 Minuten pochieren.

Die Schalotten abziehen und fein würfeln. In der erhitzten Butter glasig dünsten. Mit Rotwein angießen, Thymian und Piment zufügen. Auf 0,1 l Flüssigkeit einkochen. Thymian und die Pimentkörner herausnehmen und die Sauce mit der angerührten Stärke leicht binden. Mit Portwein aromatisieren und zum Schluß die eiskalte Butter mit dem Schneebesen einrühren. Mit Salz und Pfeffer würzen.

Sauce

2 Schalotten
10 g Butter
¼ l Pinot Noir (Rotwein)
1 frischer Zweig Thymian
2 Pimentkörner
1 Msp. Speisestärke
4 cl roter Portwein
40 g kalte Butterwürfelchen
Salz
Pfeffer aus der Mühle

Garnitur

2 EL Hollandaise (Rezept Seite 271)

Anrichten

Die Hollandaise in einen Spritzbeutel füllen. Mit einer feinen Tülle ein hübsches Fischmuster auf vier vorgewärmte Teller spritzen. Den gestürzten Flan darauf anordnen, mit der Rotweinbutter umziehen und das gebratene Filet daranlegen.

Rochenflügel mit Sumpfdottersalat und Pinienkern-Vinaigrette

Für 4 Personen
800 g Rochenflügel
1 Zitrone
Salz
Pfeffer aus der Mühle
Mehl zum Bestäuben

Salat
300 g Sumpfdotter-salat
6–8 EL Kräuter-Vinaigrette (Rezept Seite 276)
1 EL Distelöl
1 Spritzer Sherry-essig
Salz und Zucker

Vinaigrette
30 g Pinienkerne
4 EL Kräuter-Vinaigrette (Rezept Seite 276)
1 TL Balsamicoessig
Salz
Pfeffer aus der Mühle

★★★ Die Rochenflügel mit der hellen Seite nach unten legen. Nun mit einem spitzen scharfen Messer die ledrige Haut und das Fleisch einschneiden. Mit der linken Hand das abgelöste Fleischstück fassen und mit dem Messer das Filet flach von dem knorpeligen Skelett bis zum Rand abtrennen. Den Flügel umdrehen und das untere, etwas dünnere Filet auf die gleiche Weise auslösen. Zum Enthäuten die Filets flach hinlegen, an einer Stelle die Haut einschneiden, so daß man sie fassen kann; ist sie zu rutschig, nimmt man Küchenkrepp oder ein Tuch zur Hilfe. Mit einem langen biegsamen Messer das Filet von der Haut abtrennen. Die Sehnen entfernen und den Fisch in vier gleich große Portionen schneiden. Mit Zitronensaft, Salz und etwas Pfeffer würzen, mit Mehl bestäuben. Den Sumpfdottersalat putzen, waschen und sehr gut abtropfen lassen. Die Kräuter-Vinaigrette mit Öl, Sherryessig, Salz und Zucker geschmacklich abrunden.
Die Pinienkerne in einer Pfanne ohne Fettzugabe hellbraun rösten. Drei Viertel davon zusammen mit der Kräuter-Vinaigrette und dem Balsamicoessig im Mixer verschlagen. Mit Salz und Pfeffer abschmecken.
Die Kirschtomaten mit kochendheißem Wasser überbrühen und häuten. Die Kapuzinerkresse ausschütteln und auf Ungeziefer prüfen.

Anmerkung: Die Kapuzinerkresse ist nicht nur eine schöne Dekoration, die Blüten schmecken auch gut – leicht süßlich-herb.
Der Sumpfdottersalat hat kleeblattförmige Blätter, schmeckt sehr mild und kann durch Feldsalat ersetzt werden.
Rochen ist vor allem in Frankreich und Italien ein begehrter Speisefisch. Die muskulösen Flügel haben ein sehr wohlschmeckendes, fettarmes weißes Fleisch mit Stäbchen-Struktur und keine Gräten.
Tip: Dieses Gericht eignet sich auch sehr gut als kleine Vorspeise für 8–10 Personen. In diesem Fall die Garnitur entsprechend der Gästezahl ausrichten.

Garnitur
8 rote Kirschtomaten
4 schöne Kapuziner-blüten

Anrichten
Die Rochenflügel in dem erhitzten Butterfett von jeder Seite 1–2 Minuten goldgelb braten.
Auf vier große Teller die Blattsalate anordnen und mit der Kräuter-Vinaigrette beträufeln. Davor die Rochenflügel legen und mit der Pinienkern-Vinaigrette nappieren. Mit Kirschtomaten und Kapuzinerblüten garnieren.

Dorade rouge mit weisser Butter und Salatkomposition

Für 4 Personen
2 Doraden rouge
à 350 g
1 Zitrone
Salz
Mehl zum Bestäuben
3–4 EL Olivenöl
(extra, erste
Pressung)

Weiße Butter
¼ l Fischfond
(Rezept Seite 266)
¼ l Weißwein
(Edelzwicker)
1 EL gewürfelte
Schalotten
60 g kalte Butter-
würfelchen
Salz
Pfeffer aus der Mühle

Salat
1 Radicchio
1 kleiner Friséesalat
1 kleiner Eichblatt-
salat
6 EL Kräuter-
Vinaigrette (Rezept
Seite 276)

★★★ Die Doraden vom Fischhändler filetieren lassen oder selber machen (siehe Rezept »Dorade rosé«, Seite 80). Die ungehäuteten Filets mit Zitronensaft und Salz würzen, mit Mehl bestäuben und kurz vor dem Anrichten in dem erhitzten Olivenöl – hauptsächlich auf der Hautseite – 2 Minuten braten.
Den Fischfond mit dem Weißwein und den Schalotten auf etwa 0,1 l Flüssigkeit einkochen. Bei milder Hitze die eiskalte Butter mit dem Saucenstab montieren. Mit Salz und Pfeffer abschmecken.
Die Blattsalate putzen, waschen und in mundgerechte Stücke zerpflücken. Gut abgetropft mit der Kräuter-Vinaigrette marinieren.

Tip: Statt Dorade können Sie auch Filets von der Rotbarbe oder vom frischen Lachs nehmen.

Anrichten
Die weiße Butter auf vier vorgewärmte Teller verteilen, die gebratenen Fischfilets daraufsetzen und mit den Salaten anordnen.

Souffliérter Loup de mer auf Fenchelsauce

Für 4 Personen
1 Loup de mer (etwa 800 g)
1 Zitrone
Salz

Sauce
2 große Fenchelknollen
0,1 l trockener Weißwein
0,4 l Fischfond (Rezept Seite 266)
100 g Sahne
80 g kalte Butterwürfelchen
2 cl Pernod
Salz
1 Zitrone
1 EL geschlagene Sahne

80 g Zanderfilet
1 Eigelb
125 g Sahne
1 Eiweiß
2 EL geschlagene Sahne
2 cl Pernod
weißer Pfeffer aus der Mühle
Butter für die Form
0,1 l Fischfond (Rezept Seite 266)
5 cl trockener Weißwein

Garnitur
Fenchelstreifen
1 TL Butter

★★★ Den Loup de mer filetieren (oder vom Fischhändler filetieren lassen und die Fischabschnitte und Gräten mitnehmen). Mit einer Pinzette die Gräten ziehen, die Filets enthäuten und in vier gleichgroße Stücke zerlegen (siehe Rezept »Königsbrasse«, Seite 108). Mit Zitronensaft und Salz würzen. Zugedeckt kühl stellen.
Den Fenchel putzen, das Grün – soweit vorhanden – aufheben, die Knollen waschen und entblättern. Die Herzen in feine Streifen schneiden und für die Garnitur beiseite stellen. Die Fenchelschalen kleinschneiden und zusammen mit den Fischgräten in einer erhitzten Kasserolle anschwenken. Mit Wein und Fischfond aufgießen. Bei milder Hitze 20 Minuten köcheln. Durch ein Sieb geben und die Flüssigkeit auf 0,15 l einkochen lassen. Die Sahne zufügen und nochmals um die Hälfte reduzieren. Hitze herunterschalten und die Butterstückchen einschlagen. Mit Pernod, Salz und Zitronensaft abschmekken. Kurz vor dem Anrichten die Schlagsahne unterziehen und mit etwas feingeschnittenem Fenchelgrün aromatisieren.
Die Fischabschnitte zusammen mit dem zerkleinerten Zanderfilet, dem Eigelb und einer Prise Salz vermischen und mit der Sahne separat im Tiefkühlfach durchkühlen lassen. Die angefrorene Fischmasse im Küchenkutter fein pürieren und nach und nach die gut gekühlte Sahne zufügen. Die Fischfarce durch ein feines Sieb streichen. Das Eiweiß steif schlagen und zusammen mit der Schlagsahne unterziehen. Mit Pernod, etwas Zitronensaft, Salz und Pfeffer abschmecken. Die Loup-Filets etwa 2 cm dick mit der Farce bestreichen. Eine Kasserolle leicht ausbuttern, die Filets hineinlegen, mit dem Fischfond und Wein angießen und im Ofen (zweitoberste Schiene) bei 220 Grad (Gas: Stufe 4) 12 Minuten goldbraun backen.

Anmerkung: Unter Loup de mer versteht man den Wolfsbarsch. Er hat besonders mageres, festes wohlschmeckendes Fleisch. Durch vermehrte Zuchtversuche wird dieser begehrte Fisch vielleicht einmal preiswerter.

Anrichten
Die für die Garnitur zurückgelassenen Fenchelstreifen in der erhitzten Butter glasig schwenken und auf vier Teller verteilen. Darauf die Sauce füllen und die Filets anordnen. Mit wildem Reis servieren.

Lachsforelle im Salzteig mit Sauerampfersauce

Für 4 Personen
1 Lachsforelle
(etwa 1,2 kg)
1 Zitrone
Salz
3 frische Zweige
Thymian
2 frische Zweige Dill
500 g Salzteig
(Rezept Seite 285)

Sauce
60 g kalte Butter
4 frische Zweige Dill
6 Sauerampfer-
blätter
½ Bund glatte
Petersilie
0,15 l Fischweißwein-
sauce (Vin blanc,
(Rezept Seite 270)
Salz
2 cl Champagner
oder trockener
Weißwein
1 EL geschlagene
Sahne

★★★ Die Lachsforelle vom Fischhändler küchenfertig herrichten lassen oder selber schuppen und ausnehmen. Das geht so: Den Fisch auf der Bauchseite vom Schwanz zum Kopf hin mit einem scharfen spitzen Messer aufschlitzen. Vorsichtig die Eingeweide herausnehmen und dabei darauf achten, daß die Galle nicht verletzt wird. Kiemen-, Schwanz- und Rückenflossen abschneiden und den Fisch unter fließend kaltem Wasser gründlich ausspülen. Dabei mit dem Daumen das Blut unter der Mittelgräte herausschaben. Innen und außen mit Zitronensaft beträufeln und salzen. Den gewaschenen und gut abgetropften Thymian und Dill in den Bauch des Fisches legen. Den Salzteig etwa 7 mm dünn ausrollen und den Fisch darin einschlagen. 10 Minuten kühl stellen. Den Ofen auf 200 Grad (Gas: Stufe 3–4) vorheizen, den Fisch einschieben und 15 Minuten backen. 5 Minuten im ausgeschalteten Ofen nachziehen lassen.
Die Butter mit den Kräutern mixen und durch ein Sieb streichen, mit einem Saucenstab in die köchelnde Weißweinsauce schlagen. Mit Salz abschmecken und kurz vor dem Servieren den Champagner und die Schlagsahne unterziehen.

Anmerkung: Die Aufzucht von Lachsen und Meerforellen ist in Norwegen am höchsten entwickelt. In natürlicher Umgebung mit ausgesuchtem Futter werden so die besten Voraussetzungen für Top-Qualität geschaffen. Die Lachsforelle ist eine Kreuzung von diesen beiden Edelfischen.

Garnitur
10 Sauerampfer-
blätter, in Julienne
geschnitten

Anrichten
Den Salzteig mit einem Brotmesser rundherum vom Fisch lösen und den Deckel abnehmen. Der Fisch sollte zur Gräte hin saftig sein. Die Filets vom Rücken her abtrennen und in vier gleich große Teile zerlegen. Die Sauerampfer-Julienne auf vier vorgewärmte Teller verteilen, mit der Sauce nappieren und die Filetstücke dazulegen. Mit wildem Reis servieren.

Aal in Gurken-Dill-Sauce

Für 4 Personen

800 g Aal
1 Zitrone
Salz
Mehl zum Bestäuben
40 g Butter
1 Schalotte
4 cl trockener Weißwein
0,4 l Fischfond (Rezept Seite 266)
½ kleine Salatgurke
1 TL Mehlbutter (Rezept Seite 274)
60 g Crème fraîche
100 g Sahne
40 g kalte Butterwürfelchen
½ TL geschnittene Dillspitzen
weißer Pfeffer aus der Mühle

★★★ Den Aal vom Fischhändler küchenfertig herrichten lassen, d.h. ausgenommen, ohne Kopf und gehäutet. Den Fisch in 3 cm große Stücke zerteilen, das dünne Schwanzstück von der Gräte lösen und klein schneiden – für die Garnitur verwenden. Die Aalstücke mit Zitronensaft und Salz würzen, mit Mehl bestäuben. Die Hälfte der Butter in einer Kasserolle erhitzen, die abgezogene und gewürfelte Schalotte darin glasig dünsten und die Fischstücke zufügen. 2 Minuten schmoren. Mit 2 cl Weißwein ablöschen und mit 0,1 l Fischfond auffüllen. Einmal aufkochen lassen und zugedeckt in den auf 200 Grad (Gas: Stufe 3–4) vorgewärmten Ofen schieben. 10 Minuten pochieren.

Die Gurke gut waschen, der Länge nach halbieren und mit einem Teelöffel die Kerne herausschaben. Die Gurkenhälften in etwa 3 mm dünne Scheiben schneiden und in der restlichen erhitzten Butter 3 Minuten schwenken.

Den restlichen Fischfond mit dem restlichen Wein vermischen und zusammen mit der Mehlbutter unter häufigem Rühren auf 0,15 l Flüssigkeit einkochen. Die Crème fraîche und Sahne zufügen und wieder auf die Hälfte reduzieren. Kurz vor dem Servieren den Aalfond zufügen und bei milder Hitze die eiskalte Butter mit dem Saucenstab montieren. Mit Senf, Dill, Pfeffer, Salz und etwas Zitronensaft abschmecken.

Für die Garnitur die Gurkenblüten vom Strunk brechen und vorsichtig waschen. Die Paprikawürfel mit dem Fischfleisch vermengen und mit Salz und Zitronensaft würzen. Mit einem Spritzbeutel diese Füllung in die Blüten geben und in siedendem Salzwasser 6–8 Minuten ziehen lassen.

Garnitur

4 Gurkenblüten
2 EL bunte Paprikawürfelchen (rot, grün, gelb, blanchiert)
2 EL Aalfleisch oder Fischfilet, fein gehackt
Salz
1 Zitrone
1 EL geschlagene Sahne

Anrichten

Die Aal- und Gurkenstücke in die heiße Sauce geben und 30 Sekunden erhitzen. Die Schlagsahne unterziehen und auf vier vorgewärmte Teller verteilen. Mit den pochierten gefüllten Gurkenblüten garnieren. Dazu kleine Salzkartoffeln reichen.

Gratinierte Seezungenfilets auf Wildreisrisotto und Currysauce

Für 4 Personen

Risotto
100 g Wildreis
50 g Crème fraîche
50 g Sahne
30 g kalte Butterwürfelchen
Salz
½ Zitrone
1 EL gehackte Petersilie
1 EL geschlagene Sahne

2 Seezungen à 700 g
1 Bund glatte Petersilie
4 Scheiben Toastbrot (ohne Rinde)
2 EL Kokosraspeln
40 g Butter
Salz
½ Zitrone
1 kleine Karotte

★★★ Den Reis waschen, abtropfen lassen und in reichlich kochendem Wasser 5 Minuten kochen. Bei milder Hitze dann 40 Minuten ausquellen lassen. Auf ein Sieb geben, kalt abschrecken und abtropfen lassen. Die Crème fraîche mit der Sahne aufkochen und um die Hälfte reduzieren. Bei milder Hitze die kalte Butter einrühren und den Reis zufügen. Einmal aufkochen, mit Salz und etwas Zitronensaft abschmecken. Kurz vor dem Servieren die Petersilie und die Schlagsahne unterheben.

Die Seezungen abziehen: Mit einem scharfen Messer zunächst den Kopf abtrennen. Dann die Haut leicht abheben und entlang der Seitenflossen bis zum Schwanzende lösen. Am Schwanzende die Haut soweit einschneiden, daß man sie mit einer Hand gut fassen kann. Nun vom Schwanzende bis zum Kopf die Haut mit einem kräftigen Ruck abziehen. Schwanz und Flossen mit einer Küchenschere abschneiden. Entlang der Mittellinie bis zur Mittelgräte einschneiden und die oberen Filets abheben, mit der anderen Seite ebenso verfahren (siehe dazu auch Rezept »Glattbutt«, Seite 95).

Die Petersilie waschen, trockenschwenken und die Blättchen von den Stielen zupfen. Zusammen mit dem etwas zerkleinerten Brot und den Kokosflocken im Küchenkutter fein zermahlen. Eine feuerfeste flache Form leicht ausbuttern und mit etwas Salz ausstreuen. Die Seezungenfilets hineinlegen und mit Zitronensaft beträufeln. Salzen. Auf dem Herd etwas erwärmen, die Filets umdrehen und mit der gemixten Panade bestreichen. Mit der restlichen dickflüssigen Butter beträufeln. Die Karotte schälen, mit der Aufschnittmaschine in 2 mm feine Scheibchen schneiden und zu Fischchen schnitzen. In kochendem Wasser 30 Sekunden blanchieren. Eiskalt abschrecken und die Filets damit ausgarnieren. Zugedeckt ruhen lassen.

Karotten, Sellerie und Lauch putzen, waschen und klein schneiden. Schalotten abziehen und würfeln. Petersilienstengel waschen und trockenschwenken. Äpfel und Ananas schälen und zerkleinern, da-

Sauce
je 50 g Karotten, Sellerie und Lauch
2 Schalotten
2 Petersilienstengel
2 süße Äpfel
2 Scheiben frische Ananas
Seezungengräten
20 g Butter
1 TL gutes Currypulver
½ TL Mehl
¾ l Fischfond (Rezept Seite 266)
0,1 l trockener Weißwein
150 g Crème double
30 g kalte Butterwürfelchen
2 cl weißer Portwein
Salz
½ Zitrone
1 EL geschlagene Sahne

4 EL Fischfond (Rezept Seite 266)
2 EL trockener Weißwein

bei die Äpfel entkernen. Alles zusammen mit den Seezungengräten in der zerlassenen Butter anschwitzen. Mit Curry und Mehl bestäuben und 2 Minuten dünsten. Mit Fischfond, Weißwein und Crème double auffüllen. 15 Minuten köcheln lassen. Durch ein feines Tuch passieren und wieder auf den Herd stellen. Auf etwa 0,15 l Flüssigkeit einköcheln. Kurz vor dem Servieren die kalte Butter bei milder Hitze einrühren. Mit Portwein, Salz und Zitronensaft abschmecken und die Schlagsahne unterheben.

Anmerkung: Wildreis ist eigentlich kein Reis, sondern der Samen eines wildwachsenden Grases aus Nordamerika und Kanada. Wildreis hat einen ganz besonders würzigen, intensiven Geschmack.

Anrichten

Die Seezungenfilets mit dem Fischfond und Weißwein angießen, unterm Grill oder im Salamander 4 Minuten gratinieren. Den Reisrisotto auf vier heiße Teller verteilen, mit der Sauce nappieren und jeweils zwei Seezungenfilets auflegen. Mit den Karottenfischchen verzieren.

Hechtfilet in Kohl mit roter und weisser Butter

Für 4 Personen
400 g Hechtfilet
1 Zitrone
Salz
100 g Rotkraut
½ Apfel
1 Schalotte
30 g Butter
4 cl Rotwein
1 Prise Zucker
4 große, dünne Weißkrautblätter
Butter für die Pfanne
¼ l Fischfond (Rezept Seite 266)

Rote Butter
0,2 l trockener Rotwein
4 cl roter Portwein
1 TL Schalottenwürfelchen
40 g kalte Butterwürfelchen
Salz
schwarzer Pfeffer aus der Mühle

★★★ Die Hechtfilets enthäuten – soweit das nicht schon der Fischhändler gemacht hat. Dafür schneidet man am Ende vom Filet etwas Fleisch weg, nimmt das freiliegende Hautende in die Hand, führt ein Messer zwischen Haut und Fleisch und hebt das Filet ab. Mit einer Pinzette sorgfältig von Gräten befreien und die Filets mit Zitronensaft und Salz würzen.

Das Rotkraut waschen, abtropfen und in Streifen schneiden. Den Apfel schälen, entkernen und ebenfalls in Streifen schneiden. Die Schalotte würfeln. Alles zusammen in 20 g erhitzter Butter andünsten. Mit dem Rotwein und so viel Wasser aufgießen, daß alles eben gerade bedeckt ist. Mit Salz und einer Prise Zucker würzen und zugedeckt garen. Das Kraut sollte aber noch »Biß« haben.

Die Weißkrautblätter in kochendem Salzwasser 1 Minute blanchieren, kalt abschrecken. Auf der Arbeitsplatte auslegen, darauf jeweils etwas von dem gut ausgedrückten Rotkraut geben und mit den Fischfilets einschlagen. Eine Pfanne leicht ausbuttern, die Kohlpäckchen hineinlegen, mit der restlichen Butter bepinseln und mit dem Fischfond angießen. Im Ofen bei 200 Grad (Gas: Stufe 3–4) 12 Minuten pochieren.

Den Rotwein mit Portwein und den Schalotten auf die Hälfte einköcheln. Bei milder Hitze nach und nach die kalten Butterwürfel einrühren und mit Salz und einem Hauch Pfeffer abrunden.

Den Fischfond mit dem Weißwein mischen und zusammen mit den Schalotten auf die Hälfte einköcheln. Bei milder Hitze die Butter einrühren und mit Salz und Pfeffer abschmecken.

Weiße Butter
0,2 l Fischfond (Rezept Seite 266)
0,1 l trockener Weißwein
1 TL Schalottenwürfelchen
60 g kalte Butterwürfelchen
Salz
weißer Pfeffer aus der Mühle

Anrichten
Die weiße Buttersauce auf die Tellermitte geben. Einen Eßlöffel rote Butter von außen rund in die helle Sauce laufen lassen und mit einem Teelöffelstiel kreisend Form geben. Die Filets mit einem elektrischen Messer aufschneiden und auf der Sauce plazieren. Dazu tournierte Kartöffelchen oder wilden Reis serieren.

Glattbuttfilet auf Gemüsenudeln mit Spitzmorcheln

Für 4 Personen
1 Glattbutt (etwa 1,2 kg)
1 Zitrone
Salz
Pfeffer aus der Mühle

150 g Spitzmorcheln
1 TL Butter
1 TL Schalottenwürfel

100 g Tomatennudeln (Rezept Seite 288)
100 g Spinatnudeln (Rezept Seite 288)

0,15 l Fischweißweinsauce (Rezept Seite 270)
30 g kalte Butterwürfelchen
2 cl Champagner oder Riesling
1 EL geschlagene Sahne

1–2 EL Mehl (Type 405)
1 EL Butterfett
2 TL Butter

Garnitur
Kerbelblättchen

★★★ Den Fisch vom Fischhändler filetieren lassen, die Gräten mitnehmen. Oder Sie filetieren den Butt selbst: Den Fisch mit der hellen Seite auf die Arbeitsfläche legen und mit einem spitzen stabilen Messer direkt über den Augen am Rand des Kopfes ansetzen und am Kopf entlang bis zur Mittelgräte einschneiden. Dann das Messer entlang der Wirbelsäule bis zum Schwanz weiterführen. Haut und Fleisch dabei bis zum Knochen durchtrennen. Haut und Fleisch entlang des Flossensaumes einschneiden. Mit der linken Hand das obere Rückenfilet leicht anheben und mit dem Messer sanft ablösen. Mit der linken Hälfte des Fisches und der hellen Seite ebenso verfahren. Dann die Filets häuten. Dazu am hinteren Ende das Fleisch etwas einschneiden, aber dabei die Haut nicht festhalten, mit der anderen Hand das Messer ganz flach unter das Fleisch führen und durchziehen. Den fransigen Flossenrand begradigen. Aus den Gräten einen Fischfond kochen (Rezept Seite 266).
Die Filets mit etwas Zitronensaft, Salz und Pfeffer würzen.
Die Morcheln putzen, waschen und trockenschleudern – geht am besten in einer Salatschleuder. Größere Morcheln halbieren oder vierteln. In der erhitzten Butter zusammen mit den Schalotten 2–3 Minuten schwenken, ohne Farbe nehmen zu lassen.
Die Nudeln nach Rezept garen.
Die Sauce leicht köcheln lassen, bei milder Hitze mit den Butterwürfelchen montieren, die Morcheln zufügen und noch 2 Minuten köcheln lassen. Mit Salz und etwas Zitronensaft abschmecken. Kurz vor dem Anrichten den Champagner und die Sahne unterheben.
Die Buttfilets mit Mehl bestäuben und in dem erhitzten Butterfett von jeder Seite knapp 1 Minute goldbraun braten.

Anrichten
Die abgegossenen Nudeln kurz in der Butter schwenken und eventuell noch mit etwas Salz abrunden. Auf die Teller verteilen. Darauf jeweils ein Glattbuttfilet legen und mit der Morchelsauce nappieren. Mit Kerbelblättchen garnieren.

Seeteufel auf Ratatouille mit Algenrisotto

Für 4 Personen
750 g Seeteufel (ohne Kopf und gehäutet)
1 Zitrone
Salz
weißer Pfeffer aus der Mühle
Mehl zum Bestäuben
2 EL Olivenöl (extra, erste Pressung)

Risotto
200 g Risotto (Rezept Seite 213)
100 g Algenspitzen
1 TL geriebener Parmesan
30 g kalte Butterwürfelchen
Salz
1/2 Zitrone
weißer Pfeffer aus der Mühle

★★★ Den Seeteufel je nach Dicke in 4–8 Stücke schneiden. Mit Zitronensaft, Salz und Pfeffer würzen, mit Mehl bestäuben und ruhen lassen. Kurz vor dem Servieren in dem erhitzten Öl von jeder Seite 6 Minuten braten.

Den Risotto nach Rezept kochen.

Die Algen waschen und in kochendem Salzwasser 10 Sekunden blanchieren, eiskalt abschrecken. Die Hälfte davon im Mixer pürieren und unter den fertigen Risotto geben. Den Parmesan und die Butter zufügen und alles gut vermischen. Mit Salz, etwas Zitronensaft und Pfeffer abschmecken.

Die Paprikaschoten putzen, entkernen und waschen. In kochendem Salzwasser 1 Minute blanchieren, eiskalt abschrecken und das Fruchtfleisch dünn über der Haut abtrennen. In schöne, gleichmäßige Rauten schneiden. Von der Zucchini und Aubergine jeweils die Schale 1/2 cm dick abschneiden und in Rauten schneiden. 2 Eßlöffel von dem Olivenöl erhitzen und das Gemüse darin anschwitzen, ohne daß es Farbe nimmt.

Die Tomaten mit kochendem Wasser überbrühen, häuten, halbieren und entkernen. Das Fruchtfleisch in kleine Würfel schneiden. Das restliche Olivenöl erhitzen. Die abgezogenen gewürfelten Schalotten mit der Knoblauchzehe darin andünsten, die Tomaten mit dem Thymian dazugeben. Das Tomatenmark unterrühren und alles etwa 4 Minuten dickflüssig köcheln. Durch ein Sieb passieren und alle Gemüserauten untermischen. Bei milder Hitze 5 Minuten ziehen lassen. Mit Salz und Pfeffer würzen.

Anmerkung: Statt Seeteufel passen zu diesem Gericht auch Rotbarben oder Dorade-Filets, aber auch kleine, im Ganzen gebratene Tintenfische.

Ratatouille
1 rote Paprikaschote
1 gelbe Paprikaschote
1 kleine Zucchini
1/2 kleine Aubergine
4 EL Olivenöl (extra, erste Pressung)
2 vollreife Tomaten
1 Schalotte
1/2 Knoblauchzehe
1 frischer Zweig Thymian
1/2 TL Tomatenmark
Salz
weißer Pfeffer aus der Mühle

Anrichten
Die restlichen Algenspitzen unter den Risotto heben und auf vier heiße Teller verteilen. Das Ratatouille davor nappieren und den gebratenen Seeteufel darauflegen. Sofort servieren.

Balikfilet »Zar Nikolay« auf Schwarzwurzel-Mangold-Gemüse mit Kartoffelpuffer

Für 4 Personen
300 g Schwarzwurzeln
1 Zitrone
⅛ l Milch
6 cl trockener Weißwein
200 g Crème double oder Sahne
60 g kalte Butterwürfelchen
Salz
weißer Pfeffer aus der Mühle
3 Mangoldblätter
2 große Kartoffeln
2 EL Butterfett
350 g Baliklachsfilet

★★★ Die Wurzelansätze von den Schwarzwurzeln abschneiden und die Stangen schälen. Mit etwas Zitronensaft abreiben und in gleich große Stücke schneiden. Sofort in Milch legen, damit sie sich nicht verfärben. Zusammen mit der Milch zum Kochen bringen, mit dem Wein angießen und »bißfest« garen. Die Schwarzwurzeln mit einer Schaumkelle herausnehmen und kalt abschrecken. Den Fond stark einkochen, die Crème double unterrühren und auf die Hälfte reduzieren. Bei milder Hitze die eiskalte Butter mit dem Saucenstab in die Reduktion montieren. Mit Salz, Pfeffer und etwas Zitronensaft abschmecken. Die gewaschenen Mangoldblätter in feine Streifen schneiden und in kochendem Salzwasser 1 Minute blanchieren, eiskalt abschrecken und abtropfen. Schwarzwurzeln und Mangold unter die Sauce geben und 2 Minuten köcheln lassen. Warm halten. Die Kartoffeln waschen, schälen und fein reiben. In einem Tuch gut ausdrücken und von der Masse in dem erhitzten Butterfett kleine Plätzchen knusprig goldbraun braten. Leicht mit Salz würzen.

Anmerkung: Baliklachs ist ein besonders rauchfrischer Lachs. Für dieses Gericht wird er nicht, wie sonst beim geräucherten Lachs üblich, in hauchdünne Scheiben aufgeschnitten, sondern in dickeren Stücken serviert. Der Lachs sollte eine Zimmertemperatur von etwa 15–17 Grad haben.

Anrichten
Das Gemüse in der Sauce auf vier vorgewärmte Teller geben, jeweils drei etwa 2–3 cm dicke Lachsfiletscheiben und zwei Kartoffelpuffer dazulegen und sofort servieren.

Karpfen gebraten mit Bier-Senf-Sauce und Topinambur

Für 4 Personen
1 Karpfen
(etwa 1,5 kg)
1 Zitrone
Salz
Pfeffer aus der Mühle
je 2 frische Zweige
Petersilie und
Estragon
50 g Mehl
(Type 405)
40 g Butterfett
2 Schalotten
4 cl Weizenbier

Sauce
¼ l Fischfond
(Rezept Seite 266)
6 cl Weizenbier
1 TL Schalotten-würfel
80 g kalte Butter-würfelchen
1 TL grober Dijonsenf
1 TL gekochte Senf-saatkörner
1 TL Schnittlauch-röllchen
Salz

★★★ Den Karpfen schuppen und ausnehmen (siehe Rezept »Königsbrasse«, Seite 108) oder vom Fischhändler küchenfertig herrichten lassen. Gut ausspülen und mit Küchenkrepp trockentupfen. Innen und außen mit Zitronensaft, Salz und Pfeffer würzen. Die gewaschenen Kräuter in den Bauch geben. Den Fisch mit Mehl bestäuben. Das Butterfett in einer Kasserolle erhitzen, den Fisch einlegen und von jeder Seite goldbraun braten. Die Schalotten abziehen, würfeln und zufügen. Im Ofen bei 200 Grad (Gas: Stufe 3 – 4) 15 Minuten garen. Nach 5 Minuten das Bier angießen und den Fisch während der ganzen Bratzeit öfters mit dem gezogenen Fond begießen.
Den Fischfond mit 5 cl Bier und den Schalottenwürfeln aufkochen und zur Hälfte reduzieren. Den passierten und entfetteten Bratenfond vom Karpfen zufügen und nochmals etwas einköcheln lassen. Bei milder Hitze die kalten Butterwürfelchen einrühren, bis die Sauce die gewünschte Dicke hat. Zum Schluß den Senf, die Senfkörner und den Schnittlauch zufügen. Mit etwas Salz und dem restlichen Bier abrunden.
Die Topinambur waschen, dünn schälen und auf einem Hobel raffeln. In kochendem Salzwasser 2–3 Minuten blanchieren. Abschrecken und in der heißen Butter schwenken. Mit einer Prise Salz würzen.

Beilage
400 g Topinambur
20 g Butter
Salz

Anrichten
Den Karpfen in vier Teile zerlegen, mit der Sauce nappieren und mit der Topinambur servieren.

Gegrillter weisser Heilbutt mit Kräuterbutter

Für 4 Personen

Kräuterbutter
100 g Butter
1 TL mittelscharfer Senf
1 Msp. frischgeriebener Meerrettich
1/2 Zitrone
1/4 Knoblauchzehe
1 EL feingehackte Petersilie
1 EL feingehackter Kerbel
6 Blatt sehr fein geschnittene Zitronenmelisse
1 Msp. gehackte Thymianblättchen
10 gehackte Estragonblätter
1 cl Pernod
Salz

★★★ Die Butter mit Senf, Meerrettich, Zitronensaft und ausgepreßtem Knoblauch schaumig rühren. Die gehackten Kräuter zufügen und mit Pernod und Salz abschmecken. Kühl stellen. In Alufolie zu einer 4 cm dicken Rolle formen und die Folienenden abdrehen, damit die Rolle dick und fest wird. Kühl stellen.
Die Heilbuttscheiben mit Zitronensaft, Salz und Pfeffer würzen. Mit Mehl bestäuben und mit dem Olivenöl begießen. Auf den offenen Grill die Fenchelzweige legen und im guten Abstand den Fisch auf den Rost geben. Saftig grillen. Wer keinen offenen Grill hat, legt die Fischscheiben – ohne den Fenchel – in eine Grillpfanne und brät den Fisch von jeder Seite 3 Minuten.

Anmerkung: Die Kräuterbutter hält sich gut gekühlt mindestens 14 Tage und kann auch für Fleisch und Meerestiere verwendet werden.

Tip: Frische Kräuter sind in der feinen Küche unentbehrlich. Deshalb empfehle ich jedem, einen kleinen eigenen Kräutergarten anzulegen. Es gedeihen im Garten und auf dem Balkon Liebstöckl, Petersilie, Zitronenmelisse, Kerbel, Basilikum, Estragon, Thymian und Salbei.

4 Scheiben weißer Heilbutt vom Mittelstück (etwa 3 cm dick)
1 Zitrone
Salz
weißer Pfeffer aus der Mühle
Mehl zum Bestäuben
4–6 EL Olivenöl (extra, erste Pressung)
Fenchelkraut (getrocknet, nur wenn auf dem offenen Grill gegart wird)

Anrichten
Die Kräuterbutter in 1 cm dicke Scheiben schneiden und jede Heilbuttscheibe damit belegen. Auf vorgewärmten Tellern anrichten. Dazu schmecken Kartoffelsalat (Rezept Seite 132), Tomatenscheiben, mariniert mit einer Vinaigrette-Salatsauce (Rezept Seite 276), und Stangenweißbrot.

Forellensoufflé auf Blattspinat und Tomatensauce

Für 4 Personen
2 frische Forellen
à 300 g
4 EL Fischfond
(Rezept Seite 266)
4 EL trockener
Weißwein
1 kleines Ei
½ Zitrone
Salz
150 g Sahne
1 Eiweiß
3 EL geschlagene
Sahne
2 cl trockener Sherry
1–2 Tropfen Tabasco
Butter für die
Förmchen

Sauce
250 g reife Tomaten
1 l Fischfond
(Rezept Seite 266)
¼ Knoblauchzehe
1 frischer Zweig
Thymian
½ kleines Lorbeer-
blatt
2 cl Gin
100 g Sahne
60 g kalte Butter-
würfelchen
Salz
Pfeffer aus der Mühle
1 EL geschlagene
Sahne

Beilage
250 g zarter Blatt-
spinat
1 TL Butter
Salz
Pfeffer aus der Mühle

★★★ Die Forellen vom Fischhändler ausnehmen und filetieren lassen, die Gräten für den Fischfond mitnehmen (oder nach dem Rezept »Königsbrasse«, Seite 108, selber machen).

Von jedem Filet zwei bis drei schöne Streifen abschneiden und zum Servieren im Fischfond mit Weißwein kurz pochieren. Das restliche Forellenfilet klein schneiden, mit dem Ei, etwas Zitronensaft, Salz und Pfeffer vermischen und durch die feine Scheibe des Fleischwolfs drehen. Separat mit der Sahne im Tiefkühlfach leicht anfrieren lassen. Im Küchenkutter zusammen mit der Sahne zu einer glatten geschmeidigen Farce pürieren. Durch ein feines Sieb passieren. Das Eiweiß sehr steif schlagen und zusammen mit der Schlagsahne unter die Farce ziehen. Mit Sherry, Tabasco und einer Prise Salz würzen. Vier Soufflèförmchen leicht ausbuttern und mit der Forellenmasse füllen. Eine Kasserolle etwa 3 cm hoch mit Wasser füllen, die Förmchen hineinsetzen und im Ofen bei 200 Grad (Gas: Stufe 3 – 4) etwa 12 Minuten pochieren.

Die Tomaten häuten und klein schneiden. Zusammen mit dem Fischfond zum Kochen bringen. Die abgezogene Knoblauchzehe, den Thymian und Lorbeer zufügen und alles auf 0,4 l Flüssigkeit einköcheln lassen. Den Gin untermischen und die Sauce mit einem elektrischen Pürierstab mixen. Durch ein Passiersieb streichen, die Sahne zufügen und bei milder Hitze etwa um die Hälfte reduzieren. Nach und nach die kalten Butterwürfelchen einrühren und mit Salz und Pfeffer abrunden. Kurz vor dem Servieren die Schlagsahne unterziehen.

Den Spinat verlesen, gut waschen und in kochendem Salzwasser 20 Sekunden blanchieren, eiskalt abschrecken. Sehr gut abtropfen lassen und in der erhitzten Butter kurz schwenken, mit Salz und Pfeffer würzen.

Anrichten
Die Soufflés aus dem Wasserbad nehmen und nochmals ganz kurz im heißen Ofen aufgehen lassen. Vier Teller mit dem Spinat auslegen, die Soufflés vorsichtig darauf stürzen, mit der Tomatensauce umziehen und mit den pochierten Fischstreifchen garnieren.

Fränkischer Bachsaibling in Weissweinsauce mit gefüllter Zucchiniblüte

Für 4 Personen
2 Bachsaiblinge
à 400 g
0,2 l trockener
Weißwein
1 Schalotte
50 g Lauch
50 g Staudensellerie
1 frischer Zweig
Thymian
1 Zitrone
Salz

Füllung
60 g Saiblingsfilet
(vom Parieren der
Filets)
½ Eiweiß
Salz
Pfeffer aus der Mühle
60 g Crème double
½ Zitrone
1 cl trockener Sherry
2 TL sehr fein
gewürfelte Karotten
und Lauch
2 junge, zarte
Zucchini mit schöner
fester Blüte
1 TL Butter

★★★ Die Saiblinge vom Fischhändler küchenfertig herrichten lassen oder diese nach dem Rezept »Königsbrasse«, Seite 108, selber ausnehmen und filetieren. Mit einer Pinzette alle Gräten ziehen. Aus den Gräten gleich einen Fischfond kochen. Die abgeschnittenen Stücke vom Parieren der Filets beiseite stellen.

1 Liter Wasser mit dem Wein vermischen, die geputzten Gemüse und den Thymian zufügen, 10 Minuten köcheln lassen. Die Saiblingsfilets mit Zitronensaft beträufeln und salzen. Kurz vor dem Servieren dann 3 Minuten in dem siedenden Kochsud pochieren. Das zurückbehaltene Fischfleisch zerkleinern, mit Eiweiß, einer Prise Salz und Pfeffer vermischen. Zusammen mit der Crème double separat in das Tiefkühlfach stellen und gut durchkühlen lassen. Im Küchenkutter mit der Crème double zur feinen Farce mixen. Durch ein Sieb streichen. Mit etwas Zitronensaft, Salz und Sherry abschmecken.

Die Gemüsewürfelchen in kochendem Salzwasser 4 Minuten blanchieren, abschrecken und gut abgetropft unter die Farce geben. In einen Spritzbeutel mit großer Tülle füllen.

Die Zucchiniblüten vom Strunk abschneiden und vorsichtig auswaschen. Mit der Farce füllen und in köchelndem Salzwasser 8 Minuten pochieren. Die Zucchini der Länge nach wie einen Fächer einschneiden und in der Butter »bißfest« garen.

Den Fischfond mit dem Weißwein mischen und auf 0,15 l einkochen lassen. Crème double und Crème fraîche zufügen und wieder reduzieren. Bei milder Hitze die eiskalten Butterwürfelchen unterrühren und zur Bindung aufschlagen. Mit Salz und etwas Zitronensaft abschmecken. Kurz vor dem Servieren den Champagner und die Schlagsahne unterziehen.

Sauce
½ l Fischfond
(Rezept Seite 266)
0,1 l trockener
Weißwein
60 g Crème double
60 g Crème fraîche
60 g kalte Butter-
würfelchen
Salz
½ Zitrone
4 cl Champagner
1 EL geschlagene
Sahne

Anrichten

Die Haut von den pochierten Saiblingsfilets von der Kopfseite her ablösen und zum Schwanz hin aufrollen. Die Sauce auf vier heiße Teller verteilen, die Saiblinge darauf anrichten.
Die Zucchiniblüten halbieren und zusammen mit den Früchten zum Fisch servieren.
Dazu schmeckt Basilikumreis.

Tintenfischringe mit Chicorée und Feldsalat und roter Butter

Für 4 Personen

Rote Butter
2 Schalotten
1/4 l Nebbiolo (italienischer Rotwein)
4 cl roter Portwein
60 g kalte Butterwürfelchen
Salz
Pfeffer aus der Mühle

500 g geputzter Tintenfisch
Mehl zum Bestäuben
6 EL Olivenöl (extra, erste Pressung)
Zitronenpfeffer
Salz

★★★ Die Schalotten abziehen und fein würfeln. Mit dem Rotwein aufkochen und auf 8 cl Flüssigkeit reduzieren. Die Hälfte von dem Portwein zufügen und nochmals einkochen. Bei milder Hitze die eiskalte Butter montieren. Mit Salz, Pfeffer und dem restlichen Portwein abschmecken.
Den sackförmigen Körper der Tintenfische in schmale Ringe schneiden und mit Küchenkrepp trockentupfen, mit Mehl bestäuben und kurz vor dem Anrichten in dem erhitzten Öl 1 – 2 Minuten braten. Dabei die Pfanne hin und her schwenken. Auf Küchenkrepp abtropfen lassen, mit Zitronenpfeffer und Salz würzen.
Den Feldsalat putzen, waschen und gut abtropfen lassen. Den Chicorée entblättern, waschen und von der Spitze her zu zwei Drittel in große Rauten schneiden. Die Tomaten überbrühen, häuten, halbieren und entkernen. Das Fruchtfleisch fein würfeln. Den Schnittlauch waschen, trockenschwenken und in feine Röllchen schneiden. Die Chicoréerauten in einen Siebeinsatz geben und 5 Sekunden in kochendem Salz-Zitronenwasser blanchieren, eiskalt abschrecken und abtropfen.

Salat
100 g Feldsalat
3 Chicorée
2 Tomaten
1 Bund Schnittlauch
1/2 Zitrone
0,1 l Vinaigrette-Salatsauce (Rezept Seite 276)

Anrichten
Die Salate zusammen mit den Tomatenwürfeln und Schnittlauch auf vier Teller verteilen, mit der Vinaigrette beträufeln. Die heiße rote Butter angießen und die gebratenen Tintenfischringe darauflegen.
Als Beilage empfehle ich kleine Pellkartoffeln oder Stangenweißbrot.

Gratinierte Lachsscheiben auf Algennudeln

Für 4 Personen
½ l Fischfond
(Rezept Seite 266)
6 cl trockener
Weißwein
4 cl Noilly Prat
150 g Crème double
8 Scheiben Norweger
Lachs à 60 g
(vom Mittelstück)
1 Zitrone
Salz
1–2 EL Olivenöl
(extra, erste
Pressung)
200 g handgemachte
Bandnudeln
(Rezept Seite 288)

★★★ Den Fischfond mit dem Wein und Noilly Prat auf 0,15 l Flüssigkeit einköcheln. Die Crème double zufügen und wieder gut reduzieren.
Die Lachsscheiben mit Zitronensaft und Salz würzen, in dem erhitzten Öl von jeder Seite 5 Sekunden braten.
Die Nudeln mit »Biß« garen. Die Algen abzupfen, waschen und in kochendem Salzwasser 8 Sekunden blanchieren. Eiskalt abschrekken und unter die abgegossenen Nudeln mischen. Mit der Butter kurz anschwenken.
Die Tomaten mit kochendem Wasser überbrühen, kurz ziehen lassen, abgießen und häuten. Dann halbieren, entkernen und das Fruchtfleisch fein würfeln. Zusammen mit dem feingeschnittenen Estragon in die reduzierte Sauce geben. 1 Minute wallen lassen. Bei milder Hitze die Hollandaise unterrühren, mit einer Prise Salz abschmecken und ganz zum Schluß die Schlagsahne unterheben.

100 g Algen
1 TL Butter
2 Tomaten
1 frischer Zweig
Estragon
3 EL Hollandaise
(Rezept Seite 271)
2 EL geschlagene
Sahne

Anrichten
Die Algennudeln auf vier Teller verteilen, jeweils zwei Lachsscheiben darauf anordnen, mit der Sauce überziehen und bei starker Oberhitze etwas Farbe nehmen lassen. Sofort servieren.

Forellenfilet mit Kräuterkruste auf Paprikasauce und gefüllte Zucchiniblüte

Für 4 Personen
2 Forellen à 400 g
1 Zitrone
Salz
Pfeffer aus der Mühle

Sauce
1 rote Paprikaschote
1 TL Butter
½ l Fischfond
(Rezept Seite 266)
0,1 l trockener
Weißwein
100 g Sahne
50 g kalte Butter-
würfelchen
2 cl weißer Portwein
Salz
1 EL geschlagene
Sahne

Füllung
4 zarte, kleine
Zucchini mit Blüte
4 EL gekochter
Rundkornreis
2 EL blanchierte
bunte Paprikawürfel
(rot, grün, gelb)

2 EL gehacktes
Forellenfleisch (vom
Parieren der Filets)
Salz
Pfeffer aus der Mühle

1 Bund Petersilie
5 frische Zweige
Thymian
2 frische Blätter
Basilikum
3 Scheiben Toastbrot
30 g Butter
4 EL Fischfond
(Rezept Seite 266)
2 EL Weißwein
2 EL trockener
Weißwein
1–2 EL bunte
Paprikaecken
1 EL Butter

★★★ Die Forellen filetieren und parieren (siehe dazu Rezept »Königsbrasse«, Seite 108) oder bereits vom Fischhändler küchenfertig vorbereiten lassen, dann aber die Gräten für den Fischfond mitnehmen. Die parierten, d.h. zurechtgeschnittenen Filets mit Zitronensaft beträufeln, leicht salzen und pfeffern. Das abgeschnittene Fischfleisch fein hacken.

Die Paprikaschote halbieren, putzen, waschen und klein schneiden. In der zerlassenen Butter anschwenken. Mit dem Fischfond, Wein und der Sahne auffüllen und zugedeckt 15 Minuten köcheln. Im Mixer fein pürieren und durch ein Sieb passieren. Wieder auf den Herd stellen und auf etwa 0,15 l Flüssigkeit reduzieren. Bei milder Hitze die kalte Butter einrühren und mit Portwein und Salz würzen. Vor dem Anrichten die Schlagsahne unterziehen.

Die Zucchiniblüten vom Strunk befreien und vorsichtig auswaschen. Den Reis mit den blanchierten Paprikawürfeln und dem rohen gehackten Forellenfleisch vermischen. Mit Salz und Pfeffer abschmecken. In einen Spritzbeutel mit großer Tülle füllen und die Blüten damit füllen. In leicht gesalzenem kochendem Wasser 8 Minuten siedend köcheln.

Die Kräuter waschen, trockenschwenken und die abgezupften Blättchen im Küchenkutter mixen. Das Toastbrot (ohne Rinde) zerkleinern und zufügen. So lange mixen, bis eine geschmeidige Panade entsteht. Eine flache feuerfeste Form mit etwas Butter ausstreichen, eine Prise Salz hineinstreuen und die Forellenfilets hineinlegen. Etwas erwärmen. Die Filets umdrehen und mit der Panade bestreichen. Die restliche Butter schmelzen und darüberträufeln, den Fischfond mit dem trockenen Wein angießen. Die zurechtgeschnittenen Paprikaecken kurz in kochendem Wasser blanchieren, abschrecken und die Filets damit ausgarnieren. In den Ofen schieben und unterm Grill oder im Salamander 2 – 4 Minuten bräunen.

Anrichten
Die Zucchinifrüchte der Länge nach in feine Fächer schneiden und in der erhitzten Butter 3 Minuten schwenken. Die Blüten mit den Zucchinifächern auf heiße Teller verteilen, davor jeweils ein Forellenfilet anordnen und mit der Paprikasauce nappieren.

Königsbrasse mit Venusmuschelsud

Für 4 Personen
1 Königs- oder Goldbrasse (etwa 1,5 kg)
1 Limone
Salz
2 EL Mehl
(Type 405)
1 EL Butterfett

Sauce
500 g Venusmuscheln
1 EL Butterfett
je 50 g Schalotten, Staudensellerie und Lauch
½ Knoblauchzehe
1 frischer Zweig Thymian
0,1 l Weißwein (Riesling)
½ l Fischfond (Rezept Seite 266)
100 g Sahne
4 cl Noilly Prat
12 Safranfäden
60 g kalte Butterwürfelchen
Salz
1 Zitrone
2 cl Pernod
1 frischer Zweig Estragon
100 g Gemüsewürfel (Karotte, Staudensellerie, Helles vom Lauch)

★★★ Die Brasse vom Fischhändler filetieren lassen oder selber machen. Das geht so: Den Fisch mit einem Tuch am Schwanzende festhalten und mit einer Schere in Richtung Kopf die Flossen abschneiden. Mit einem Spezial-Fischschupper oder einem Messer die Schuppen in Richtung Kopf abschaben. Den Fisch in die linke Hand nehmen und mit einem spitzen Messer von der Afteröffnung zum Kopf hin die Bauchhöhle vorsichtig aufschneiden. Dabei das Messer möglichst flach halten, damit keine Eingeweide aufgeschlitzt werden. Das letzte feste Stück beim Kopf mit der Schere aufschneiden. Die Bauchseiten vorsichtig auseinanderziehen, mit den Fingern die Eingeweide vom After her lösen, nach vorne herausziehen und am Schlund mit der Schere abschneiden. Aufpassen, daß die Galle nicht verletzt wird. Unter fließend kaltem Wasser den Fisch gründlich ausspülen. Den Kopf direkt hinter der Kiemenöffnung schräg bis auf die Mittelgräte einschneiden, den Fisch umdrehen, den gleichen Schnitt auf der anderen Seite ausführen und den Kopf abtrennen. Nun mit einem dünnen, scharfen, biegsamen Messer vom Rücken her so dicht wie möglich an der Mittelgräte entlang einschneiden und das Messer vom Kopfende bis zum Schwanz führen. Den Fisch wieder flach auf die Seite legen und von oben nach unten das Filet ablösen. Danach auf der anderen Seite den Rücken einschneiden, die Mittelgräte freilegen und abheben. Die Bauchhöhlengräten entfernen, dann ein Messer in der Mitte des Filets unter die Gräten führen und die Gräten zum Rand hin ganz flach über dem Filet wegschneiden. Die restlichen Gräten mit einer Pinzette auszupfen. Aus den Gräten einen Fond kochen.

Die ungehäuteten Filets in vier gleich große Teile schneiden, mit Limonensaft und Salz würzen, in wenig Mehl wenden, erst kurz vor dem Anrichten in dem erhitzten Butterfett – hauptsächlich von der Hautseite her – schön goldbraun braten. Auf Küchenkrepp abtropfen lassen.

Die Muscheln mehrmals waschen (sie müssen alle geschlossen sein, geöffnete aussortieren). In einem großen, tiefen Topf das Butterfett

Anrichten
Die gebratenen Brassenfilets mit den Muscheln belegen und mit der Sauce nappieren. Dazu tournierte Salzkartoffeln servieren.

erhitzen, die Muscheln, das geputzte, kleingeschnittene Gemüse, die abgezogene Knoblauchzehe und den Thymian zufügen, mit einer Kelle kurz umrühren und mit Wein und Fond aufgießen. Zugedeckt 4 Minuten kochen. Die Muscheln mit einer Schaumkelle herausheben, auslösen und warm stellen. Den Sud durch ein feines Tuch passieren, wieder in eine Kasserolle geben und auf 0,2 l Flüssigkeit einkochen lassen. Die Sahne, den Noilly Prat und den Safran zufügen und nochmals auf 0,2 l reduzieren. Bei milder Hitze die Butterwürfelchen unterrühren und mit Salz, Zitronensaft, Pernod und feingeschnittenem Estragon würzen. Die Gemüsewürfelchen in wenig kochendem Salzwasser »bißfest« garen und in die Sauce geben.

Steinbuttfilet mit Seeigelsauce und Wildreisbällchen

Für 4 Personen
80 g Wildreis
60 g Langustinenfleisch
Salz
Pfeffer aus der Mühle
5 cl Sahne
2 cl trockener Sherry

12 Seeigel
½ l Fischfond (Rezept Seite 266)
0,1 l trockener Weißwein
150 g Crème double
500 g parierte Steinbuttfilets
1 Zitrone
Salz
Butter für die Form
60 g kalte Butterwürfelchen
4 cl weißer Portwein
½ Limone

Garnitur
4 Stengel Kerbel
Seeigel-Rogen

★★★ Den Wildreis mehrmals waschen, in reichlich kochendes Wasser geben, etwa 5 Minuten kochen und bei milder Hitze etwa 40 Minuten ausquellen lassen, bis er gleichmäßig aufgegangen ist und gerade noch etwas »Biß« hat. Den Reis kalt abspülen und gut abtropfen lassen.
Das Langustinenfleisch mit Salz und Pfeffer würzen und mit der Sahne im Tiefkühlfach gut durchkühlen. Danach im Küchenkutter fein pürieren, durch ein Passiersieb streichen. Mit Sherry und Salz abrunden. Die Farce mit dem Reis mischen, kleine Bällchen formen. Kurz vor dem Servieren in kochendes Salzwasser einlegen und 5 Minuten pochieren.
Die Seeigel öffnen. Dafür den Seeigel in die Handfläche nehmen und an der leicht nach innen gewölbten Unterseite mit einer scharfen Küchenschere ein kreisrundes Stück herausschneiden. Das Wasser

durch ein Sieb auffangen und die roten Rogen vorsichtig mit einem Teelöffel herausholen. Das Seeigelwasser mit zwei Drittel von dem Fischfond und dem Wein aufkochen und sehr stark reduzieren. Die Crème double zufügen und wieder reduzieren. Zwölf besonders schöne Rogen als Garnitur beiseite stellen, den Rest zusammen mit der Sauce im Mixer pürieren, durch ein feines Sieb passieren und bei milder Hitze 2–3 Minuten ziehen lassen.

Anrichten

Die Steinbuttfilets auf vier heiße Teller verteilen, mit den Seeigelrogen belegen und mit der Sauce nappieren. Die Reisbällchen dazugeben und mit je einem Kerbelstengel garnieren.

Die Steinbuttfilets portionieren, mit Zitronensaft und Salz würzen. Eine Pfanne leicht ausbuttern, die Fischstücke hineinlegen und mit dem restlichen Fischfond aufgießen. Im 200 Grad heißen Ofen (Gas: Stufe 3–4) 6–8 Minuten pochieren. Die zurückgelegten Seeigelrogen in der letzten Minute mit in die Pfanne geben und heiß werden lassen. Den Steinbuttfond zu der vorbereiteten Sauce geben und bei milder Hitze die kalte Butter einrühren, bis die Sauce eine leichte Bindung erhält. Mit dem Portwein, Limonensaft und einer Prise Salz abschmecken.

Anmerkung: Wildreis ist eigentlich kein Reis, sondern der Samen eines wildwachsenden Grases aus Nordamerika und Kanada. Wildreis hat einen ganz besonders würzigen, intensiven Geschmack.

Tip: Statt Langustinenfleisch können Sie auch Zander und Hecht nehmen, die Bällchen werden dann etwas heller.

SCHALEN-
UND
KRUSTENTIERE

Hummer, Langusten, Krebse und Austern gehörten schon immer zum Feinsten der feinen Küche; keine große Tafel ohne diese Meeresfrucht-Favoriten. Ob man sie lebendfrisch eiskalt serviert, wie zum Beispiel Austern, Muscheln und Seeigel, oder sanft im Sud gart, bleibt dem individuellen Geschmack vorbehalten. Gut sind sie immer und einfach in der Zubereitung.

Ebenso wie beim Fisch ist auch bei den Meeresfrüchten die absolute Frische oberstes Gebot. Am besten, man kauft die Produkte bei einem Fischhändler seines Vertrauens. Dank moderner Kühltechnik kommen die Köstlichkeiten bei richtiger Behandlung auch topfrisch zum Verkauf. Die Auster, Sinnlichste aller Meeres-Delikatessen – die ihr nachgesagte aphrodisische Wirkung wird bis heute glaubhaft versichert –, ist nur dann wirklich frisch, wenn die Schale fest geschlossen ist, beziehungsweise sich beim leichten Anklopfen sofort verschließt. Alle Schalentiere, die man roh anbieten will, sollten immer erst unmittelbar vor dem Verzehr geöffnet werden. Am besten schmecken Austern & Co. ab Oktober bis März. Beim Hummer ist es umgekehrt; obwohl er meistens zu Weihnachten besonders empfohlen wird, ist sein Fleisch in den Sommermonaten am saftigsten.

Immer häufiger finden in der Küche statt der teueren Hummer und Langusten Flußkrebse und Langustinen Verwendung. Keineswegs zum Schaden der Gerichte. Sie werden frisch und roh auf Eis verpackt angeboten.

Die Scheu vor dem Umgang mit lebenden Meerestieren hält viele immer noch davon ab, sie selbst zuzubereiten. So wurde auf die genaue Anleitung in den folgenden Rezepten besondere Sorgfalt gelegt. Sie sind alle leicht nachvollziehbar, lassen aber trotzdem noch genügend Spielraum für eigene Kreativität.

Spaghetti mit Algen und Langustinen

Für 4 Personen
4 EL Olivenöl (extra, erste Pressung)
2 Schalotten
½ Knoblauchzehe
150 g Tomaten
2 cl trockener Weißwein
1 frischer Zweig Thymian
1 EL gehackte Petersilie
4 frische Blättchen Basilikum (gehackt)
Salz
Pfeffer aus der Mühle

100 g frische Algenspitzen
300 g besonders dünne, feine Spaghetti
2 EL Öl

12 Langustinenschwänze (Scampi)
Salz
Pfeffer aus der Mühle
etwas Mehl zum Bestäuben
3 EL Olivenöl (extra, erste Pressung)

★★★ Das Öl erhitzen. Schalotten und Knoblauch schälen und fein würfeln, in dem Öl glasig schwenken.
Die Tomaten mit kochendem Wasser überbrühen, häuten, halbieren und entkernen. Das Fruchtfleisch würfeln und zu den Schalotten geben. Alles 5 Minuten dünsten. Mit dem Weißwein ablöschen, den Thymian zufügen und dickflüssig einköcheln. Durch ein Sieb passieren und mit Petersilie, Basilikum, Salz und Pfeffer abschmecken.
Die Algen waschen und in kochendem Wasser 12 Sekunden »bißfest« blanchieren, sofort in Eiswasser abschrecken und gut abtropfen lassen.
Die Spaghetti in reichlich kochendem Salzwasser mit dem Öl 8 Minuten »bißfest« garen. Abgießen, kalt abschrecken und abtropfen lassen. Zusammen mit den Algen in die heiße Tomatensauce geben. Unter leichtem Schütteln des Topfes kurz erhitzen, eventuell noch nachwürzen.
Die Langustinenschwänze der Länge nach halbieren und die Därme entfernen. Das Fleisch mit Salz und Pfeffer würzen, mit Mehl bestäuben und in dem erhitzten Olivenöl von jeder Seite 2 Minuten braten. Auf Küchenkrepp abtropfen lassen und mit einem Löffel das Fleisch leicht von der Schale anheben, aber nicht ganz auslösen.

Anmerkung: Die Algen kommen aus dem Atlantik und sind besonders proteinreich.
Aus den Krusteln einen Fond kochen (Rezept Seite 267) und als Vorrat einfrieren.

Anrichten
Auf heiße Teller jeweils sechs halbe Langustinenschwänze im Kreis anordnen und in die Mitte die Algenspaghetti setzen.

Mein Hummergratin

Für 4 Personen
2 lebende Hummer
à 600 g
0,2 l Hummersauce
(Rezept Seite 274)
8 Stangen grüner
Spargel
100 g Champignons
rosé
1 TL Butter
30 g schwarze Trüffel
(gewürfelt)
30 g kalte Butter-
würfelchen
2 cl Cognac
Salz
weißer Pfeffer aus
der Mühle
1 frischer Zweig
Estragon
4 Scheiben schwarze
Trüffel

★★★ Die Hummer nacheinander mit dem Kopf voran in reichlich kochendes Salzwasser werfen und jeweils 8 Minuten kochen. Kalt abschrecken, die Scheren und Beine abtrennen und ausbrechen. Die Hummerkörper der Länge nach mit einem kräftigen Messer durchschneiden, das Schwanzfleisch auslösen und zusammen mit dem Scherenfleisch warm stellen. Die Hummerschalen gut auswaschen und abtropfen lassen.

Die Hummersauce dickflüssig einköcheln.

Den Spargel dünn schälen und mit »Biß« kochen. Die Köpfe abschneiden und beiseite stellen. Den restlichen Spargel in knapp 2 cm große Stücke teilen.

Die Champignons waschen, putzen und in 1 cm große Würfelchen schneiden. In der erhitzten Butter kurz anschwenken. Spargelstükke, Champignons, gewürfelte Trüffel und das ausgelöste Hummerbeinfleisch in die Hummersauce geben. Einmal aufwallen lassen, bei milder Hitze die kalten Butterwürfelchen einrühren. Mit Cognac, Salz, Pfeffer und etwas feingeschnittenem Estragon würzen. Die Sauce auf die vier Hummerschalen verteilen. Darauf das in Scheiben geschnittene Hummerfleisch vom Schwanz und den Scheren anordnen, mit Spargelköpfen und Trüffelscheiben garnieren.

Die Fischsauce dickflüssig einkochen. Mit Sherry, etwas Limonensaft und einer Prise Salz abschmecken. Die Hollandaise unterrühren und die Schlagsahne unterziehen. Großzügig über die Hummerhälften verteilen und bei starker Oberhitze goldbraun gratinieren.

0,2 l Fischweißwein-
sauce (Rezept
Seite 270)
4 cl trockener Sherry
½ Limone
2 EL Hollandaise
(Rezept Seite 271)
2 EL geschlagene
Sahne

Anrichten
Die gratinierten Hummer auf heiße Teller geben und mit Reis oder Nudeln servieren.

Cannelloni von Meeresfrüchten mit gebratenen Garnelen und Salbeibutter

Für 4 Personen

Farce
60 g Jakobsmuschelfleisch
60 g Langustinenfleisch
60 g Zanderfilet
½ Eiweiß
Salz
Pfeffer aus der Mühle
120 g Crème double oder Sahne
1 EL Krustentierreduktion (Rezept Seite 268)
8 g schwarze Trüffel (in Würfel geschnitten)
1 TL gehackte Pistazienkerne
4–6 frische Blättchen Estragon
2 cl Noilly Prat
½ Zitrone

Cannelloni
100 g Nudelteig (Rezept Seite 288)
8 blanchierte Spinatblätter
1 Eigelb
16 blanchierte Lauchstreifen
Mehl zum Bestäuben

Salbeibutter
1 Schalotte
10 g Butter
¼ l Fischfond Rezept Seite 266)
0,2 l trockener Weißwein
8 frische Blättchen Salbei
60 g kalte Butterwürfelchen
1 EL rote blanchierte Paprikawürfelchen
1 EL feingehackte Petersilie
Salz
Pfeffer aus der Mühle

8–12 frische Garnelen à 60 g
Salz
Pfeffer aus der Mühle
1 Zitrone
Mehl zum Bestäuben
2 EL Olivenöl (extra, erste Pressung)

★★★ Die Hälfte von dem Jakobsmuschel- und Langustinenfleisch in feine Würfel schneiden. Den Rest zusammen mit dem kleingeschnittenen Zanderfilet und dem Eiweiß vermischen. Mit Salz und Pfeffer würzen und separat mit der Crème double im Gefrierfach leicht anfrieren lassen. Dann alles zusammen im Küchenkutter zur Farce mixen. Mit der Krustentierreduktion aromatisieren. Die Farce durch ein Sieb passieren. Die Muschel- und Langustinenwürfel, die Trüffelwürfel, gehackte Pistazien und die feingeschnittenen Estragonblättchen dazugeben, gut verrühren und mit Noilly Prat, etwas Zitronensaft und Salz abrunden. Kalt stellen.

Den Nudelteig durch die Handnudelmaschine dünn bahnen oder sehr dünn ausrollen. Mit einem Teigrädchen acht Stücke zu je 10× 10 cm ausradeln. Auf jedes Teigstück ein gut trockenes Spinatblatt legen und in die Mitte die Meeresfrüchtefarce mit einem Spritzbeutel spritzen. Die Ränder mit dem verschlagenen Eigelb bepinseln und die Farce einrollen. Beide Teigenden jeweils mit einem blanchierten Lauchstreifen zusammenbinden, so daß die Cannelloni wie dicke große Bonbons aussehen. Auf bemehltem Teller kühl stellen. Kurz vor dem Servieren in kochendes Salzwasser geben und bei großer Hitze 4 Minuten ziehen lassen.

Die Schalotte abziehen und fein würfeln. In der erhitzten Butter glasig dünsten. Mit dem Fischfond und Weißwein auffüllen und langsam auf 0,1 l Flüssigkeit einkochen.

Die Salbeiblättchen 2 Sekunden in kochendem Wasser blanchieren, eiskalt abschrecken und ausdrücken. Zusammen mit der Butter im Mixer pürieren. Kalt stellen. Zum Schluß mit dem Saucenstab unter den eingekochten Fond mixen, bis die Sauce eine leichte cremige Bindung erhält. Die gut abgetropften Paprikawürfelchen und die Petersilie zufügen, mit Salz und Pfeffer abschmecken.

Die Garnelen ausbrechen, den Kopf dranlassen, am Rücken der Schwänze einen kleinen Schnitt anbringen und die Därme heraustrennen. Das Fleisch mit Salz, Pfeffer und Zitronensaft würzen,

Anrichten
Die auf Küchenkrepp abgetropften Garnelen zusammen mit den Cannelloni auf vorgewärmte Teller verteilen, mit der Salbeibutter nappieren.

mit Mehl bestäuben und in dem erhitzten Öl von jeder Seite 2 Minuten braten.

Anmerkung: Aus den Krusteln der Garnelen – für dieses Rezept oder als Vorrat zum Einfrieren – gleich eine Reduktion kochen (Rezept Seite 267).
Häufig werden Garnelen auch unter dem irreführenden Namen »Hummerkrabben« angeboten. Diese Bezeichnung ist in Europa eigentlich unzulässig. Eine der besten Garnelensorten sind die Sägegarnelen oder Pink Shrimps von der französischen Atlantikküste.

Jakobsmuschelsavarin mit Crevetten und Noilly-Prat-Safran-Sauce

Für 4 Personen

Farce
1 frische Jakobsmuschel
50 g Zanderfilet
½ Eiweiß
Salz
Pfeffer aus der Mühle
80 g Sahne
2 cl Noilly Prat
½ Zitrone
eventuell 1–2 EL geschlagene Sahne
Butter für die Förmchen

Sauce
0,1 l Noilly Prat
10 Safranfäden
60 g Sahne
40 g kalte Butterwürfelchen
Salz

4 frische Jakobsmuscheln
24 frische große Crevetten
Salz
Pfeffer aus der Mühle
40 g Butterfett

★★★ Die ausgelöste Muschel mit dem Zanderfilet zerkleinern, mit dem Eiweiß vermischen und mit Salz und Pfeffer würzen. Separat mit der Sahne in das Tiefkühlfach stellen und leicht anfrieren lassen. In einem Küchenkutter beides zusammen zu einer geschmeidigen glänzenden Farce verarbeiten. Durch ein Passiersieb streichen und mit Noilly Prat, etwas Zitronensaft und Salz abschmecken. Mit einem Teelöffel ein Probebällchen von der Farce abstechen und in siedendem Salzwasser ziehen lassen. Ist die Farce fest, gibt man noch 1–2 Eßlöffel geschlagene Sahne unter die Masse. Dann in einen Spritzbeutel füllen und vier gebutterte Förmchen zu drei Viertel voll damit ausspritzen. Eine Kasserolle mit Zeitungspapier auslegen, etwa 1 cm hoch mit kochendem Wasser füllen, die Förmchen hineinsetzen und im Ofen bei 180 Grad (Gas: Stufe 2–3) 10 Minuten pochieren.
Den Noilly Prat etwa um zwei Drittel einköcheln. Safran und Sahne zufügen und wieder reduzieren. Bei milder Hitze die kalte Butter einrühren und zur Bindung aufschlagen. Mit Salz abschmecken.
Die restlichen Muscheln sorgfältig waschen. Zum Öffnen die Muscheln mit einem Küchentuch in die rechte Hand nehmen, die flache Schalenhälfte zeigt nach oben. Mit einem spitzen kurzen, aber kräfti-

Garnitur
je 50 g feine Karotten- und Staudensellerie-stäbchen (»bißfest« gegart)
10–12 frische Blättchen Kerbel

gen Messer zwischen die Schalen fahren und den Muskel an der flachen Innenseite durchtrennen. Die obere flache Schale abheben, die untere Schale festhalten. Mit dem Messer am Rand des Fleisches entlangfahren und die Muschel rundherum auslösen. Den grauen Bartrand vom weißen Fleisch abtrennen (kann für einen Fond mitverwendet werden), vorsichtig, damit der orangefarbene Rogen (Corail) nicht verletzt wird.
Die Crevetten ausbrechen, längs dem Rücken leicht einschneiden und die Därme herausziehen. Zusammen mit den Jakobsmuscheln salzen und pfeffern. Die Hälfte des Butterfetts erhitzen, die Muscheln darin glasig braten, die Corails nur ganz kurz schwenken. Im restlichen erhitzten Butterfett die Crevetten ausschwenken.

Anrichten
Die Savarinförmchen auf heiße Teller stürzen. In die Mitte jeweils eine komplette Muschel geben und den Savarin mit den Crevetten umlegen. Alles mit der Sauce nappieren, mit den Gemüsestreifchen und Kerbelblättchen garnieren.

Anmerkung: Das Zeitungspapier im Wasserbad ist wichtig, denn es beruhigt die Wasseroberfläche, indem es sich voll Wasser saugt. So kann der zarte Savarin schön aufgehen.

Krebssavarin mit grünem Spargel

Für 4 Personen
1,6 kg lebende Flußkrebse (ca. 40 Stück)
2 EL Butterfett
je 50 g Karotten, Staudensellerie, Schalotten, Helles vom Lauch
¼ l trockener Weißwein
½ Dose geschälte Tomaten
3–4 Korianderkörner
8 schwarze Pfefferkörner
je 1 frischer Zweig Thymian und Estragon
100 g Sahne
40 g kalte Butterwürfelchen
4 cl Cognac
Salz
Pfeffer aus der Mühle

★★★ 24 Krebse in kochendes Salzwasser werfen und 3 – 4 Minuten garen, kalt abschrecken, ausbrechen und das Fleisch in etwas ausgekühltem Kochfond beiseite stellen. 16 Krebse in kochendem Salzwasser nur töten, kalt abschrecken und das noch rohe Krebsfleisch für die Farce ausbrechen und kalt stellen.
Die Krebsnasen und Krusteln gut waschen und abtropfen lassen. Eine Kasserolle erhitzen, das Butterfett und die Krebskarkassen hineingeben und anrösten. Das geputzte und zerkleinerte Gemüse zufügen und unter ständigem Rühren 5 Minuten mitrösten. Mit Wein und den Tomaten auffüllen und mit Wasser eben gerade bedecken. Die Gewürzkörner im Mörser zerdrücken und zusammen mit den Kräutern dazugeben. 20 Minuten zugedeckt köcheln lassen. Die Sauce durch ein Sieb passieren. Wieder auf den Herd stellen und auf 0,2 l Flüssigkeit einkochen. Ein Fünftel von der Sauce abnehmen und auf

1 kg grüner Spargel
20 g schwarze Trüffel
1 EL geschlagene Sahne

Savarin
80 g Zanderfilet
Salz
weißer Pfeffer aus der Mühle
80 g Sahne
2 cl weißer Portwein
1 EL kalte Krebsreduktion (von der Sauce)
1 EL geschlagene Sahne

Butter für die Förmchen

einen Eßlöffel dickflüssige Reduktion einkochen – er wird für die Farce gebraucht. Die restliche Sauce mit der Sahne vermischen und nochmals leicht einkochen lassen. Bei milder Hitze die kalten Butterwürfel einrühren. Mit Cognac, Salz und Pfeffer würzen.
Die Spargelenden abschneiden und die Stangen dünn schälen, in Salzwasser mit »Biß« kochen und in 2 cm große Stücke schneiden, die Köpfe etwas länger lassen. Die Trüffel in Streifen schneiden und zusammen mit den Spargeln und den Krebsen in die Sauce geben. Kurz vor dem Anrichten die Schlagsahne unterziehen.
Das rohe Krebsfleisch mit dem zerkleinerten Zanderfilet mischen. Mit Salz und Pfeffer würzen. Zusammen mit der Sahne ins Tiefkühlfach stellen und leicht anfrieren lassen. Die Fisch-Krebs-Masse in den Küchenkutter geben und nach und nach die Sahne zufügen, bis alles eine glatte glänzende Farce ist. Durch ein Passiersieb streichen und mit Portwein und Salz abschmecken. Zum Schluß die bereits fertiggestellte Krebsreduktion zufügen und die Schlagsahne unterheben.
Vier Savarinförmchen leicht ausbuttern und die Farce mit einer Spritztülle einfüllen. Im Wasserbad (auf einem Zeitungsblatt) bei 180 Grad (Gas: Stufe 2–3) im Ofen etwa 10 Minuten pochieren.

Anmerkung: Das Zeitungspapier im Wasserbad beruhigt die Wasseroberfläche, so kann der Savarin schön aufgehen.

Tip: Bei Farcen immer eine Probe machen: Mit einem Teelöffel ein Klößchen formen und in siedendem Wasser ziehen lassen. Sollte das Klößchen zu fest sein, gibt man noch etwas geschlagene Sahne unter die Farce.

Garnitur
frischer Kerbel

Anrichten
Die Krebssavarine auf vorgewärmte Teller stürzen, mit der Sauce füllen und mit Kerbelblättchen ausgarnieren.

FLEISCH

Nach dem Siegeszug der kurzgebratenen Fleischscheibe, dem Steak, hat sich in der feineren gehobenen Küche ein Wandel vollzogen. Fleisch spielt heute nicht mehr eine Sonderrolle als alleiniger Hauptgang, sondern ist zu einem gleichberechtigten Element in der Menügestaltung geworden. Vorbei auch die Zeiten, wo kein Quentchen Fett die satte Fleischstruktur verunzieren durfte. Heute ist Fett wieder gefragt, zwar gemäßigt als feine, zarte Marmorierung, aber nicht mehr wegzudenken als wesentlicher Geschmacksträger.
Zu dem perfekten Gelingen einer Fleischspeise gehört gut abgehangenes Fleisch. Doch wie erkennt der Laie das? Meistens erst viel zu spät, nämlich dann, wenn das Fleisch zäh und fad aus der Pfanne oder dem Ofen kommt. Um derartige unliebsame Überraschungen zu vermeiden, sollten Sie sich rechtzeitig einen guten Metzger suchen, der einwandfreie Qualität liefert. Und das heißt: Schlachtvieh von Rind und Lamm muß 2–3 Wochen im Kühlhaus abhängen. Kalb und Milchlamm mindestens 1 Woche, und selbst Schweinefleisch sollte nie schlachtfrisch angeboten werden, sondern erst nach 5 Tagen. Im Zweifelsfall legen Sie das Rind- oder Lammfleisch zu Hause noch 6 – 8 Tage in Öl, bei einer Temperatur von 5 – 8 Grad (etwa Kühlschrank). Gibt man noch ein paar getrocknete Kräuter – zum Beispiel Thymian – ins Öl, wird der Geschmack gleich aromatischer.
Rindfleisch bester Qualität hat eine lebhaft rote Farbe, ist fest und elastisch und von zahlreichen feinen Fettäderchen durchzogen. Kalbfleisch muß hell bis hellrosa aussehen und ist am besten von 2–3 Monate alten Tieren. Erstklassiges Lammfleisch ist blaßrot mit weißem Fett. Die qualitativ hochwertigsten Tiere kommen von den salzigen Weiden der Bretagne oder aus Schottland. Ein Milchlamm ist ein ganz junges Tier, das sich noch von der Muttermilch ernährt. Da es bei uns sehr selten angeboten wird, stammen die Produkte ebenfalls überwiegend aus Frankreich.
Richtig zubereitetes Fleisch ist niemals außen heiß und innen kalt mit rohem Kern. Moderne Garmethoden wie Schmoren, Braten und Pochieren bei niedrigen Temperaturen garantieren dagegen ein Produkt, das genau auf den Punkt mit zartrosa Innerem gegart wird. So werden Fleischgerichte zur neu entdeckten Köstlichkeit Ihrer Tafel.

Marinierter Tafelspitz mit Frankfurter Grüner Sauce

Für 4 Personen
800 g Tafelspitz (vom Rind)
Salz
Pfeffer aus der Mühle
je 50 g Karotten, Sellerie und Lauch
1 Zwiebel
6 zerdrückte schwarze Pfefferkörner

500 g neue Kartoffeln
½ TL Kümmel
Salz

Sauce
1 Bund gemischte Kräuter für die Frankfurter Grüne Sauce (Kerbel, Sauerampfer, Petersilie, Borretsch, Pimpernelle, Gartenkresse)
125 g Sauerrahm
4 EL Mayonnaise (Rezept Seite 275)
½ Zitrone
Salz
2 hartgekochte Eier
Pfeffer aus der Mühle

★★★ Den Tafelspitz rundherum mit Salz und Pfeffer einreiben. 2 l Wasser zum Kochen bringen. Das Fleisch einlegen, einmal aufkochen lassen, abschäumen und bei mittlerer Hitze 30 Minuten kochen. Karotten, Sellerie und Lauch putzen, klein schneiden. Die Zwiebel halbieren und mit der Schnittfläche auf eine heiße Herdplatte legen, kurz anrösten. Alle Gemüse zum Fleisch geben. Die Pfefferkörner zufügen und weitere 30 Minuten garen.

Die Kartoffeln unter fließend kaltem Wasser gut abbürsten und zusammen mit dem Kümmel in einen Topf geben. Mit Wasser bedecken, leicht salzen und zugedeckt 20 Minuten garen.

Die Kräuter waschen, trockenschwenken und im Küchenkutter fein pürieren. Mit dem Sauerrahm, der Mayonnaise, dem ausgepreßten Zitronensaft und einer Prise Salz verrühren. Die hartgekochten Eier pellen und durch ein mittelgroßes Sieb drücken, unter die Sauce geben und eventuell noch mit Salz und Pfeffer abschmecken.

Die Schalotten abziehen und in dünne Streifen schneiden. Mit der Salatsauce, dem Fond und dem Meerrettich vermischen. Mit Salz und Pfeffer würzen.

2 Schalotten
4 EL Vinaigrette-Salatsauce (Rezept Seite 276)
2 EL Kochfond (vom Tafelspitz)
1 Msp. frischgeriebener Meerrettich
Salz
Pfeffer aus der Mühle

Anrichten

Den Tafelspitz in etwa 1 cm dicke Scheiben schneiden und mit etwas lauwarmer Vinaigrette nappieren. Mit den abgegossenen und gedämpften Kümmelkartoffeln und der Grünen Sauce servieren.

Saltimbocca vom Lamm mit Salbeijus

Für 4 Personen

Sauce

2 kg Lammrücken-knochen und -sehnen
200 g Zwiebeln
100 g Karotten
50 g Staudensellerie
1 EL Tomatenmark
0,2 l trockener Rotwein
1 TL zerdrückte weiße Pfefferkörner
1 kleines Lorbeerblatt
1 getrockneter Zweig Thymian
1 getrockneter Zweig Rosmarin
1 ½ l Fleischbrühe oder Lammfond (Rezept Seite 265)
1 Msp. Speisestärke
Salz
Pfeffer aus der Mühle
2 cl Marsala
1 Spritzer Balsamico-essig
30 g Butter
½ Knoblauchzehe

8 kleine Lamm-koteletts à 80 g
Salz
Pfeffer aus der Mühle
8 schöne frische Salbeiblätter
8 dünne Scheiben Lamm- oder Parmaschinken
20 g Butterfett

Garnitur

½ TL Salbei-Julienne
1 EL Tomaten-Julienne

★★★ Die Lammknochen klein hacken und mit den Sehnen in einer großen Kasserolle anbraten. Das Fett abgießen. Die Gemüse putzen, klein schneiden und zusammen mit dem Tomatenmark unter die Knochen mischen. Alles kräftig anrösten. Mit etwas Rotwein ablöschen und dick einkochen lassen. Wieder mit etwas Rotwein auffüllen und einköcheln. Den restlichen Rotwein, die Gewürze und die Kräuter dazugeben und nochmals einkochen. Mit der Fleischbrühe und Wasser auffüllen, so daß die Knochen gut damit bedeckt sind. 60 Minuten köcheln lassen. Durch ein Tuch passieren und den Fond auf 0,1 l Flüssigkeit reduzieren. Vor dem Servieren mit etwas angerührter Speisestärke binden. Mit Salz, Pfeffer, Marsala und Balsamicoessig abschmecken. Die Butter mit der ausgedrückten Knoblauchzehe vermischen und zum Schluß unter die Sauce rühren.

Die Lammkoteletts mit der geballten Faust oder einem breiten Messerrücken flachdrücken, eine Seite mit Salz und Pfeffer würzen und umdrehen. Mit je einem Salbeiblatt belegen und mit einer Scheibe Schinken abdecken. Fest andrücken. Das Butterfett in einer Pfanne erhitzen, die Koteletts mit der Schinkenseite nach unten hineingeben und knusprig anbraten. Vorsichtig wenden und in den auf 220 Grad (Gas: Stufe 4) vorgeheizten Backofen geben. 2–3 Minuten rosa braten. Den Herd ausschalten, die Koteletts mit Alufolie abdecken und bei geöffneter Ofentür einige Minuten ruhen lassen.

Anrichten

Die Salbei- und Tomaten-Julienne in die Sauce geben. Die Saltimbocca auf vorgewärmte Teller legen und mit der Sauce nappieren.
Als Beilage Paprikatörtchen (Rezept Seite 205).

Gratiniertes Rinderfilet auf Kartoffel-Lauch-Gemüse mit Trüffeln

Für 4 Personen

Sauce
4 Schalotten
10 g Butter
8 cl trockener Rotwein
¼ l brauner Kalbsfond (Rezept Seite 264)
4 cl roter Portwein
Salz
Pfeffer aus der Mühle

Gemüse
300 g kleine festkochende Kartoffeln
300 g Lauch
¼ l heller Geflügelfond (Rezept Seite 263)
5 cl trockener Weißwein
1 Trüffel und -fond (40 g, aus der Dose)
40 g kalte Butterwürfelchen
Salz
Pfeffer aus der Mühle
2 EL geschlagene Sahne

★★★ Die Schalotten abziehen und in Scheiben schneiden. In der erhitzten Butter glasig dünsten. Mit dem Rotwein und dem Fond auffüllen und langsam auf 0,15 l Flüssigkeit einkochen lassen. Die Sauce durch ein feines Haarsieb passieren und mit Portwein, Salz und Pfeffer abschmecken.

Die Kartoffeln waschen, dünn schälen und auf einer elektrischen Aufschnittmaschine in 1½ mm dünne Scheiben schneiden. In kochendem Salzwasser 3 Minuten blanchieren, eiskalt abschrecken. Den Lauch putzen, sehr gut waschen und in gleichmäßige, 3 mm dünne Ringe teilen. In kochendem Salzwasser 1–2 Minuten blanchieren und eiskalt abschrecken. Die Gemüse gut abtropfen lassen.

Den Geflügelfond mit dem Wein und dem Trüffelfond aus der Dose leicht einkochen. Kartoffeln und Lauch zufügen und »bißfest« garen. Die Trüffel in feine Streifen schneiden und dazugeben. Bei milder Hitze die eiskalte Butter unter das Gemüse montieren und mit Salz und Pfeffer abschmecken. Erst kurz vor dem Servieren die Schlagsahne unterziehen.

Das zurechtgeschnittene Rinderfilet in vier gleich große Scheiben teilen. Mit Salz und Pfeffer würzen und in dem erhitzten Butterfett je nach Wunsch blutig oder rosé braten. Herausnehmen, nebeneinander auf eine feuerfeste Platte legen. Das gewässerte Rindermark fein würfeln und in einem Spitzsieb 3 Sekunden ins kochende Wasser halten, gut abtropfen lassen. Die abgezupften Petersilienblätter zusammen mit den zerkleinerten Toastbrotscheiben im Küchenkutter fein mixen, mit dem Rindermark vermischen. Diese Farce etwa 1 cm dick auf die Filetscheiben streichen und im Salamander (nur Oberhitze) goldbraun gratinieren.

Tip: Zur Pilzzeit können Sie dieses Gericht statt mit Trüffeln mit 200 g kurz in Butter gebratenen Steinpilzen zubereiten.

560 g Rinderfilet (pariert)
Salz
Pfeffer aus der Mühle
20 g Butterfett
80 g Rindermark
1 Bund glatte Petersilie
4 Scheiben Toastbrot (ohne Rinde)

Anrichten
Das Sahnegemüse auf vier vorgewärmte Teller geben, jeweils 1–2 Eßlöffel von der Sauce darüberträufeln und die Filets darauf anordnen. Sofort servieren.

Crépinetten vom Lammrücken mit Rosmarinsauce

Für 4 Personen
100 g rosé Champignons
100 g Chicorée
40 g gekochter Hinterschinken
80 g Kalbsbries (gekocht)
1 Schalotte
3–4 EL Olivenöl (extra, erste Pressung)
2 EL geröstete Toastbrotwürfel (ohne Rinde)
1 frischer Zweig Thymian
1 EL feingehackte glatte Petersilie
Salz
Pfeffer aus der Mühle
4 Lammfilets à 100 g (aus dem Rücken/ Sattel, ausgelöst)
10 g Butterfett
100 g Strudelteig (Rezept Seite 284)
1 Eiweiß
30 g flüssige Butter

★★★ Die Champignons putzen, waschen, trockenreiben und in feine Scheibchen schneiden. Den Chicorée putzen, die Blätter abtrennen und in 1 cm große Rauten schneiden. Kurz in lauwarmes Wasser legen und abtropfen lassen.
Den Schinken und das Bries in 3 mm kleine Würfel schneiden. Die Schalotte abziehen und fein würfeln. Das Olivenöl erhitzen, Schalotten, Schinken und Bries 2 Minuten darin schwenken. Herausnehmen und auf einem Tuch abtropfen lassen. In dem Bratfett nacheinander zuerst die Champignons schwenken, dann den Chicorée. Alles in eine Schüssel geben und mit Brotwürfeln, abgezupften Thymianblättchen und der Petersilie vermischen. Mit Salz und Pfeffer abschmecken.
Die Lammfilets mit der geballten Faust sanft ausstreichen, salzen und pfeffern und in dem erhitzten Butterfett von jeder Seite 5 Sekunden anbraten. Herausnehmen und abkühlen lassen.
Den Strudelteig dünn ausrollen und zu einem Rechteck von 18x15 cm ausziehen. Mit der Füllung bestreichen, die Filets darauf verteilen und alles gut in dem Teig einschlagen. Die Teigränder mit etwas Eiweiß bestreichen und fest andrücken. Kalt stellen.
Vor dem Servieren mit flüssiger Butter bestreichen, in den auf 220 Grad (Gas: Stufe 4) vorgeheizten Backofen geben und 10 Minuten backen.
Die Schalotten abziehen und in Scheiben schneiden. In dem erhitzten Butterfett glasig dünsten. Mit Rotwein und Lammfond ablöschen. Pfefferkörner und Knoblauch zufügen und auf die Hälfte der Flüssigkeit einkochen lassen. Den gewaschenen Rosmarin in die Sauce geben und weiter auf 0,15 l Flüssigkeit reduzieren. Durch ein feines Haarsieb passieren und wieder bis zur gewünschten Konsistenz einköcheln. Ist die Sauce zu dünn, mit der angerührten Speisestärke binden. Mit Balsamicoessig und Salz abrunden.
Tip: Statt Strudelteig kann das Fleisch auch in ein gut gewässertes Schweinenetz eingeschlagen werden. In diesem Fall in der Pfanne bei 200 Grad (Gas: Stufe 3) im Ofen 10 Minuten braten.

Sauce
2 Schalotten
10 g Butterfett
0,15 l trockener Rotwein
1 l brauner Lammfond (Rezept Seite 265)
10 zerdrückte schwarze Pfefferkörner
1/4 geschälte Knoblauchzehe
4 frische Zweige Rosmarin
1 Msp. Speisestärke
1 Spritzer Balsamicoessig
Salz

Garnitur
2 frische Zweige Rosmarin

Anrichten
Sofort nach dem Backen das Lamm aufschneiden und auf vier vorgewärmte Teller verteilen. Mit der Sauce nappieren und mit frischem, feingeschnittenem Rosmarin garnieren. Als Beilage paßt dazu: Kartoffel-Zucchini-Gratin (Rezept Seite 208).

Schäufele im Brotteig mit Kartoffelsalat

Für 4 Personen
1,2 kg gepökelte, geräucherte Schweineschulter am Knochen
1 Zwiebel, gespickt mit 2 Gewürznelken und 1 Lorbeerblatt
500 g Brotteig (Rezept Seite 286)
Öl für das Backblech
1 Eigelb
2 EL Milch

Salat
400 g Salatkartoffeln
1/2 TL Kümmel
Salz
1/2 Salatgurke
1 Bund Radieschen
0,1 l Fleischbrühe oder Kalbsfond (Rezept Seite 263)
0,1 l Vinaigrette-Salatsauce (Rezept Seite 276)
1 EL gewürfelte Schalotten
1 TL guter Tafelsenf
1 Spritzer Kräuteressig
1 EL feingeschnittene Dillspitzen
1 EL Schnittlauchröllchen
Salz
Pfeffer aus der Mühle

★★★ Das Schäufele in 3 l kochendes Wasser legen, die Zwiebel zufügen und bei milder Hitze 45 Minuten köcheln. Das Fleisch aus der Brühe heben. Etwas abgekühlt auf der Innenseite links und rechts entlang dem Knochen einschneiden und den Knochen von oben nach unten herausziehen. Das Fleisch kühl stellen.
Den Brotteig – entweder nach Rezept zubereiten oder beim Bäcker bestellen – etwa 1 cm dick ausrollen und das Fleisch darin einschlagen. Auf ein gut geöltes Backblech legen. 15 Minuten ruhen lassen. Das Ei mit der Milch verquirlen und den Teig damit bepinseln. In den auf 210 Grad (Gas: Stufe 4) vorgeheizten Backofen schieben und 30 Minuten backen.
Die Kartoffeln waschen, mit Kümmel und Salz würzen und mit Wasser bedeckt 20 Minuten garen. Abgießen, ausdämpfen und pellen. Die Kartoffeln in gleichmäßige Scheiben schneiden.
Die Gurke gut waschen, der Länge nach halbieren und in Halbmonde schneiden. Mit etwas Salz bestreuen.
Die Radieschen waschen, putzen und in Scheiben hobeln. Die Fleischbrühe erwärmen, unter die Vinaigrette rühren und mit den restlichen Zutaten vermischen. Kartoffeln und ausgedrückte Gurkenscheiben unter die Marinade heben und mit Salz und Pfeffer würzen. 30–40 Minuten durchziehen lassen. Mit den Radieschenscheiben bestreuen.

Anrichten
Das Schäufele mit dem elektrischen Messer in gleichmäßige Scheiben aufschneiden und auf vorgewärmte Teller legen. Mit dem bunten Kartoffelsalat servieren.

Anmerkung: Das Schäufele ist ein typisch badisches Rezept und gehört mit zu meinen Lieblingsgerichten. Es läßt sich beliebig abwandeln, zum Beispiel mit Kassler. Man kann es zum Picknick genausogut anbieten wie bei Festen im Freien. Dazu schmeckt kühles Pils.

Kalbsfilet mit Gänseleber-sauce und grünem Spargel

Für 4 Personen

Sauce
200 g rosé Champignons
20 g Butter
100 g Gänseleber (Abschnitte)
½ l brauner Kalbsfond (Rezept Seite 264)
200 g Sahne
0,1 l Champagner (brut)
2 cl Cognac
Salz
Pfeffer aus der Mühle
1 EL geschlagene Sahne

1,5 kg grüner Spargel
Salz
½ TL Zucker
10 g Butter
400 g Kalbsfilet
Pfeffer aus der Mühle
100 g Gänsestopfleber (oder 4 Scheiben, beste Qualität)
20 g Mehl
20 g Butterfett

Garnitur
8 g schwarze Trüffel

★★★ Die Champignons putzen, waschen, trockentupfen und in 2 mm dünne Scheiben schneiden. In der erhitzten Butter goldbraun dünsten. Die Gänseleberabschnitte in kleine Stücke schneiden und zufügen. Mit dem Kalbsfond und der Sahne auffüllen. Die Flüssigkeit auf die Hälfte einkochen lassen und durch ein feines Haarsieb passieren. Den Fond mit 6 cl Champagner vermischen und auf die gewünschte Konsistenz reduzieren. Kurz vor dem Servieren mit Cognac, Salz und Pfeffer abschmecken. Die Schlagsahne mit dem restlichen Champagner unterziehen.

Die Spargelstangen dünn schälen, das untere Drittel abschneiden. In kochendem Salzwasser mit Zucker und Butter 10 Minuten garen.

Das Kalbsfilet parieren und in vier gleich große Scheiben schneiden. Mit der geballten Faust in Form streichen, mit Salz und Pfeffer würzen. Die Gänsestopfleber enthäuten und in vier Scheiben schneiden. Kalbsfilet und Leber leicht in Mehl wenden. Kurz vor dem Servieren die Kalbsfilets in der Hälfte der erhitzten Butter bei mittlerer Hitze 3 Minuten rosé braten, zugedeckt 4 Minuten ruhen lassen. Die Leberscheiben in dem restlichen Fett 30 Sekunden braten.

Anrichten
Den Spargel auf vier vorgewärmte Teller plazieren. Die Kalbsfilets jeweils mit einer gebratenen Gänsestopfleberscheibe belegen und mit einer Trüffelscheibe garnieren. Mit der Sauce umgießen.
Als Beilage empfehle ich Kartoffelcrêpes (Rezept Seite 204).

Entrecote mit Sauce von grünem und rosa Pfeffer, Kartoffelrösti und gebratenem Chicorée

Für 4 Personen

Sauce
1/2 l dunkler Kalbsfond (Rezept Seite 264)
1/8 l trockener Rotwein
1 Msp. Speisestärke
1 Schalotte
10 g Butter
1 EL eingelegte grüne Pfefferkörner
1 EL rosa Pfefferkörner
3 cl Noilly Prat
Salz
2 EL geschlagene Sahne

500 g Chicorée
1 kleine Zwiebel (gewürfelt)
50 g Karotten (gewürfelt)
40 g Knollensellerie (gewürfelt)
50 g frisches Kalbsnierenfett
1/4 Zitrone
20 g Butter
Salz

250 g Kartoffeln
60 g Schweineschmalz
Salz
Pfeffer aus der Mühle
4 Entrecotes à 180 g (gut marmoriert)
Salz
Pfeffer aus der Mühle
20 g Butterfett

★★★ Den Kalbsfond mit dem Wein auf etwa 0,12 l Flüssigkeit einköcheln lassen. Mit der angerührten Stärke binden und durch ein Sieb passieren.

Die Schalotte abziehen und fein würfeln. In der erhitzten Butter glasig dünsten und die gut abgetropften Pfefferkörner zufügen. 2 Minuten glasieren. Mit dem Noilly Prat ablöschen und mit der Sauce auffüllen. Mit etwas Salz würzen und warm halten. Kurz vor dem Servieren die geschlagene Sahne unterziehen.

Den Chicorée putzen, das heißt aus den Stauden nur den Strunk keilförmig herausschneiden. Zwiebel-, Karotten- und Selleriewürfel in dem ausgelassenen Nierenfett anrösten. Die Chicorée hineingeben, mit etwas Wasser und dem Zitronensaft begießen. Zugedeckt bei milder Hitze 10–15 Minuten garen. Vorsichtig aus dem Sud nehmen. Kurz vor dem Anrichten in der erhitzten Butter goldbraun braten und mit Salz würzen.

Die Kartoffeln waschen, dünn schälen und in 2 mm dünne und 3 mm breite Streifen schneiden, trockentupfen. Das Schweineschmalz in einer großen Teflonpfanne erhitzen und die Kartoffeln hineingeben. Mit dem Küchenhelfer beziehungsweise der Palette in Form bringen und goldbraun backen. Vorsichtig umdrehen – dies geht am besten so: einen Deckel auf die Pfanne geben und über dem Herd rasch umdrehen, vom Deckel wieder in die Pfanne gleiten lassen. Oder die Kartoffelmasse gleich in der Pfanne in vier Teile zerlegen und jedes Teil einzeln umdrehen. Goldbraun backen und mit Salz und Pfeffer würzen.

Die Entrecotes mit Salz und Pfeffer würzen und in dem erhitzten Butterfett von jeder Seite 2 Minuten rosé braten. In Alufolie einpacken und 2–3 Minuten nachziehen lassen. Den ausgetretenen Fleischsaft noch mit in die Sauce geben.

Anrichten
Die Entrecotes auf vier vorgewärmte Teller geben, mit der Sauce nappieren, mit dem Chicorée anlegen und dazu die Rösti servieren.

Ochsenschwanzragout mit Gemüse und Spinatspätzle

Für 4 Personen
2,5 kg Ochsenschwanz (mittelgroße Stücke)
Salz
Pfeffer aus der Mühle
50 g Speckschwarte
30 g Butterfett
200 g Zwiebeln
150 g Karotten
150 g Knollensellerie
1 Knoblauchzehe
2 EL Tomatenmark
½ l trockener Rotwein
1 EL Mehl
1 frischer Zweig Rosmarin
1 frischer Zweig Thymian
1 Lorbeerblatt
1 Gewürznelke
je 10 zerdrückte schwarze Pfeffer- und Pimentkörner
1–2 Spritzer Balsamicoessig

★★★ Die Ochsenschwanzstücke kurz unter fließend kaltem Wasser abbrausen und mit Küchenpapier trockentupfen. Mit Salz und Pfeffer würzen. Zusammen mit der Speckschwarte in dem erhitzten Butterfett kräftig von allen Seiten anbraten.
Zwiebeln, Karotten, Sellerie und Knoblauch putzen, klein würfeln und nach 10 Minuten zum Fleisch geben. 3–5 Minuten anrösten. Das Tomatenmark unterrühren und mit etwas Rotwein angießen. Stark einkochen lassen. Wieder etwas Rotwein zufügen und einkochen. Nach dem dritten Einkochen das Fleisch mit dem Mehl bestäuben, mit dem restlichen Wein begießen und mit Wasser bedecken. Rosmarin, Thymian, Lorbeer, Nelke und die Gewürzkörner zufügen und zugedeckt in den vorgeheizten Backofen geben. Bei 200 Grad (Gas: Stufe 3) 50–70 Minuten schmoren. Dann die Fleischstücke aus der Sauce nehmen und das Fleisch von den Knochen lösen. Die Sauce durch ein Sieb passieren, wieder auf den Herd stellen und zur gewünschten Konsistenz reduzieren. Mit Salz, Pfeffer und Balsamicoessig abschmecken. Das Fleisch in der Sauce warm halten.
Die Spinatspätzle nach Rezept zubereiten.
Die Karotten mit dem Grün fein schaben oder schälen. Die Zucchini waschen, den Blütenansatz herausschneiden. Die Radieschen putzen, waschen und halbieren. Alle Gemüse in Form schneiden und separat in kochendem Salzwasser »bißfest« garen. In Eiswasser abschrecken und kurz vor dem Servieren in etwas erhitzter Butter schwenken. Mit Salz, Pfeffer und einer Prise Zucker abschmecken.

400 g Spinatspätzle (Rezept Seite 215)

Gemüse
200 g extra kleine Karotten
150 g Zucchini
100 g Radieschen
30 g Butter
Salz
Pfeffer aus der Mühle
1 Prise Zucker

Anrichten
Den Ochsenschwanz mit der Sauce in die Mitte der vorgewärmten Teller geben, mit den Gemüsen und den Spätzle umlegen.

Milchlammkeule in der Salzkruste

Für 4 Personen
700 g Salzteig
(Rezept Seite 285)
1 Milchlammkeule
(etwa 800 g)
Salz
Pfeffer aus der Mühle
4 EL Distel- oder
Sonnenblumenöl
je 1 frischer Zweig
Thymian und
Rosmarin
1 kleines frisches
Salbeiblatt
1/2 geschälte
Knoblauchzehe
1 Eiweiß

Sauce
4 frische Rosmarinnadeln
1 kleines frisches
Salbeiblatt
1/2 TL frische
Thymianblättchen
20 g Butter
2 Schalotten

★★★ Den Salzteig nach Rezept zubereiten.
Vom Metzger die gut abgehangene Milchlammkeule hohl auslösen lassen (den Knochen mitnehmen, kann gleich zur Herstellung eines Fonds mitverwendet werden). Die Keule rundherum salzen und pfeffern. In dem erhitzten Öl von jeder Seite kräftig anbraten. Herausnehmen und abkühlen lassen.
Den Salzteig etwa 1/2 cm dünn ausrollen. Die Keule darauflegen und in die Knochenöffnung Thymian, Rosmarin, Salbei und Knoblauch geben. Den Salzteig um die Keule schließen und die Nahtstellen mit etwas Eiweiß befestigen. In den auf 200 Grad (Gas: Stufe 3) vorgeheizten Backofen geben und 30 Minuten backen. Den Herd ausschalten und den Braten bei geöffneter Ofentür noch 5 Minuten nachziehen lassen.
Die feingehackten Kräuter mit der Butter vermischen und kühl stellen. Die Schalotten abziehen, zerkleinern und in der erhitzten Butter glasig dünsten. Mit dem Rotwein angießen und mit dem Fond auffüllen. Bei milder Hitze auf etwa 0,12 l Flüssigkeit einkochen lassen. Durch ein Sieb passieren und mit der angerührten Speisestärke leicht binden. Mit Salz, Pfeffer und dem Balsamicoessig abschmekken. Kurz vor dem Anrichten die eiskalte Kräuterbutter in die Sauce montieren.

Anmerkung: Sollten Sie von Ihrem Metzger nur frisches Fleisch, also nicht mindestens 10 Tage abgehangen, bekommen, dann legen Sie die ausgelöste Keule mit Kräutern, Knoblauch und je 6 Piment- und Pfefferkörnern gut bedeckt in Öl ein. Nach 8 Tagen können Sie sie dann zubereiten.

10 g Butter
1/8 l trockener
Rotwein
1/2 l Lammfond
(Rezept Seite 265)
1 Msp. Speisestärke
Salz
Pfeffer aus der Mühle
1–2 Spritzer
Balsamicoessig

Beilage
Kartoffel-Zucchini-Gratin (Rezept Seite 208)
Spinattomate (Rezept Seite 201)

Anrichten
Den Salzteig mit einem Brotmesser rundherum lösen, den oberen Teil abnehmen und die Keule mit dem elektrischen Messer in gleichmäßige Scheiben schneiden. Auf vorgewärmte Teller legen, mit der Sauce umgießen und mit Gratin und Spinattomate servieren.

Milchzicklein geschmort, mit Polenta und Artischocken-gemüse

nach Michael Baader

Für 4 Personen
2 Milchzicklein-keulen
2 Milchzicklein-schultern
Salz
Pfeffer aus der Mühle
Mehl zum Bestäuben
2 EL Olivenöl (extra, erste Pressung)
150 g Zwiebeln
150 g Karotten
100 g Knollensellerie
2 Knoblauchzehen
1 frischer Zweig Rosmarin
1 frisches Salbeiblatt
1 Lorbeerblatt
2 Gewürznelken
1 EL Tomatenmark
½ l trockener Rotwein
2 l Fleischbrühe
1 Msp. Speisestärke
1 EL Balsamicoessig
6 frische Rosmarin-nadeln
½ TL frische Thymianblättchen
1 frisches Salbeiblatt
20 g Butter

Polenta
(Rezept Seite 210)

Gemüse
3 große Artischocken
1 Zitrone
4–6 EL Olivenöl (extra, erste Pressung)
Salz
Pfeffer aus der Mühle

★★★ Keulen und Schultern gut parieren und in 12 Stücke zerteilen. Mit Salz und Pfeffer würzen und in etwas Mehl wenden. Eine große Kasserolle mit dem Öl erhitzen und die Fleischstücke von allen Seiten kräftig darin anbraten. Zwiebeln, Karotten, Sellerie und Knoblauch putzen, klein schneiden und zusammen mit den Kräutern und Gewürzen zufügen. 6 Minuten mitrösten. Das Tomatenmark unterrühren und mit etwas Rotwein ablöschen. Einkochen, dabei ständig umrühren. Wieder mit etwas Wein und Brühe angießen und einkochen. Diesen Vorgang noch zweimal wiederholen. Dann mit dem restlichen Wein und der Brühe auffüllen; sind die Fleischstücke nicht ganz mit Flüssigkeit bedeckt, noch etwas Wasser dazugeben. In den vorgeheizten Backofen stellen und zugedeckt bei 180 Grad (Gas: Stufe 2) etwa 40 Minuten schmoren. Das Fleisch herausnehmen und in etwas Schmorfond warm halten. Den restlichen Fond durch ein feines Haarsieb passieren und wieder auf den Herd stellen. Auf 0,2 l Flüssigkeit einkochen lassen. Mit der angerührten Speisestärke binden, mit Salz, Pfeffer und Balsamicoessig abschmecken.

Die Kräuter fein hacken und mit der Butter vermischen. Kühl stellen. Kurz vor dem Anrichten bei milder Hitze in die Sauce montieren.

Die Polenta nach Rezept zubereiten.

Von den Artischocken die Blätter knapp über dem Boden abschneiden. Mit etwas Zitronensaft einreiben. Mit einem griffigen Löffel das Heu entfernen und die Artischockenböden schön sauberkratzen. Gleich wieder mit etwas Zitronensaft einreiben. Jeden Boden wie eine Torte in gleichmäßige Stücke teilen und in dem erhitzten Olivenöl 2 Minuten dünsten. In den auf 180 Grad (Gas: Stufe 2) vorgewärmten Ofen geben und etwa 6 Minuten garen. Mit Salz und Pfeffer würzen.

Anrichten
Auf vorgewärmte Teller je drei Zickleinstücke geben und mit der Sauce nappieren. Mit Artischocken und Polenta servieren.

Geffüllter Milchlammrücken mit grünen Schalotten und Kräuterjus

Für 4 Personen

Kräuterbutter
40 g Butter
¼ Knoblauchzehe (ausgepreßt)
1 frischer Zweig Thymian
4 Basilikumblättchen
2–3 Salbeiblätter
1 frischer Zweig Rosmarin
1 TL glatte Petersilie
1 Msp. Dijon-Senf
1–2 Spritzer Zitronensaft
Salz
Pfeffer aus der Mühle

Sauce
1 l brauner Lammfond (Rezept Seite 265)
¼ l trockener Rotwein
1 Msp. Speisestärke
1 Spritzer Balsamicoessig
Salz
Pfeffer aus der Mühle

1 Milchlammrücken (etwa 1,3 kg)
Innereien vom Milchlamm: 50 g Leber, 1 Niere, 50 g Bries, rosé gekocht
1 Artischockenboden (gekocht, gewürfelt)
1 EL gehäutete blanchierte Paprikawürfel
1 TL gehackte Petersilie
1 Msp. gehackter Thymian
4 Scheiben Toastbrot (ohne Rinde, gewürfelt und geröstet)
1 kleines Ei
Salz
Pfeffer aus der Mühle
100 g frisches Schweinenetz (gut gewässert)
30 g Butterfett

Beilage
20 g junge Schalotten mit Grün
10 g Butter
2 vollreife Tomaten
1 EL rote Paprikawürfel (blanchiert)
1 EL gelbe Paprikawürfel (blanchiert)
1 EL Zucchiniwürfel (blanchiert)
Salz

★★★ Die weiche Butter mit dem Knoblauch und den fein pürierten Kräutern vermischen. Mit Senf, Zitronensaft, Salz und Pfeffer würzen. Zur Rolle formen, fest in Alufolie einwickeln und kalt stellen.

Den Lammfond mit dem Rotwein auf etwa 0,1 l Flüssigkeit einkochen lassen. Mit der angerührten Speisestärke binden. Mit Balsamicoessig, Salz und Pfeffer abschmecken. Kurz vor dem Servieren bei milder Hitze die eiskalte, in Würfel geschnittene Kräuterbutter montieren.

Den Milchlammrücken von den Sehnen befreien und das Fleisch vom Knochen ablösen. Ausbreiten. Die Innereien in ca. 1 cm große Stücke schneiden, in eine Schüssel geben und mit den gewürfelten Artischocken, Paprika, gehackter Petersilie, Thymian, den Brotwürfeln und dem Ei vermischen. Mit Salz und Pfeffer abschmecken. 5 Minuten kühl stellen. Diese Masse auf die Fleischinnenseite streichen, zusammenrollen und fest andrücken. In das Schweinenetz einschlagen und mit Küchenschnur in Form binden. Rundherum mit Salz und Pfeffer würzen. In einer Kasserolle das Butterfett erhitzen und das Fleisch darin von allen Seiten 2 Minuten anbraten. In den auf 200 Grad (Gas: Stufe 3) vorgeheizten Backofen schieben und 20 Minuten schmoren. Zwischendurch mehrfach mit dem Bratfett begießen. Den Herd ausschalten, den Braten mit Alufolie abdecken und bei geöffneter Ofentür 4 Minuten nachziehen lassen.

Die Schalotten auf etwa 6 cm Länge zurechtschneiden, putzen und in kochendem Salzwasser mit »Biß« kochen. Kurz vor dem Anrichten in der heißen Butter schwenken.

Die Tomaten überbrühen, häuten, würfeln und dickflüssig einkochen. Durch ein Sieb passieren und mit den blanchierten Gemüsewürfeln vermischen. Würzen.

Anrichten
Den Milchlammrücken aus dem Schweinenetz nehmen und in etwa acht Scheiben aufschneiden. Auf vorgewärmte Teller verteilen, mit den Gemüsen umlegen und mit der Sauce nappieren. Dazu paßt Kartoffelgratin (Rezept Seite 208).

Pochierte Rinderfilets im Steinpilzsud mit Kartoffelklösschen

Für 4 Personen
16 Kartoffelklößchen (Rezept Seite 205)

4 Rinderfilets à 150 g
Salz
Pfeffer aus der Mühle
½ TL Sonnenblumenöl
300 g kleine feste Steinpilze
1 Schalotte
30 g Butterfett
0,1 l trockener Weißwein
0,3 l brauner Kalbsfond (Rezept Seite 264)
1 frischer Zweig Thymian
½ geschälte Knoblauchzehe
1 Msp. Speisestärke
60 g kalte Butterwürfelchen
2 cl Noilly Prat

★★★ Die Kartoffelklöße nach Rezept zubereiten.

Die Rinderfilets salzen und pfeffern. In einer stark erhitzten Pfanne mit dem Öl von jeder Seite 2 Sekunden anbraten, herausnehmen. Die Pilze putzen, die Abschnitte beiseite legen. Die Schalotten abziehen und fein würfeln. 10 g von dem Butterfett erhitzen, Schalotten und Pilzabschnitte darin 3 Minuten dünsten. Mit Wein und Fond angießen und aufkochen lassen. Thymian und Knoblauch zufügen. Die Fleischstücke einlegen und bei milder Hitze in dem Sud 8 Minuten pochieren. Die Filets herausnehmen und in Alufolie warm halten. Den Fond durch ein Sieb passieren und schnell auf ¼ l Flüssigkeit einkochen. Mit der angerührten Stärke binden und die eiskalte Butter mit dem Saucenstab montieren. Mit Noilly Prat, Salz und Pfeffer abschmecken.

Die Steinpilze in dem restlichen erhitzten Butterfett 4 Minuten dünsten, mit Salz und Pfeffer würzen und zusammen mit den blanchierten Gemüsestreifen in den Steinpilzsud geben.

je 100 g Lauch, Sellerie, Karotten (in feine Julienne geschnitten und blanchiert)

Garnitur
1 EL Schnittlauchröllchen

Anrichten
Die Filets fächerförmig aufschneiden und auf vorgewärmte Teller geben. Mit Pilzen, Gemüse und dem Sud nappieren. Je vier Kartoffelklößchen dazugeben und mit feinen Schnittlauchröllchen bestreuen.

Ratatouille-Pizza mit Lammrückenfilets

Für 4 Personen
1 kleine Dose geschälte Tomaten
4 EL Olivenöl (extra, erste Pressung)
1 kleine geschälte Knoblauchzehe
1 frischer Zweig Thymian
je 1 grüne, rote und gelbe Paprikaschote
1 Zucchini
Salz
Pfeffer aus der Mühle

★★★ Die Tomaten durch ein Sieb passieren und zusammen mit 2 Eßlöffeln Öl, der zerkleinerten Knoblauchzehe und den abgezupften Thymianblättchen dickflüssig einkochen.
Die Paprikaschoten vierteln, entkernen und in kochendem Salzwasser 5 Minuten blanchieren. Eiskalt abschrecken und die Stücke häuten. Das Fruchtfleisch in gleichmäßige Rauten schneiden.
Die Zucchini gut waschen, den Blütenansatz herausschneiden und die Frucht zuerst der Länge nach in 2 mm dünne Scheiben schneiden, dann in gleichmäßige Rauten schnitzen. In einer Pfanne mit dem restlichen Öl 1 Minute andünsten. Zusammen mit dem Paprika in die Tomatensauce geben. Mit Salz und Pfeffer abschmecken und kalt stellen.
Den Pizzateig nach Rezept zubereiten, dünn ausrollen und ein rundes Blech damit auslegen. Die Ratatouille darauf verteilen.
Das zurechtgeschnittene Lammfilet in etwa 4 mm dünne Streifen schneiden, mit etwas Salz und Pfeffer würzen und auf das Gemüse geben. Mozzarella in feine Scheiben schneiden und darüberlegen. Mit den abgezupften Oreganoblättchen bestreuen und mit dem Öl beträufeln. In dem auf 250 Grad (Gas: Stufe 5) vorgeheizten Backofen auf den Boden stellen und 12–15 Minuten backen.

400 g Pizzateig (Rezept Seite 284)
300 g Lammrückenfilet (pariert)
Salz
Pfeffer aus der Mühle
150 g Mozzarella
2–3 frische Zweige Oregano
1 EL Olivenöl (extra, erste Pressung)

Anrichten
Die fertige Pizza in vier gleichmäßige Stücke teilen und auf vorgewärmten Tellern servieren.

Gefüllte Kalbsröllchen mit Spinatgnocchi und Cognacrahmsauce

Für 4 Personen

Gnocchi
300 g mehligkochende Kartoffeln
100 g Blattspinat
3 Eigelbe
80 g Mehl
Salz
Muskatnuß
Mehl zum Ausrollen

8 Kalbsschnitzel à 50 g (vom Rücken oder aus der Nuß geschnitten)
2 gekochte 8-Minuten Eier
4 Scheiben Toastbrot (ohne Rinde)
100 g Rindermark (gewässert)
2 EL feingehackte glatte Petersilie
½ TL frischer gehackter Thymian
Salz
Pfeffer aus der Mühle
20 g Butterfett
100 g Zwiebeln
100 g Karotten
50 g Sellerie
50 g Speckschwarte
1 TL Mehl
0,1 l trockener Weißwein
1,5 l brauner Kalbsfond (Rezept Seite 264)
12 zerdrückte schwarze Pfefferkörner
1 Gewürznelke
1 Lorbeerblatt
1 frischer Zweig Thymian
100 g Crème double oder Sahne
6 cl Cognac
1 EL geschlagene Sahne

★★★ Die Kartoffeln schälen, kochen und ausdämpfen. Noch heiß durch eine feine Kartoffelpresse drücken. Den Spinat verlesen, waschen und 1 Minute blanchieren. Eiskalt abschrecken, abtropfen lassen und gut ausdrücken. Zusammen mit den Eigelben im Mixer pürieren. Unter die Kartoffeln geben und mit dem Mehl verkneten. Mit Salz und etwas frisch abgeriebener Muskatnuß würzen. Auf einer leicht bemehlten Fläche den Teig fingerdick ausrollen und schräg in etwa 3 cm lange Stücke schneiden. Jedes Teigstück auf die Hand legen und mit einer Gabel über die Handinnenfläche zur typischen Gnocchiform rollen. Kühl stellen.

Die Kalbsschnitzel mit Klarsichtfolie abdecken und zu etwa 12×12 cm flachen Stücken klopfen.

Die Eier pellen und durch ein mittelfeines Sieb drücken oder durch die Spätzlepresse geben. Das entrindete Brot ebenfalls durch ein Sieb pressen.

Das gut gewässerte Rindermark in kleine Würfel schneiden, in ein Spitzsieb geben und 3 Sekunden in einen Topf mit kochendem Wasser halten. Sofort eiskalt abschrecken und abtropfen lassen. Alle Zutaten in einer Schüssel vermischen. Die Kräuter unterrühren, mit Salz und Pfeffer würzen. Diese Masse auf die Fleischscheiben streichen und jede zum Röllchen formen. Mit Zahnstocher oder Küchenzwirn befestigen. Die Kalbsröllchen rundherum leicht pfeffern und salzen. In einer Kasserolle das Butterfett erhitzen und das Fleisch 2–3 Minuten von allen Seiten darin anbraten. Herausnehmen.

Zwiebeln, Karotten und Sellerie putzen, klein schneiden und zusammen mit der kleingewürfelten Schwarte in das Bratfett geben. Kurz anrösten. Mit dem Mehl bestäuben und 2 Minuten unter Rühren anschwitzen. Mit dem Wein ablöschen und mit dem Fond auffüllen. Die Gewürze zufügen und einmal aufkochen lassen. Die Kalbsröllchen einlegen und zugedeckt in den auf 180 Grad (Gas: Stufe 2–3) vorgeheizten Backofen geben. 25 Minuten sanft schmoren lassen.

Anrichten
Die Gnocchi ins kochende Salzwasser geben und 4 Minuten ziehen lassen. Die Kalbsröllchen von Hölzchen oder Zwirn befreien und jeweils zwei auf die vorgewärmten Teller geben. Mit der Sauce nappieren und mit den Gnocchi servieren.

Das Fleisch herausnehmen und in Alufolie warm halten. Die Sauce durch ein Sieb passieren und mit der Crème double auf 0,2 l Flüssigkeit einkochen lassen. Mit Salz und Cognac abschmecken. Kurz vor dem Servieren die Schlagsahne unterheben.

Als Beilage reicht man eine kleine Salatkomposition der Saison, mit etwas Kräuter-Vinaigrette (Rezept Seite 276) mariniert.

Geschmorte Kalbshaxenscheiben mit Pfifferlingsauce und Markklößchen

Für 4 Personen

1/4 l Olivenöl (extra, erste Pressung)
je 1 getrockneter Zweig Thymian und Rosmarin
1/2 TL zerdrückte Pfefferkörner (weiß und schwarz)
1 geschälte Knoblauchzehe
4 Kalbshaxenscheiben à 220 g
Salz
125 g Zwiebeln
je 50 g Sellerie, Karotten und Helles vom Lauch
3 vollreife Tomaten
0,3 l trockener Weißwein
1 l Fleischbrühe oder dunkler Kalbsfond (Rezept Seite 264)
200 g kleine Pfifferlinge
10 g geklärte Butter
Pfeffer aus der Mühle
1 Msp. Speisestärke

Markklößchen

50 g Rindermark
3 frische kleine Milchbrötchen
5–6 EL lauwarme Milch
20 g Butter
1 großes Eigelb
10 g roher Schinken
1/2 TL Sonnenblumenöl
1–2 EL trockener Weißwein
1 EL feingehackte glatte Petersilie

★★★ Das Öl zusammen mit den Kräutern in eine flache Schale geben. Pfefferkörner und halbierte Knoblauchzehe zufügen. Die Fleischscheiben einlegen, umdrehen, sie sollten gut mit der Marinade bedeckt sein, eventuell noch etwas Öl zufügen und 3–4 Tage zugedeckt im Kühlschrank ruhen lassen.

Dann das Fleisch auf ein Sieb geben, die Marinade auffangen. 4–6 Eßlöffel davon in einer Kasserolle erhitzen, die Haxenscheiben mit etwas Salz würzen und in dem Fett von jeder Seite gut anbraten. Kräuter, Pfefferkörner und Knoblauch der Marinade zufügen. Zwiebeln abziehen und achteln. Sellerie, Karotten und Lauch putzen, klein schneiden. Die Tomaten achteln, alles zum Fleisch geben und kräftig anrösten. In den auf 180 Grad (Gas: Stufe 2–3) vorgeheizten Backofen geben. Mit etwas Weißwein und Fleischfond angießen und stark einköcheln lassen. Nach und nach immer wieder etwas von der Flüssigkeit zufügen und einkochen. Dann mit der restlichen Brühe auffüllen und zugedeckt 30–40 Minuten schmoren lassen.

Die Pfifferlinge putzen, die Abschnitte mit in den Fleischtopf geben. Die Pilze waschen, abtropfen lassen und in der geklärten Butter 3–4 Minuten schwenken. Mit Salz und Pfeffer würzen.

Das Fleisch aus der Sauce nehmen. Den Fond durch ein feines Haarsieb passieren und auf 0,2 l Flüssigkeit einkochen lassen. Mit etwas angerührter Speisestärke binden. Die Haxenscheiben zusammen mit den Pfifferlingen in der Sauce warm halten.

1 Msp. geriebene Muskatnuß
weißer Pfeffer aus der Mühle
Salz
½ l Fleischbrühe

Beilage
12 kleine rote Bete mit Grün
1 Spritzer Essig
Salz
1 Prise Zucker
12 kleine Teltower Rübchen
20 g Butter

Das Rindermark gut wässern, klein schneiden und in einer Kasserolle bei milder Hitze flüssig köcheln. Durch ein Haarsieb in eine Schüssel passieren und kühl stellen.
Die Brötchen entrinden und in feine Scheiben schneiden. Mit der erwärmten Milch übergießen und mit einem Holzlöffel durchmischen. Das fest gewordene Mark mit der Butter und dem Eigelb schaumig rühren.
Den Schinken vom Fettrand befreien und fein würfeln. In dem erhitzten Öl kroß braten und auf einem Sieb abtropfen lassen. Alle Zutaten miteinander vermischen, mit Wein, Petersilie, Muskatnuß, Pfeffer und Salz abrunden.
Zum Servieren aus der Masse etwa 12 gleichmäßige Klößchen formen. In die kochende Fleischbrühe geben und 10 Minuten bei milder Hitze ziehen lassen.
Die rote Bete in kochendem Wasser, dem man Essig, Salz und Zucker zufügt, »bißfest« garen. Abgießen, abschrecken und die Haut abziehen. Die Teltower Rübchen waschen, dünn schälen, dabei Form geben und in kochendem Salzwasser »bißfest« garen. Beide Gemüse kurz vor dem Servieren in etwas Butter schwenken und würzen.

Anrichten
Auf vorgewärmte Teller jeweils in die Mitte die Beinscheiben legen, mit Pfifferlingen und Sauce nappieren und mit den Gemüsen umlegen. Mit je drei Markklößchen garnieren.

Geflügel

Was waren das noch für Zeiten, wo Hühner, Enten und Gänse frei herumlaufen konnten! Landeten sie dann prall, knackig und knusprig braun und herrlich duftend auf dem Tisch, war's ein Festschmaus für alle.
Wie traurig dagegen sehen unsere heutigen Hühnchen aus der Massenhaltung aus. Sie werden wohl kaum je die Chance haben, einen Feinschmecker zu verwöhnen. Das gilt auch für Enten und Gänse, die das ganze Jahr über in gleichbleibender nichtssagender Qualität angeboten werden. Ganz offensichtlich hat man vergessen, daß auch die Tiere nach einem jahreszeitlichen Rhythmus aufwachsen. So sind Enten am besten im September und Oktober und Gänse ab Oktober bis Dezember. Nicht umsonst hat die Weihnachtsgans Tradition.
Abgesehen von wirklich gutem Bauerngeflügel, das bei uns hin und wieder angeboten wird, erhalten wir den überwiegenden Teil an erstklassigen frischen Hühnern, Enten und Puten aus Frankreich. In Bresse – dem französischen Geflügelparadies – werden aber auch Tauben gezüchtet. Die mit Körnern gemästeten Vögel sind knapp 500 Gramm schwer. Eine besondere Spezialität sind die Bluttauben. Weil man sie nach dem Töten nicht ausbluten läßt, haben sie ein sehr würziges, wohlschmeckendes Fleisch.
Seit die Stallaufzucht von Perlhühnern gelungen ist, versorgt uns Frankreich auch mit diesem Vogel. Er wiegt zwischen 900 und 1300 Gramm und hat ein festes Fleisch mit zartem Wildgeschmack.
Warum das Hähnchen in Deutschland ein so schlechtes Image hat, liegt sicher auch daran, daß wir es viel zu einseitig zubereiten. In anderen Ländern, wie zum Beispiel in Italien, Frankreich und China, zerteilt man den Vogel, um dann die einzelnen Stücke kunstvoll zu verarbeiten. Das kommt auch den unterschiedlichen Garzeiten zugute, denn die zarte Brust ist schneller gar als die muskulösen Schenkel.
Geflügel gehört zu den leichten Fleischsorten, es läßt sich schnell und unkompliziert, aber auch aufwendig zubereiten. Und es hat verdient, daß man ihm künftig mehr Sorgfalt widmet.

Crépinetten von Bresse-Tauben mit Trüffelsauce *(Rezept Seite 152)*

Crépinetten von Bresse-Tauben mit Trüffelsauce

nach Burkhard Schork

Für 4 Personen

Farce
80 g Poulardenfleisch
80 g Sahne
Salz
Pfeffer aus der Mühle
50 g frische Gänsestopfleber
1 TL Trüffelfond (aus der Dose)
1 EL geschlagene Sahne
Innereien von den Tauben
40 g Butter
2 Scheiben Toastbrot (ohne Rinde, klein gewürfelt)
50 g Pfifferlinge (geputzt und fein geschnitten)
½ Apfel (geschält und gewürfelt)
1 TL gehackte glatte Petersilie
2 frische Zweige Thymian

2 Bresser Bluttauben
Salz
Pfeffer aus der Mühle
300 g Schweinenetz (gut gewässert)

Sauce
Taubenkarkassen und alle Abschnitte
10 g Butterfett
380 g Röstgemüse (200 g Zwiebeln, 180 g Karotten, Sellerie)
1 EL Tomatenmark
0,3 l trockener Rotwein
4 cl roter Portwein
½ l Tauben- oder brauner Geflügelfond (Rezept Seite 265)
½ TL zerdrückte weiße und schwarze Pfefferkörner
1 kleines Lorbeerblatt
2 Pimentkörner
2 cl Trüffelfond (aus der Dose)
2 cl Cognac
Salz

20 g Butter

★★★ Das Poulardenfleisch klein schneiden und separat mit der Sahne im Tiefkühlfach leicht anfrieren lassen. Im Küchenkutter das Fleisch mit etwas Salz und Pfeffer und der Sahne vermischen. Die Gänsestopfleber zufügen und alles zu einer geschmeidigen, glatten, glänzenden Farce verarbeiten. Durch ein feines Sieb passieren und mit Trüffelfond, Schlagsahne, Salz und Pfeffer abrunden. Kalt stellen.

Die blutigen Innereien kurz unter fließend kaltem Wasser abbrausen, trockentupfen und klein würfeln. In 10 g Butter leicht anrösten. Die Toastbrotwürfel in 10 g Butter rösten. Die Pfifferlinge in 10 g Butter anschwitzen und die Apfelwürfel in dem restlichen erhitzten Fett schwenken. Alles zusammen unter die Farce geben, mit Petersilie und feingehacktem Thymian abrunden. Eventuell noch mit Salz und Pfeffer nachwürzen.

Die Tauben auslösen. Zuerst die Keulen abtrennen und den Oberschenkelknochen herausschneiden. Dann die Brustteile am Flügelknochen einschneiden und die Brustfilets mit dem Messer vom Knochen lösen. Die Brust enthäuten und die Sehne in der Innenseite abtrennen.

Die Taubenkeulen auslegen, mit etwas Salz und Pfeffer würzen und die Farce darauf verteilen. Nun die Brüste so darüberlegen, daß die dünne spitze Seite zum Knochen zeigt. Das gut gewässerte Schweinenetz auslegen und in vier gleich große Stücke teilen. Dahinein jeweils eine halbe gefüllte Taube einwickeln und kühl stellen.

Die Taubenkarkassen mit den Hälsen und Hautabschnitten in dem erhitzten Butterfett hellbraun anbraten. Das Röstgemüse putzen, waschen, klein schneiden und dazugeben, kurz anrösten. Das Tomatenmark unterrühren, 2 Minuten schmoren, dann mit etwas Rotwein ablöschen. Einkochen und mit dem restlichen Rotwein ablöschen. Wieder einkochen, mit dem Portwein ablöschen. Nach dem letzten kräftigen Einkochen den Fond zugießen, die Gewürze einlegen und

Garnitur

1 schwarze Trüffel (etwa 20 g, aus der Dose)

etwa 60 Minuten köcheln lassen. Durch ein Tuch passieren, entfetten und auf 0,12 l Flüssigkeit reduzieren. Kurz vor dem Servieren die Sauce mit dem Trüffelfond, Cognac und einer Prise Salz abschmecken. Sollte die Sauce zu dünn sein, kann man sie noch mit etwas Speisestärke binden.

Die Crépinetten in die erhitzte Butter geben und auf der Keulenseite kurz anbraten. In den auf 200 Grad (Gas: Stufe 3) vorgeheizten Backofen schieben und 6 Minuten braten. Umdrehen und 4 Minuten auf der Brustseite braten. Herausnehmen, in Alufolie einpacken und 2–3 Minuten ruhen lassen.

Anrichten

Die Trüffel in feine Julienne schneiden.
Die Crépinetten auf vorgewärmte Teller legen, mit der Sauce nappieren und die Trüffel-Julienne bestreuen.
Dazu kann man sehr gut ein Kartoffelgratin servieren und Gemüsestäbchen aus Karotten und Kohlrabi (blanchiert und in etwas Butter geschwenkt).

Stubenküken mit Hummer auf Lauch

Für 4 Personen
1 bretonischer Hummer (etwa 700 g)
40 g Butterfett
150 g Röstgemüse (Sellerie, Karotten, Schalotten)
1 Fleischtomate
1 TL Tomatenmark
0,1 l trockener Weißwein
0,1 l heller Geflügelfond (Rezept Seite 263)
1 frischer Zweig Estragon
60 g kalte Butterwürfelchen
weißer Pfeffer aus der Mühle
Salz
4 cl Champagner rosé
2 Stubenküken à 400 g

500 g Lauch
20 g Butter
Salz

★★★ Den Hummer ins kochende Salzwasser werfen und 9 Minuten garen. Herausnehmen, Schwanz und Scheren ausbrechen und das Fleisch beiseite stellen.

Die Hummerkrusteln gut unter fließend kaltem Wasser abspülen, abtropfen lassen und fein zerhacken. Die Hälfte von dem Butterfett in einer Kasserolle erhitzen, die Hummerkrusteln darin anrösten. Das Gemüse putzen, klein schneiden und zufügen. Alles kräftig 4 Minuten rösten. Die kleingeschnittene Tomate und das Tomatenmark zufügen und andünsten. Mit Wein angießen und dem Fond auffüllen. 10 Minuten köcheln. Durch ein Tuch passieren, den Estragonzweig zufügen und die Flüssigkeit auf 1/8 l reduzieren. Nochmals passieren und kurz vor dem Servieren die eiskalte Butter montieren. Mit Pfeffer und etwas Salz abschmecken und im letzten Augenblick den Champagner zufügen.

Die Stubenküken ausspülen und trocken auswischen. Die Flügelspitzen abtrennen; falls noch Federflaum an den Tieren haftet, diesen kurz absengen. Die Vögel mit Salz und Pfeffer würzen. In einer Kasserolle das restliche Butterfett erhitzen, die Küken einlegen und in den auf 200 Grad (Gas: Stufe 3) vorgeheizten Ofen schieben. 10 Minuten rosé braten. Zwischendurch mit dem Bratfett begießen. Den Herd ausschalten, die Küken mit Alufolie abdecken und bei geöffneter Ofentür 5 Minuten ruhen lassen.

Den Lauch putzen, gut waschen und in gleichmäßige, 2 cm große Rauten schneiden. In kochendem Salzwasser 5 Minuten blanchieren, eiskalt abschrecken und gut abtropfen lassen. Kurz vor dem Servieren in der erhitzten Butter 2–3 Minuten schwenken. Mit etwas Salz würzen.

Anmerkung: Die Trüffel ist für dieses Gericht nicht unbedingt nötig, bereichert es aber geschmacklich sehr.

Garnitur
1 kleine schwarze Trüffel

Anrichten
Die Stubenküken tranchieren, das heißt die Keulen abtrennen und die Brüstchen auslösen. Auf vier vorgewärmte Teller den in Butter geschwenkten Lauch verteilen. Darauf jeweils eine Kükenbrust und eine Keule geben und mit dem warmen, in Scheiben geschnitttenen Hummer garnieren. Mit reichlich Sauce nappieren. Ganz zum Schluß mit feinen Trüffelstreifen bestreuen. Als Beilage paßt hierzu ein Nudelgratin (Rezept Seite 214) oder getrüffelte Nudeln und zum Trinken der angebrochene Champagner.

Truthahnbraten mit Ingwersauce, Maisküchle und Wirsinggemüse

Für 4 Personen
1 Baby-Truthahn (etwa 2,5 kg)
Salz
Pfeffer aus der Mühle
3 EL Butterfett
1 kg Geflügel- oder Kalbsknochen (gehackt)
200 g Zwiebeln
100 g Karotten
50 g Sellerie
50 g Lauch
½ TL weiße Pfefferkörner
1 EL Tomatenmark
0,3 l trockener Weißwein
¾ l Wasser
1 EL geschälter, in Streifen geschnittener Ingwer
10 g Butter
2 cl weißer Portwein
1 Msp. Speisestärke

★★★ Den Truthahn ausnehmen, die Innereien kurz unter fließend kaltem Wasser abspülen und beiseite stellen. Die Flügelspitzen vom Truthahn abschneiden und das Tier von innen und außen mit Salz und Pfeffer einreiben. Dressieren, d.h. das Tier auf den Rücken legen und ein langes Stück Küchenschnur zuerst in Form einer Acht um die Enden der Keulen schlingen. Fest anziehen, die gleich langen Schnurenden unter den Schenkeln durch nach vorne ziehen, dabei die Keulen fest an den Pürzel drücken. Den Vogel umdrehen. Die Schnurenden nach oben ziehen und um die Flügel schlagen. Dadurch werden auch diese fest an die Brust gepreßt. Den Halshautlappen nach unten schlagen und die beiden Schnurenden darüber verknoten. Das Butterfett in einer großen Kasserolle erhitzen und den Truthahn auf dem Herd von jeder Keulenseite kräftig anbraten. Nach 5–8 Minuten den Vogel auf den Rücken legen, die abgespülten zerkleinerten Knochen und die Truthahn-Innereien zufügen und in den auf 220 Grad (Gas: Stufe 4) vorgeheizten Backofen schieben. 30 Minuten braten und zwischendurch mehrmals mit dem Bratfett begießen.

Die Gemüse putzen, waschen, klein schneiden und mit den Pfefferkörnern zum Braten geben. Hat das Gemüse Farbe bekommen, das Tomatenmark einrühren und mit etwas Weißwein ablöschen. Einkochen lassen und immer wieder mit etwas Wein und Wasser aufgießen. Den Vorgang mehrfach wiederholen. Zum Schluß den restlichen halben Liter Wasser angießen und den Truthahn insgesamt 1 Stunde und 45 Minuten schmoren.

Den Vogel herausnehmen, in Alufolie einpacken und heiß halten. Die Bratensauce durch ein Spitzsieb passieren und entfetten – das geht am besten mit Küchenpapier, das man durch die heiße Brühe zieht, oder man schöpft das Fett mit einer Kelle ab. Den Fond auf 0,2 l einkochen lassen.

Den Ingwer in der erhitzten Butter andünsten, mit Portwein und

Maisküchle
60 g Cornflakes
120 g Zuckermais (aus der Dose)
1 Ei
4 cl Maisflüssigkeit (aus der Dose)
Salz
Zucker
40 g Butterfett

Wirsinggemüse
1 kleiner Kopf Wirsing
20 g gewürfelter durchwachsener Bauchspeck
20 g Butter
60 g Sahne
Salz
Pfeffer aus der Mühle

dem Bratenfond auffüllen, etwa 4 Minuten köcheln lassen. Ist die Sauce zu dünn, mit der angerührten Stärke binden.
Die Cornflakes zerbröseln. Die Hälfte der Maiskörner fein hacken. Das Ei in einer Schüssel verschlagen, Cornflakes, gehackten Mais, Maiskörner und Maisflüssigkeit zufügen. Alles gut verrühren und mit je einer Prise Salz und Zucker würzen. 30 Minuten zugedeckt kühl stellen. Kurz vor dem Servieren mit einem Eßlöffel von der Maismasse kleine Plätzchen abstechen, ins stark erhitzte Fett geben, etwas flachdrücken und von jeder Seite goldbraun braten. Auf Küchenpapier abtropfen lassen.
Den Wirsing vierteln, den Strunk herausschneiden und die Blätter in 3 mm breite Streifen schneiden. Waschen und in einer Salatschleuder trockenschwenken. In einer Kasserolle den gewürfelten Speck in der erhitzten Butter glasig braten, die Wirsingstreifen zufügen und 3 Minuten glasieren. Mit der Sahne auffüllen und etwa 8 Minuten köcheln. Mit Salz und Pfeffer abschmecken.

Anmerkung: Frischen Ingwer gibt es leider nicht immer und überall. Sie können sich aber davon einen kleinen Vorrat anschaffen, der sich etwa 6 Monate frisch hält: Die Wurzelknollen ungeschält in Öl einlegen.

Anrichten
Den Truthahn tranchieren, das heißt die Keulen abtrennen, das Brustfleisch auslösen und in Scheiben schneiden. Auf vier vorgewärmte Teller jeweils einige Scheiben Fleisch oder eine Keule geben und mit der Ingwersauce nappieren. Mit dem Wirsinggemüse umlegen und jeweils 2–3 kleine Maisküchlein dazu servieren.

Perlhuhnküken mit Portweinsauce, Butterkarotten und Morchellasagne

Für 4 Personen

Morchellasagne
(Rezept Seite 212)

Sauce
3 Schalotten
10 g Butter
¼ l lieblicher Rotwein
1 l brauner Geflügelfond (Rezept Seite 223)
5 cl roter Portwein
1 Msp. Speisestärke
Salz
Pfeffer aus der Mühle

2 Jungperlhühner à 400–500 g
Salz
Pfeffer aus der Mühle
20 g Butterfett
Butter zum Braten

20 kleine Karotten mit Grün
20 g Butter
1 Prise Zucker

★★★ Die Morchellasagne nach Rezept zubereiten.
Die Schalotten abziehen und fein würfeln. In der erhitzten Butter glasig dünsten. Mit Rotwein und Fond auffüllen und auf etwa 0,12 l Flüssigkeit einkochen lassen. Durch ein feines Haarsieb passieren. Zusammen mit dem Portwein nochmals etwas reduzieren. Mit der angerührten Speisestärke binden und mit Salz und Pfeffer abschmecken.
Die Perlhühner ausnehmen, auswaschen und eventuell noch vorhandenen Flaum absengen. Die Hühner innen gut auswischen. Die Flügel abtrennen und die Brustbeinknöchel herausschneiden. Mit Küchenschnur die Hühner wieder in Form binden. Innen und außen salzen und pfeffern. In einem Bräter oder einer Kasserolle das Butterfett schmelzen, die Hühner mit der Brustseite hineinlegen und 2 Minuten anbraten. Umdrehen und in den auf 200 Grad (Gas: Stufe 3) vorgeheizten Backofen schieben. 14 Minuten rosé braten, zwischendurch mehrmals mit dem Bratenfett und etwas frischer Butter begießen. Dann die Vögel in Alufolie einpacken und 5 Minuten ruhen lassen.
Die Karotten waschen, schaben oder sehr dünn schälen und in kochendem Salzwasser 10 Minuten garen, eiskalt abschrecken. Kurz vor dem Servieren in der erhitzten Butter 5 Minuten schwenken und mit Salz und einer Prise Zucker abschmecken.

Anrichten
Die Hühner tranchieren. Auf vier vorgewärmte Teller jeweils ein Brustfilet und eine Keule geben, mit der Sauce nappieren und mit Butterkarotten und Morchellasagne servieren.

Innereien

Abgesehen einmal von der Gänseleber, die für viele Gourmets die Endstation ihrer kulinarischen Sehnsucht bedeutet, gehören Innereien auch heute noch zu einer äußerst problematischen Angelegenheit. Gegenüber keiner anderen Nahrungsmittelgruppe gibt es so viele Vorurteile; sei es die Angst vor Schadstoffen oder ein unbefriedigendes – weil nicht delikates – Endergebnis. Dabei bieten gerade diese Fleischstücke dem kreativen Koch unzählige Möglichkeiten. Natürlich garantieren nur erstklassige Produkte ein optimales Ergebnis. Und das heißt: je jünger das Tier ist, um so zarter und wohlschmeckender sind seine Innereien. Kälber, Lämmer und Ferkel, die nichts anderes genossen haben als die Muttermilch, sind auch am gesündesten.

Warum wir uns so wenig an Innereien begeistern können, liegt sicher zum Teil an unseren Metzgern. Oft bieten sie die zarten Stücke wenig appetitlich an, so daß man kaum Lust verspürt, damit zu experimentieren. Leber, Nieren, Bries und Co. müssen sauber ausgelöst sein, unversehrt, weder eingeschnitten noch eingerissen, ohne Blutrückstände. Sie sollten superfrisch sein, das heißt an den Schlachttagen – also Anfang der Woche – kaufen und zubereiten.

Befaßt man sich erst einmal mit der Zubereitung von Innereien, wird man bald feststellen, daß sie wenig Arbeit machen und köstlich schmecken. Warum sonst spielen sie in der französischen Küche eine so dominierende Rolle.

Kalbsbries mit Rote-Bete-Salat und Backkartoffeln

Für 4 Personen
4 große mehlig-kochende Kartoffeln à 150 g
Salz
Kümmel
125 g grobes Meersalz
100 g Crème fraîche
1 Spritzer Zitronensaft
1 Spritzer Sherryessig
2 TL Nußöl
Pfeffer aus der Mühle
1 TL Schnittlauchröllchen

400 g Kalbsbries
1/8 l trockener Weißwein
1 Lorbeerblatt

Salat
400 g kleine rote Bete
Salz
Zucker
1 EL Sherryessig
8 Korianderkörner

0,1 l Vinaigrette-Salatsauce (Rezept Seite 276)
1 TL Schnittlauchröllchen
1 TL feingehackter Kerbel
Salz
Pfeffer aus der Mühle
Mehl zum Bestäuben
20 g geklärte Butter

★★★ Die Kartoffeln unter fließend kaltem Wasser gut abbürsten. Jede Kartoffel auf ein entsprechend großes Stück Alufolie legen, mit Salz und etwas Kümmel bestreuen und in der Folie einpacken. Ein Backblech mit Meersalz ausstreuen, die Folienkartoffeln darauf setzen und in den vorgeheizten Ofen schieben. Bei 190 Grad (Gas: Stufe 3) 40–50 Minuten backen.
Crème fraîche mit Zitronensaft, Essig und Nußöl verschlagen. Mit Salz und Pfeffer würzen und zum Schluß den Schnittlauch unterrühren. Kühl stellen.
Das Kalbsbries gut wässern, enthäuten und von Äderchen und Blutgerinsel befreien. 1 Liter Wasser leicht salzen, Wein und Lorbeerblatt zufügen, das Bries einlegen und 8 Minuten köcheln. Den Herd ausschalten und 4 Minuten nachziehen lassen. Das Bries im Fond kalt stellen.
Die rote Bete putzen und waschen. 1/2 l Wasser mit etwas Salz, Zucker, Essig und den Korianderkörnern zum Kochen bringen, rote Bete zufügen und 10–15 Minuten »bißfest« garen. In Eiswasser abschrecken, häuten und in gleichmäßige Scheiben schneiden. In dem Kochfond abkühlen lassen.
Die Vinaigrette mit den Kräutern verrühren. Leicht erwärmen.

Tip: Das Kalbsbries noch mit 1 Eßlöffel »Marchand de vin«-Sauce (Rezept Seite 269) umziehen.

Anrichten
Das Bries in gleichmäßige Scheiben schneiden, mit Salz und Pfeffer würzen, leicht in Mehl wenden und in der erhitzten Klärbutter von jeder Seite goldbraun braten.
Die Folien öffnen und um die Kartoffeln kniffen. Die Oberseite kreuzweise einschneiden, die Kartoffel etwas auseinanderdrücken und mit je 1 Eßlöffel Crème fraîche-Sauce füllen.
Die gebratenen Briesscheiben dazulegen und mit etwas Kräuter-Vinaigrette nappieren.
Die restliche Vinaigrette über die Rote-Bete-Scheiben geben und dazu servieren.

Kuttel-Lauch-Torte mit Périgord-Trüffel

Für 4 Personen
200 g Blätterteig (Rezept Seite 283)
Butter für die Förmchen

Farce
100 g Poulardenfleisch
2 Eigelbe
4 frische Estragonblättchen
Salz
Pfeffer aus der Mühle
125 g Sahne
4 cl Noilly Prat

1 l heller Geflügelfond (Rezept Seite 263)
0,1 l trockener Weißwein
1 Spritzer Sherryessig
1 kleine Zwiebel, gespickt mit 1 Lorbeerblatt und 2 Gewürznelken
Salz
500 g Kalbskutteln (geputzt und blanchiert)
200 g Lauch

★★★ Den Blätterteig nach Rezept zubereiten, dünn ausrollen und vier gebutterte Teflonförmchen (12 cm Durchmesser) damit auslegen. Den Teigboden mit einer Gabel mehrfach einstechen und 10 Minuten kühl stellen.
Das Poulardenfleisch klein schneiden, mit den Eigelben, zerhackten Estragonblättchen, etwas Salz und Pfeffer verrühren. Separat mit der Sahne in das Tiefkühlfach stellen und leicht anfrieren lassen. Im Küchenkutter beides zusammen mixen, mit dem Noilly Prat, etwas Salz und Pfeffer abschmecken. Kühl stellen.
Den Geflügelfond mit Wein, Sherryessig, der gespickten Zwiebel und einer Prise Salz zum Kochen bringen, die Kutteln einlegen und bei milder Hitze 30–40 Minuten weich kochen. Die Kutteln aus dem Fond nehmen und in feine Streifen schneiden. Den Lauch putzen, gut waschen und in gleichmäßige, 2 cm große Rauten schneiden. In kochendem Salzwasser 2 Minuten blanchieren, eiskalt abschrecken und abtropfen lassen.
Kutteln und Lauch unter die Farce mischen und diese in die Blätterteigförmchen füllen. In den auf 200 Grad (Gas: Stufe 3) vorgeheizten Backofen schieben und 12 Minuten backen.
Den Rotwein mit Kalbsfond mischen. Portwein, Cognac und den Trüffelfond aus der Dose zufügen und alles auf 0,15 l Flüssigkeit einkochen lassen. Mit einer Prise Salz und Pfeffer abschmecken, mit der angerührten Speisestärke leicht binden. Die Trüffel in Streifen schneiden und in der Sauce gut erwärmen.

Anmerkung: Kutteln sollten Sie bei Ihrem Metzger vorbestellen, damit er sie perfekt vorbereiten und blanchieren kann. In Süddeutschland werden die Kutteln in der Regel bereits küchenfertig angeboten.

Trüffelsauce
6 cl trockener Rotwein
1/4 l heller Kalbsfond (Rezept Seite 263)
2 cl roter Portwein
2 cl Cognac
2 Trüffel à 30 g (aus der Dose)

Salz
Pfeffer aus der Mühle
1 Msp. Speisestärke

Anrichten
Die Törtchen auf vorgewärmte Teller stürzen, mit den Trüffelscheiben umlegen und diese mit Sauce nappieren.

Beuscherl mit Karotten und Petersilienwurzeln in der Weinkruste

Für 4 Personen
500 g Kalbslunge
1/4 l trockener Rotwein
2 EL Rotweinessig
150 g Bouquet garni, bestehend aus: Staudensellerie, Petersilienstengel, Karotte, Lauch, Zwiebel
1 kleines Kräuterbund aus: Lorbeerblatt, Thymianzweig, Gewürznelke, 1/2 Knoblauchzehe, je 6 zerdrückte Pfeffer- und Korianderkörner
Salz

2 EL Mehl
50 g Butter
1/8 l heller Kalbsfond (Rezept Seite 263)
1 Prise gem. Majoran
Salz
Pfeffer aus der Mühle
1 TL Sherryessig

★★★ Die Kalbslunge gut wässern. 3/4 l Wasser mit dem Rotwein und Essig zum Kochen bringen. Die Lunge, das Bouquet garni und das Kräuterbund einlegen, mit einer Prise Salz würzen und 30–40 Minuten bei milder Hitze köcheln. Zwischendurch mehrmals abschäumen. Die Lunge herausnehmen, in eine Schüssel legen, mit einem Teller abdecken und mit einem Gewicht beschweren. Kühl stellen.

Den durchpassierten Kochfond auf 0,1 l einkochen.

Das Mehl in einer Kasserolle braun rösten, die Butter unterrühren und mit dem Kalbsfond ablöschen. Die Reduktion vom Lungenfond zufügen, mit Majoran würzen und zur gewünschten Bindung einköcheln lassen. Die Sauce durch ein feines Haarsieb passieren. Die Kalbslunge in feine Julienne schneiden und in die Sauce geben. Nochmals kurz aufkochen lassen, mit Salz, Pfeffer und dem Essig abschmecken.

Das Gemüse putzen, waschen und in kochendem Salzwasser mit einer Prise Zucker »bißfest« garen. Herausnehmen, in Eiswasser abschrecken und abtropfen. Aus Mehl, Wein und Öl einen dickflüssigen Teig zubereiten, mit Salz und Zucker abschmecken. Die Gemüse kurz eintauchen und im 170 Grad erhitzten Fettbad kroß ausbacken.

8 kleine Karotten mit Grün
4–8 kleine Petersilienwurzeln mit Grün
Salz
Zucker
4 EL Mehl
8 cl trockener Weißwein
2 Tropfen Olivenöl (extra, erste Pressung)
Fritierfett zum Ausbacken

Anrichten
Das dickflüssige Beuscherl auf vier vorgewärmte Teller verteilen und mit den halbierten fritierten Gemüsen umlegen.
Als Beilage paßt: Kartoffeltopfkuchen (Rezept Seite 216) oder gefüllte Polentaschnitte (Rezept Seite 210).

Kalbsniere im Fettmantel mit Basilikum-Senf-Sauce, grünen Bohnen und Rösti

Für 4 Personen
2 Schalotten
10 g Butter
½ l brauner Kalbsfond (Rezept Seite 264)
0,1 l trockener Rotwein
1 Msp. Speisestärke
1 EL grober Dijon-Senf
1 Spritzer Balsamicoessig
Salz
Pfeffer aus der Mühle
20 g kalte Butterwürfelchen
1 Bund Basilikum
2 Kalbsnieren im Fettmantel à 350 g
30 g Butterfett

★★★ Die Schalotten abziehen, grob würfeln und in der erhitzten Butter glasig dünsten. Mit dem Fond und Rotwein auffüllen und auf etwa ⅛ l Flüssigkeit einkochen lassen. Durch ein feines Haarsieb passieren, mit der angerührten Stärke binden und mit Senf und Balsamicoessig würzen. Mit Salz und Pfeffer abschmecken. Kurz vor dem Servieren die eiskalte Butter einrühren und mit dem feingeschnittenen Basilikum aromatisieren.

Die Nieren mit Salz und Pfeffer würzen. In einer großen Pfanne das Butterfett erhitzen und die Nieren darin rundherum 2 Minuten anbraten. In den auf 200 Grad (Gas: Stufe 3) vorgeheizten Backofen geben und in 10 Minuten fertig braten. Zwischendurch mehrmals mit dem Bratfett begießen. Den Herd ausschalten, die Nieren mit Alufolie abdecken und bei geöffneter Ofentür 4 Minuten nachziehen lassen.

Die Kartoffeln waschen, dünn schälen und in sehr feine, dünne, etwa 3 cm lange Stäbchen schneiden. Kurz wässern, gut abtropfen lassen und in dem erhitzten Butterfett etwa 7 Minuten goldbraun und kroß braten. Mit Salz würzen.

Die Bohnen putzen, waschen und in kochendem Salzwasser zusammen mit dem Bohnenkraut »bißfest« garen. In Eiswasser abschrekken und abtropfen. Den Speck auslegen, die Bohnen darauf verteilen und jeweils mit Küchenzwirn zusammenbinden. In der erhitzten Butter kroß braten.

Die Tomate überbrühen, häuten, halbieren und entkernen. Das Fruchtfleisch in kleine Würfel schneiden.

Anmerkung: Frische Nieren in ihrem Fettmantel sollten Sie unbedingt bei Ihrem Metzger vorbestellen.

Beilagen
400 g festkochende Kartoffeln
30 g Butterfett
Salz
250 g Keniaböhnchen
2 frische Zweige Bohnenkraut
4 Scheiben durchwachsener Bauchspeck (etwa 2 cm breit)
10 g Butter

Garnitur
1 vollreife Tomate

Anrichten
Die gebratenen Nieren in etwa 2 cm dicke Scheiben schneiden und auf vorgewärmte Teller geben. Mit der Sauce nappieren und mit den Tomatenwürfelchen bestreuen. Mit Bohnen und Rösti servieren.

Kalbskutteln in Champagner mit Krebsen

Für 4 Personen
500 g Kalbskutteln (geputzt und blanchiert)
$^1/_4$ l heller Geflügelfond (Rezept Seite 263)
$^1/_4$ l trockener Weißwein
1 Spritzer Sherryessig
1 Gemüsebund aus: $^1/_2$ Stange Lauch, 1 Karotte, 1 Stück Staudensellerie
1 kleine geschälte Zwiebel, gespickt mit 1 Lorbeerblatt und 2 Nelken
1 TL Mehlbutter (Rezept Seite 274)
100 g Crème fraîche oder Sahne
6 cl Champagner
40 g kalte Butterwürfelchen
Salz
weißer Pfeffer aus der Mühle

★★★ Die sauberen hellen Kutteln in gleichmäßige Streifen schneiden. Den Geflügelfond mit Weißwein, Sherryessig, Gemüsebund und gespickter Zwiebel zum Kochen bringen. Die Kutteln hineingeben und bei mittlerer Hitze 30–40 Minuten weich kochen. Den Kochfond abpassieren, leicht mit Mehlbutter binden. Die Crème fraîche und 3 cl Champagner dazugeben und einkochen lassen. Die Sauce passieren, die Kutteln dazugeben und 5 Minuten köcheln. Kurz vor dem Servieren die Butterwürfel einrühren und mit Salz und Pfeffer abrunden. Vor dem Anrichten den restlichen Champagner zufügen.

12 Krebse ins kochende Wasser geben und 3–4 Minuten garen. 8 Krebse für die Farce nur im kochenden Wasser töten. Abgießen und in Eiswasser abschrecken. Scheren und Schwänze ausbrechen, die Därme herausschneiden und die Köpfe (Krebsnasen) aufheben. 12 Krebse in dem leicht erwärmten Geflügelfond beiseite stellen. Das restliche Krebsfleisch mit dem kleingeschnittenen Zanderfilet vermischen. Mit Salz, Pfeffer und 1 cl Cognac würzen und mit der Sahne separat im Tiefkühlfach gut durchkühlen. Danach im Küchenkutter beides zu einer feinen Farce pürieren, etwa 20 Minuten kalt stellen und durch ein Passiersieb streichen. Die kalte Reduktion unterrühren, mit dem restlichen Cognac und Salz abschmecken und zum Schluß die geschlagene Sahne unterheben. Ein Testklößchen pochieren; wenn es zu fest ist, noch etwas Schlagsahne unterheben.

Die Krebsnasen gut ausspülen und die Krebsfarce mit einer Spritztülle einfüllen. In leicht gesalzenem Wasser mit etwas Weißwein 5 Minuten sieden lassen. Vor dem Servieren in Butter schwenken.

Die Lauchstreifen 1 Minute blanchieren und in Eiswasser abschrekken.

Farce
20 lebende Flußkrebse
0,1 l heller Geflügelfond (Rezept Seite 263)
100 g Zanderfilet
Salz
Cayennepfeffer
2 cl Cognac
100 g Sahne
1 EL Krebsreduktion (Rezept Seite 268)
1 EL geschlagene Sahne
4 EL trockener Weißwein
1 TL Butter
4 EL Lauchstreifen (Grünes)

Anrichten

Die Kutteln auf vorgewärmte Teller geben und mit je drei gebutterten Krebsnasen umlegen. In die Zwischenräume die in dem Geflügelfond warmgehaltenen Krebsschwänze und Scheren geben. Mit Lauch garnieren.
Als Beilage passen Nudeln und Reis.

Entenstopfleber im Polentateig mit Balsamicosauce

Für 4 Personen

Polentateig
1 Ei
1 Eigelb
1 TL Olivenöl (extra, erste Pressung)
1 Prise Salz
50 g Mehl
80 g Polentagrieß (Maismehl)

4 Entenstopfleber-scheiben à 80 g
Salz
Pfeffer aus der Mühle
Mehl zum Bestäuben
10 g Butterfett
4 schöne große Spinatblätter
2 EL Geflügelfarce (Rezept Seite 281)
1 Eigelb
Mehl zum Bestäuben

★★★ Das Ei mit dem Eigelb, Öl und einer Prise Salz in einer Schüssel verschlagen. Das gesiebte Mehl und den Polentagrieß zufügen und mit der Hand so lange kneten, bis sich der Teig mühelos vom Schüsselrand und den Händen löst. Zu einer Kugel formen, in Klarsichtfolie einschlagen und 30 Minuten kühl stellen.

Die Entenstopfleberscheiben mit Salz und Pfeffer würzen. Leicht in Mehl wenden und in dem erhitzten Butterfett von jeder Seite je 2 Sekunden braten, herausnehmen, auf Küchenpapier abtropfen lassen und kühl stellen.

Die Spinatblätter 2 Sekunden in kochendem Salzwasser blanchieren, in Eiswasser abschrecken und auf einem trockenen Tuch ausbreiten. Trockentupfen und dünn mit der Geflügelfarce bestreichen. Die abgekühlten Leberscheiben jeweils in einem Blatt einschlagen.

Den Polentateig dünn ausrollen und in vier gleich große Stücke teilen. Auf jedes Teigstück eine in Spinat eingeschlagene Leber geben und einwickeln. Die Teigränder mit etwas verquirltem Eigelb bestreichen und fest andrücken. Auf ein bemehltes Brett legen und kühl stellen.

Den Geflügelfond mit dem Rotwein auf 0,1 l Flüssigkeit einkochen lassen. Mit der angerührten Stärke binden, mit Salz, Pfeffer und Balsamicoessig abrunden.

Die Erbsen auspalen und 3 Minuten in Salzwasser blanchieren, eiskalt abschrecken. Den Mais abtropfen lassen. Die Radieschen schälen, dabei etwas von dem Grün belassen und 2 Minuten in Salzwasser blanchieren. Alle Gemüse separat in etwas Butter schwenken und mit den Gewürzen abschmecken.

Anmerkung: Balsamicoessig ist ein Spezialessig aus Italien, der nicht ganz billig ist. Für 1/4 l eines bis zu 8 Jahre alten Balsamico zahlen Sie zwischen DM 15,– und DM 18,–. Je älter der Essig ist, um so besser seine Qualität und um so höher der Preis. Über 15 Jahre alter Essig ist so konzentriert, daß er nur tropfenweise verwendet wird.

Sauce
0,3 l brauner Geflügelfond (Rezept Seite 265)
4 cl trockener Rotwein
1 Msp. Speisestärke
Salz
Pfeffer aus der Mühle
1 EL Balsamicoessig

Beilage
200 g frische Erbsen
100 g Zuckermais (aus der Dose)
8 Radieschen
20 g Butter
Salz
Zucker

Anrichten
Die Polenta-Entenleberschnitten in kochendem Salzwasser 3 Minuten pochieren, mit einer Schaumkelle herausheben und auf einem Tuch abtropfen lassen. Auf vier vorgewärmte Teller legen, mit den sautierten Gemüsen umlegen und mit etwas Sauce angießen.

Lammzunge mit kalter Paprikasauce und Gemüsespaghetti

Für 4 Personen
600 g gepökelte Lammzungen
2 EL Vinaigrette-Salatsauce
(Rezept Seite 276)

Sauce
1 rote Paprikaschote
10 g Butter
¼ l Fleischbrühe oder heller Kalbsfond
(Rezept Seite 263)
3 EL Crème fraîche
2 EL Vinaigrette-Salatsauce
Salz
Pfeffer aus der Mühle

★★★ Die Zungen in kochendem Salzwasser 30–40 Minuten garen. In Eiswasser abschrecken und häuten. Die Zungen mit einem Messer abrunden und der Länge nach in feine Scheiben schneiden. In etwas Zungensud warm halten. Kurz vor dem Servieren mit der leicht erwärmten Vinaigrette beträufeln.

Die Paprikaschote halbieren, entkernen, waschen, dann würfeln. In der erhitzten Butter andünsten und mit der Brühe auffüllen. Etwa 10 Minuten köcheln lassen. Im Mixer fein pürieren und durch ein Haarsieb passieren. Kalt stellen. Die Crème fraîche und Vinaigrette unter das Paprikamark rühren, mit Salz und Pfeffer abschmecken.

Die Spaghetti in kochendem Salzwasser al dente – also »bißfest« – garen. Abgießen und abkühlen lassen. Zucchini waschen, putzen und die Schalen mit einem Zestenschneider in feine Streifen schneiden und kurz dünsten. Unter die Spaghetti mischen und mit der Vinaigrette würzen.

Die Schalotten und den Lauch putzen, waschen, gut abtropfen lassen und in gleichmäßige Scheiben schneiden. Auf ein gebuttertes Backblech legen, mit etwas Salzwasser angießen und im Ofen bei 200 Grad (Gas: Stufe 3) 4–5 Minuten garen.

Gemüsespaghetti
200 g feine Spaghetti
1 grüne Zucchini
1 gelbe Zucchini
2–3 EL Vinaigrette-Salatsauce
4 rote Schalotten
1 Stange Lauch
Butter fürs Blech

Anrichten
Die Paprikasauce auf eine Seite der vorgewärmten Teller geben, die marinierten Lammzungenscheiben darauf verteilen, mit den Gemüsescheiben umlegen und die Gemüsespaghetti dazu servieren.

Kalbsbries mit Pfifferlingsrisotto

Für 4 Personen

Risotto
200 g Milch- oder Rundkornreis
1 Msp. Safran
½ l heller Geflügelfond (Rezept Seite 263)
6 cl trockener Weißwein
300 g kleine Pfifferlinge
2 Schalotten
½ Knoblauchzehe
10 g Butterfett
1 EL gehackte glatte Petersilie
30 g frischgeriebener Parmesan
50 g Butter
Salz
Pfeffer aus der Mühle

★★★ Den Reis zusammen mit dem Safran in der Geflügelbrühe zum Kochen bringen. Den Wein zufügen und bei milder Hitze unter mehrfachem Umrühren 15 Minuten köcheln.
Die Pfifferlinge putzen, die Abschnitte für die Sauce beiseite legen, waschen und gut abtropfen lassen. Die Schalotten und den Knoblauch abziehen und fein würfeln. In dem erhitzten Butterfett alles kurz braten und mit der gehackten Petersilie aromatisieren. Unter den Reis mischen.
Kurz vor dem Servieren den Risotto mit Parmesan, Butter, Salz und Pfeffer abschmecken. Er sollte cremig und leicht dickflüssig sein mit eben noch bemerkbarem Biß.
Den Geflügelfond mit der Crème fraîche und den Pfifferlingabschnitten auf etwa 0,15 l Flüssigkeit einkochen. Durch ein feines Haarsieb passieren und kurz vor dem Anrichten mit den eiskalten Butterwürfeln montieren. Mit Wein, Salz und Pfeffer abschmecken.
Das Kalbsbries hauten, wassern und in Salz-Essig-Wasser 12 Minuten kochen. Herausheben, abtropfen lassen und in gleichmäßige Scheiben schneiden. Salzen, pfeffern, leicht in Mehl wenden und in der geklärten Butter von jeder Seite 1 Minute braten.

Sauce
0,4 l heller Geflügelfond (Rezept Seite 263)
100 g Crème fraîche
40 g kalte Butterwürfelchen
5 cl trockener Weißwein
Salz
Pfeffer aus der Mühle

400 g Kalbsbries
Salz
1 Spritzer Essig
Pfeffer aus der Mühle
Mehl zum Bestäuben
20 g geklärte Butter

Anrichten
Die Kalbsbriesscheiben auf vorgewärmte Teller geben, mit dem Pfifferlingrisotto anlegen und mit der Sauce halb überziehen.

Piccata von Kalbsbries auf grünem Spargel

Für 4 Personen
400 g Kalbsbries
1 Spritzer Essig
1 geschälte Zwiebel, gespickt mit 1 Lorbeerblatt und 2 Gewürznelken
1 frischer Zweig Thymian
1 EL Salz
Pfeffer aus der Mühle
1–2 EL Mehl
20 g Butterfett
1 Ei
20 g schwarze Trüffel aus der Dose (sehr fein geraspelt)
20 Stangen grüner Spargel
Zucker
150 g Crème fraîche
30 g eiskalte Butterwürfel
1/4 Zitrone

★★★ Das Kalbsbries wässern. Enthäuten und von Äderchen und Blutgerinsel befreien. 1 Liter Wasser mit Essig, Spickzwiebel, Thymian und Salz zum Kochen bringen. Das Kalbsbries einlegen und 10 Minuten köcheln. Vom Herd nehmen, 5 Minuten nachziehen lassen und aus dem Fond nehmen. In 8 gleichmäßige Scheiben schneiden. Mit Salz und Pfeffer würzen, in wenig Mehl wenden und 2 Minuten in 10 g von dem Butterfett braten. Auf Küchenpapier abtropfen lassen. Das Ei mit den Trüffelraspeln verquirlen und die noch warmen Kalbsbriesscheiben darin wenden. Kurz vor dem Servieren in dem restlichen erhitzten Butterfett bei milder Hitze von jeder Seite 1 Minute braten.

Den Spargel schälen, die holzigen Enden abschneiden. Die Stangen in wenig kochendem Wasser mit etwas Salz und Zucker 8 Minuten garen. Abgießen, den Fond auffangen. Die Spargelspitzen etwa 4 cm lang abschneiden, die restlichen Stangen in 1 cm große Stücke teilen. Den Spargelfond stark einkochen lassen. Die Crème fraîche zufügen und alles auf 0,1 l Flüssigkeit reduzieren. Bei milder Hitze die eiskalte Butter montieren. Mit Salz und etwas Zitronensaft abschmekken. Die Spargelstücke in die Sauce geben.

Die Marchand de vin mit Trüffelfond und Portwein auf 0,1l Flüssigkeit einkochen. Mit der angerührten Stärke binden.

Sauce
0,2 l Marchand de vin (Weinhändlersauce, Rezept Seite 269)
4 cl Trüffelfond (aus der Dose)
4 cl roter Portwein
1 Msp. Speisestärke

Garnitur
10 g Butter
12 schöne dünne Trüffelscheiben

Anrichten
Die Spargelspitzen in der Butter glasieren und auf vier Teller anordnen. In die Mitte das Spargelgemüse geben, darauf die Bries-Piccata plazieren. Die Trüffelscheiben leicht erwärmen und alles damit garnieren. Zum Schluß mit der Sauce nappieren.

Wild und Wildgeflügel

Der einst so geschätzte »Hautgout« beim Wild findet Gott sei Dank immer weniger Liebhaber. Auch wenn das Fleisch nach wie vor abgehangen sein soll, so ist heute doch mehr der frische unverfälschte Wildgeschmack gefragt.
Das Reh besitzt das zarteste und wohlschmeckendste Fleisch. Die begehrten Stücke sind Keulen, Rücken und Koteletts. Der Hase muß jung sein, höchstens 7–8 Monate alt und darf nicht mehr als 3 Kilo wiegen. Schwerere Tiere haben zähes und faserreiches Fleisch. Da Hasen aus freier Wildbahn immer schwieriger zu bekommen sind, wird mancher vielleicht mehr auf das Zuchtkaninchen ausweichen müssen.
Ob Fasan, Rebhuhn, Schnepfe oder Wachtel, auch das Federwild muß jung und knackig sein, damit seine besten geschmacklichen Eigenschaften zum Tragen kommen. Obwohl Fasane und Wachteln immer noch als Wildgeflügel gehandelt werden, stammen sie heutzutage doch überwiegend aus dem Gehege. Die auf Farmen gemästeten Fasane, die man im Herbst kurz vor dem Abschuß aussetzt, können allerdings mit dem Fleisch von wildlebenden Tieren nicht konkurrieren. Anders dagegen die Wachteln. Diese, vom Aussterben bedrohte, Vogelart wird in einwandfreier Qualität gezüchtet. Es gibt zwei unterschiedliche Sorten: die Fleischwachteln und die Legewachteln, die ausschließlich für die Eierproduktion verwendet werden. Denn auch Wachteleier finden immer mehr Anklang.
In Deutschland haben sich bisher nur wenige Betriebe auf die Zucht eingestellt, so ist nach wie vor der Hauptlieferant Frankreich. Die Spitzenqualität kommt aus der Geflügelregion Bresse.
Wild und Wildgeflügel haben ein besonders mageres kalorienarmes Fleisch. Damit man bei der Zubereitung ein optimales Ergebnis bekommt, wickelt man die Fleischstücke gern in einen Speckmantel ein, der dann später wieder entfernt wird. Auch die neuen kurzen Garzeiten kommen dem Geschmack zugute – rosa gebratenes Wild ist wesentlich delikater als durchgebratenes.

Das Beste vom Reh mit Rosenkohl, Feigenkrapfen und Schupfnudeln

Für 4 Personen

Schupfnudeln
250 g kalte Pellkartoffeln
3 EL Mehl
2 Eigelbe
Salz
Muskatnuß
Mehl zum Ausrollen
20 g Butter

Sauce
$\frac{1}{2}$ l Wildfond (Rezept Seite 266)
$\frac{1}{4}$ l trockener Rotwein
1 Msp. Speisestärke
60 g kalte Butterwürfelchen
2 cl Cognac
Salz
1 EL Preiselbeerkompott
1 TL eingelegte grüne Pfefferkörner

★★★ Die gepellten Kartoffeln durch die Kartoffelpresse drücken oder durch ein Sieb streichen. Mehl, Eigelbe, eine Prise Salz und etwas abgeriebene Muskatnuß zufügen und zu einem Teig verkneten. Auf einem bemehlten Brett aus dem Teig daumendicke, fingerlange Würstchen rollen und ausformen. Kühl stellen. Kurz vor dem Servieren in kochendem Salzwasser 2–4 Minuten ziehen lassen, abgetropft in heißer brauner Butter schwenken.

Den Wildfond mit Rotwein aufkochen und auf 0,12 l Flüssigkeit reduzieren. Mit der angerührten Speisestärke binden. Bei milder Hitze die eiskalte Butter montieren und mit Cognac, Salz, Preiselbeeren und Pfefferkörnern abschmecken.

Den Rosenkohl putzen und entblättern. Die Blätter in kochendem Salzwasser 1 Minute blanchieren, eiskalt abschrecken. Vor dem Anrichten in der erhitzten Butter 2–3 Minuten schwenken. Mit Salz und einem Hauch Muskat abschmecken.

Rehfilet, Herz und Niere gut säubern und mit Salz und Pfeffer würzen. In dem erhitzten Butterfett 3–6 Minuten rosa braten. Anschließend mit Alufolie zugedeckt 2–3 Minuten ruhen lassen.

Die Feigen schälen; sind sie sehr dünnhäutig, kann man sie so lassen. Aus Weißwein, Portwein, Öl und Mehl einen dickflüssigen Teig herstellen, mit einer Prise Salz und Zucker würzen. Zum Servieren die Feigen kurz in dem Teig wenden und in der Friteuse goldgelb ausbacken.

500 g Rosenkohl
20 g Butter
Salz
Muskatnuß
320 g Rehrückenfilet
$\frac{1}{2}$ Rehherz
1 Rehniere
Salz
Pfeffer aus der Mühle
20 g Butterfett

Krapfen
8 frische Feigen
$\frac{1}{8}$ cl weißer Portwein
1 TL Traubenkernöl
3–4 EL Mehl
1 Prise Salz
1 Prise Zucker
Fritierfett zum Ausbacken

Anrichten
Das Fleisch aufschneiden und auf vier vorgewärmten Tellern hübsch anordnen. Die Rosenkohlblättchen anlegen, mit den halbierten Feigen und den Schupfnudeln umlegen, mit der Sauce nappieren.

Kaninchenrücken mit Lauchkuchen und Tartufo-Sabayon

Für 4 Personen
200 g Blätterteig (Rezept Seite 283)
500 g Lauch
80 g durchwachsener Bauchspeck
1 EL Sonnenblumenöl
Salz
Pfeffer aus der Mühle
2 große Eier
100 g Sahne
1 EL frischgeriebener Parmesan
Muskatnuß
2 TL Tartufo (Olivenöl mit weißen Trüffeln parfümiert)

320 g ausgelöste Kaninchenfilets
Salz
Pfeffer aus der Mühle
20 g Butterfett

★★★ Den Blätterteig dünn ausrollen und eine flache feuerfeste Form (26 cm Durchmesser) damit auslegen. Hülsenfrüchte (Linsen, Erbsen, Bohnen) einfüllen oder eine andere Form daraufsetzen und 10 Minuten bei 200 Grad (Gas: Stufe 3) »blind« backen. Die Hülsenfrüchte ausschütten.
Den Lauch putzen, waschen und in 2 cm lange Rauten schneiden. In kochendem Salzwasser 1 Minute blanchieren, eiskalt abschrecken und gut abtropfen lassen.
Den Speck in feine Würfel schneiden und in dem erhitzten Öl kroß braten. Das Bratfett abgießen, den Lauch zu dem Speck geben und 1 Minute darin schwenken. Mit Salz und Pfeffer würzen. Die Lauchmasse auf dem vorgebackenen Blätterteig verteilen. Die Eier mit der Sahne, dem Parmesan und etwas abgeriebener Muskatnuß verquirlen und über den Lauch gießen. Zum Schluß das Tartufo-Öl darüberträufeln. Bei 200 Grad (Gas: Stufe 3) 15 Minuten backen.
Die Kaninchenfilets in etwa 6 cm große Stücke schneiden, mit Salz und Pfeffer würzen und in dem erhitzten Butterfett 3–4 Minuten rosa braten. Herausnehmen, in Alufolie einpacken und 2–3 Minuten nachziehen lassen.
Die Eigelbe mit dem Fond, Weißwein und Essig in einer Schüssel verschlagen und auf dem Wasserbad schaumig aufrühren. Vom Wasserbad nehmen, die flüssige Butter und das Tartufo-Öl nach und nach einrühren. Mit Salz und Pfeffer würzen.

Anmerkung: Dieses Gericht kann natürlich auch ohne Trüffel serviert werden, denn die weiße Trüffelzeit ist nur kurz – von Oktober bis Ende Dezember.

Tip: Die abgeschälten Trüffelschalen fein hacken, unter Butter mischen und als Vorrat einfrieren.

Sabayon
2 Eigelbe
3 EL Fleischfond (Rezept Seite 263)
1 EL trockener Weißwein
1 Spritzer Balsamicoessig
40 g flüssige Butter
6 cl Tartufo
Salz
weißer Pfeffer aus der Mühle

Garnitur
1 kleine weiße Trüffel

Anrichten
Auf vier vorgewärmte Teller jeweils ein Viertel von dem Kuchen geben, die Sabayon auf die andere Hälfte des Tellers gießen und die gebratenen Kaninchenstücke darauf plazieren. Die geschälte Trüffel fein darüberhobeln.

Wildhasenrücken mit Wacholderrahmsauce und Wiliamskartoffeln

Für 4 Personen
350 g mehligkochende Kartoffeln
2 Eigelbe
1 EL flüssige Butter
Salz, Muskatnuß

Sauce
0,3 l Wildfond
(Rezept Seite 266)
0,1 l trockener Rotwein
1 EL Wacholderbeeren
10 schwarze Pfefferkörner
1 EL Mehlbutter
(Rezept Seite 274)
50 g Sahne
50 g Sauerrahm
Salz
2 cl Gin
20 g kalte Butterwürfelchen
1 EL geschlagene Sahne

1 junger Wildhasenrücken (etwa 700 g)
Salz
Pfeffer aus der Mühle

★★★ Die Kartoffeln waschen, dünn schälen und knapp mit Wasser bedeckt weich kochen. Abgießen und ausdämpfen. Durch eine Kartoffelpresse drücken und mit den Eigelben und flüssiger Butter verrühren. Mit Salz und etwas abgeriebener Muskatnuß würzen. Aus der Masse vier kleine Birnen formen und kühl stellen.
Den Wildfond mit Rotwein vermischen. Die Wacholderbeeren und Pfefferkörner im Mörser fein zerdrücken und zufügen. Zum Kochen bringen, die Mehlbutter einrühren und auf die Hälfte der Flüssigkeit einkochen lassen. Sahne und Sauerrahm zufügen und nochmals leicht reduzieren. Durch ein feines Sieb passieren und die Sauce mit Salz und Gin abschmecken. Bei milder Hitze die eiskalte Butter montieren. Kurz vor dem Servieren die Schlagsahne unterziehen.
Den Wildhasenrücken parieren und enthäuten. Mit Salz und Pfeffer einreiben. Das Butterfett in einer großen Bratpfanne erhitzen und den Rücken auf der Fleischseite darin anbraten. Umdrehen, Thymian, Lorbeer und Wacholderbeeren zufügen und in den auf 200 Grad (Gas: Stufe 3) vorgeheizten Backofen schieben. Zwischendurch den Rücken mehrmals mit dem Bratfett begießen. Nach 10 Minuten aus dem Ofen nehmen und in Alufolie einwickeln. 3 Minuten ruhen lassen.

Anmerkung: Versuchen Sie, weibliche frische, junge Hasen zu bekommen, die nicht älter als 7–8 Monate sind. Sobald sie älter als ein Jahr sind, ist ihr Fleisch weniger zart und sollte nur noch in Terrinen und Pasteten verarbeitet werden.

Tip: Aus den Karkassen mit Röstgemüse gleich einen Fond auf Vorrat kochen.

40 g Butterfett
1 getrockneter Zweig Thymian
1 Lorbeerblatt
3–5 Wacholderbeeren
1 Ei
50 g Semmelmehl
Fett zum Ausbacken

Garnitur
4 Mandelstifte

Anrichten
Die Kartoffelbirnen zuerst durch das verquirlte Ei ziehen, dann mit dem Semmelmehl panieren und in dem 170 Grad erhitzten Fettbad goldbraun ausbacken.
Die Hasenfilets entlang dem Rückgrat auslösen und in gleichmäßige Tranchen schneiden.
Die Filets auf vier heiße Teller verteilen und mit der Sauce nappieren. Die Kartoffelbirnen jeweils mit einem Mandelstift als Stiel verzieren und zum Fleisch servieren.
Als Beilage passen Spinattomate (Rezept Seite 201) oder Wirsingbällchen (Rezept Seite 202).

Rehrückenfilet mit Lebkuchensauce, Pilzpiroggen und Petersilienwurzelmus

Für 4 Personen

Pilzpiroggen
100 g mehligkochende Kartoffeln
150 g Champignons oder Pfifferlinge
10 g Butter
1 Eigelb
1 TL gehackte glatte Petersilie
Salz
Pfeffer aus der Mühle
120 g Blätterteig (Rezept Seite 283)
1 Eigelb zum Bestreichen
1–2 EL Milch

Sauce
80 g Koch-Lebkuchen
½ l Reh- oder Wildfond (Rezept Seite 266)
0,1 l trockener Rotwein
2 cl Gin
2 cl Cognac
40 g kalte Butterwürfelchen
Salz
Pfeffer aus der Mühle

Petersilienwurzelmus
300 g Petersilienwurzeln
50 g kalte Butter
Salz
1 Prise Zucker
1 TL gehackte glatte Petersilie

400 g Rehrückenfilet
Salz
Pfeffer aus der Mühle
Mehl zum Bestäuben
40 g geklärte Butter
4 EL Preiselbeerfond
1 Eigelb
4 EL Preiselbeeren

★★★ Die Kartoffeln kochen, abgießen, pellen und ausdämpfen. Etwas erkaltet durch die Kartoffelpresse drücken.
Die Pilze putzen, waschen und trockenreiben, zerkleinern und in der erhitzten Butter anbraten. Mit den Kartoffeln vermischen. Das Eigelb und die Petersilie zufügen, alles gut vermischen, mit Salz und Pfeffer abschmecken.
Den Blätterteig dünn ausrollen und vier runde gleichmäßige Böden ausstechen. Die Pilzmasse darauf verteilen, die Teigränder mit etwas Eigelb bestreichen und zu einem Halbmond zusammenklappen. Kühl stellen. Zum Servieren das restliche Eigelb mit der Milch verrühren, die Piroggen damit bepinseln und in den auf 180 Grad (Gas: Stufe 2) vorgewärmten Ofen geben. 12 Minuten goldbraun backen.
Den Lebkuchen würfeln und zusammen mit dem Wildfond und Wein bei milder Hitze auf die Hälfte der Flüssigkeit einköcheln. Im Mixer pürieren und durch ein feines Haarsieb streichen. Wieder auf den Herd stellen und zur gewünschten Konsistenz einköcheln. Mit Gin und Cognac aromatisieren. Kurz vor dem Servieren die eiskalte Butter unter die Sauce schlagen. Mit Salz und Pfeffer abschmecken.
Die Petersilienwurzeln waschen, schälen und zerkleinern. In wenig kochendem Salzwasser 10 Minuten garen. In einem Passiertuch ausdrücken und im Küchenkutter mit der in Würfel geschnittenen Butter fein pürieren. Das Mus durch ein Sieb passieren, mit Salz, einer Prise Zucker und der Petersilie abschmecken.
Das Rehrückenfilet in vier gleich große Stücke schneiden, salzen und pfeffern und in etwas Mehl wenden. In der erhitzten Butter etwa 6–8 Minuten rosé braten. Aus der Pfanne nehmen, in Alufolie einschlagen und 3 Minuten nachziehen lassen.
Den Preiselbeerfond zusammen mit dem Eigelb auf dem Wasserbad schaumig aufschlagen. Zum Schluß die Preiselbeeren unterziehen.

Anrichten
Jedes Filet in etwa fünf feine Tranchen schneiden und auf vorgewärmte Teller geben. Mit der Sauce umziehen, mit Piroggen, Mus und Preiselbeeren servieren.

Das Beste vom Kaninchen mit Karottentörtchen

Für 4 Personen
Karottentörtchen
(Rezept Seite 199)

2 Jungkaninchenrücken (etwa 800 g)
40 g Butterfett
2 Schalotten
10 zerdrückte schwarze Pfefferkörner
$1/8$ l trockener Rotwein
$1/2$ l heller Kalbsfond
(Rezept Seite 263)
1 Msp. Speisestärke
2–3 frische Zweige Thymian
Salz
Pfeffer aus der Mühle
1 cl weißer Portwein
Leber und Nieren von den Kaninchen

★★★ Die Karottentörtchen nach Rezept zubereiten.

Die Kaninchenfilets mit einem spitzen scharfen Messer vom Rücken auslösen und parieren.

Die Knochen klein hacken und zusammen mit den Kaninchenabschnitten in der Hälfte von dem Butterfett anrösten. Die Schalotten abziehen, fein würfeln und zusammen mit den Pfefferkörnern zufügen. Kräftig alles durchrösten. Mit dem Rotwein angießen und dem Fond auffüllen. 20–25 Minuten bei milder Hitze köcheln. Durch ein feines Haarsieb passieren, wieder auf den Herd stellen und auf etwa 0,1 l Flüssigkeit einkochen. Mit der angerührten Speisestärke binden. Die gehackten Thymianblättchen zufügen, mit Salz, Pfeffer und dem Portwein abschmecken.

Die Kaninchenfilets salzen und pfeffern, ebenso die Nieren und Leber. Alles in dem restlichen erhitzten Butterfett rosé braten: Die Filets insgesamt 3 Minuten, die Innereien 1–2 Minuten. Mit Alufolie abdecken und 2 Minuten nachziehen lassen.

Anrichten
Das Fleisch und die Innereien in feine Fächer schneiden, auf vorgewärmte Teller geben und mit der Sauce nappieren. Dazu die Karottentörtchen servieren.

Wildhasenschulter mit Blutsauce und Maronentortellini

Für 4 Personen

Tortellini
100 g Nudelteig
(Rezept Seite 288)
100 g Spinatnudelteig
(Rezept Seite 288)
200 g Maronen
(Eßkastanien)
Salz
Zucker
15 g Butter
1 EL Walnußöl
1–2 Eigelbe

4 Wildhasen-
schultern
Salz
Pfeffer aus der Mühle
30 g Butterfett
500 g Kalbsknochen
500 g Röstgemüse
(Zwiebeln, Lauch,
Karotten, Sellerie)
2 EL Tomatenmark
½ l trockener
Rotwein
1 getrockneter Zweig
Thymian
2 Gewürznelken
1 Lorbeerblatt

★★★ Die beiden Nudelteige nach Rezept zubereiten.
Die Maronen auf der gewölbten Seite mit einem Messer oder der Küchenschere kreuzweise einritzen, auf ein Backblech legen und in den auf 225 Grad (Gas: Stufe 4) vorgeheizten Backofen geben. Sie sind weich und gar, wenn die Schale weit aufgeplatzt ist. Die Maronenschalen mit einem kleinen Messer ablösen und Reste der braunen Haut mit einem trockenen Tuch abreiben. Acht besonders schöne Nüsse für die Garnitur beiseite stellen. Die restlichen Maronen mit einer Gabel fein zerdrücken und mit etwas Salz, Zucker, der Butter und dem Öl vermischen. Dann die Nudelteige dünn ausrollen und mit einem Förmchen oder Glasrand (etwa 5 cm Durchmesser) ausstechen. Die Ränder jeweils mit etwas verquirltem Eigelb bestreichen, auf die eine Hälfte der Teigkreise etwas von der Maronenfüllung geben und jeweils zum Halbmond umschlagen. Die Teigränder fest andrücken. Kühl stellen. Kurz vor dem Servieren die Tortellini in kochendem Salzwasser 3 Minuten ziehen lassen. Auf einem Tuch abtropfen. – Die Wildhasenschultern parieren und enthäuten. Mit Salz und Pfeffer von beiden Seiten würzen. Das Butterfett in einer Kasserolle erhitzen und die Schultern von jeder Seite kräftig anbraten. Herausnehmen und in das Bratfett die zerhackten Kalbsknochen geben. Rundherum anrösten.
Das Gemüse putzen, klein schneiden und zufügen. Unter ständigem Rühren 12 Minuten glasig braten. Das Tomatenmark unterrühren, kurz anschwitzen lassen und mit etwas Rotwein ablöschen. Einkochen lassen und wieder etwas Rotwein zufügen. Diesen Vorgang mindestens dreimal wiederholen; dadurch erhält die Sauce eine schöne, kräftig braune Farbe. Die Hasenschultern wieder dazulegen, mit dem restlichen Rotwein angießen und mit so viel Wasser auffüllen, bis alles gerade eben bedeckt ist. Die angegebenen Gewürze zufügen und zugedeckt im Ofen bei 200 Grad (Gas: Stufe 3) ca. 50 Minuten schmoren.

1 abgezogene
Knoblauchzehe
12 zerdrückte
schwarze Pfeffer-
körner
6 zerdrückte
Wacholderbeeren
4 cl frisches Blut
2 cl roter Portwein
2 cl Cognac

Garnitur
100 g rosé
Champignons
Salz
Pfeffer aus der Mühle
20 g Butter
8 Maronen
½ TL Zucker
2 EL geröstete
Toastbrotwürfel

Anrichten
Die heißen Fleischstreifen in die Mitte der vorgewärmten Teller geben und mit der Sauce nappieren. Mit Toastbrotwürfelchen und Champignons garnieren. Tortellini und Maronen anlegen.

Die Schultern aus der Sauce nehmen und etwas abkühlen lassen. Die Sauce durch ein Tuch passieren und auf 0,2 l Flüssigkeit einkochen. Das Fleisch von den Knochen lösen und in Streifen schneiden. Warm stellen.
Die Sauce aufkochen, das Blut einrühren, bis eine sämige Bindung entsteht. Mit Portwein, Cognac, Salz und Pfeffer abschmecken.
Die Champignons putzen, waschen, trockenreiben und achteln. In 10 g erhitzter Butter schwenken, mit Salz und Pfeffer würzen.
Die ganzen Maronen in der restlichen Butter zusammen mit dem Zucker leicht karamelisieren.

Tip: Erhält man kein frisches Blut, kann die Sauce auch mit einer Messerspitze angerührter Speisestärke leicht gebunden werden.

Gefüllte Wachtel auf Steinpilzrisotto

Für 4 Personen
4 große Wachteln
30 g Butter
3 Scheiben Toastbrot
3 Schalotten
½ kleiner Apfel (Delicious)
½ Bund glatte Petersilie
2 frische Zweige Thymian
60 g Enten- oder Gänsestopfleber
Salz
Pfeffer aus der Mühle
300 g Schweinenetz (gewässert)

★★★ Die Wachteln ausnehmen, unter fließend kaltem Wasser ausspülen und trockentupfen. Die Innereien wie Herz und Leber würfeln und anschließend in 10 g erhitzter Butter 2 Sekunden anbraten. Kühl stellen.
Die Wachteln vom Rücken her hohl auslösen. Das geht so: Die Tiere auf die Brustseite legen und mit einem scharfen, etwas biegsamen Messer rechts und links von der Wirbelsäule einen Einschnitt machen. Mit der Messerspitze und dem Daumennagel halb schiebend, halb schneidend vorsichtig das Fleisch mit Haut von den Knochen lösen. Die Flügelknochen in den Gelenken abschneiden. Die Oberschenkelknochen freilegen, vom Rumpf abtrennen und im Gelenk von den Unterschenkelknochen lösen – das geht am besten, wenn man die Sehnen durchtrennt und dann einfach nur abdreht. Mit der Messerspitze das Fleisch auch vom Brustschild ablösen. Dabei immer aufpassen, daß die Haut nicht verletzt beziehungsweise durchstochen wird. Nun das vollkommen freigelegte Knochengerippe herausheben.

20 g Butterfett
6 cl trockener Rotwein
¼ l brauner Geflügelfond (Rezept Seite 265)
6 cl roter Portwein
1 Msp. Speisestärke
30 g kalte Butterwürfelchen

Steinpilzrisotto
200 g Risotto
(Rezept Seite 213)
400 g kleine Steinpilze
½ geschälte Knoblauchzehe
20 g Butter
½ TL frische Thymianblättchen (grob gehackt)
1 EL gehackte glatte Petersilie
Salz
Pfeffer aus der Mühle
20 g Butterfett

Die Toastbrotscheiben entrinden und das Brot in feine kleine Würfelchen schneiden. In 10 g Butter goldbraun braten. Eine Schalotte und den halben geschälten Apfel in kleine Würfel schneiden. In der restlichen Butter golden andünsten. Petersilie und Thymian fein hacken, die Gänsestopfleber in kleine Würfel schneiden. Alles zusammen mit den Wachtelinnereien vermischen und mit Salz und Pfeffer würzen. Diese Füllung auf die ausgelegten Wachteln geben und die Tiere wieder in Form bringen. Jeweils in etwas von dem Schweinenetz einschlagen und kühl stellen.

Die Wachtelkarkassen etwas zerhacken und in dem erhitzten Butterfett anschwenken. Die beiden restlichen Schalotten abziehen, würfeln und zufügen. 5 Minuten dünsten. Dann mit dem Rotwein und Geflügelfond aufgießen und 10 Minuten bei milder Hitze köcheln. Durch ein Sieb passieren, wieder auf den Herd stellen, den Portwein zufügen und alles auf 0,1 l Flüssigkeit reduzieren. Mit der angerührten Stärke binden. Kurz vor dem Servieren die eiskalte Butter in die Sauce montieren. Mit Salz und Pfeffer abschmecken.

Den Risotto nach Rezept zubereiten.

Die Pilze putzen, falls nötig waschen, und in gleichmäßig kleine Stükke schneiden. Eine Kasserolle oder Pfanne mit der Knoblauchzehe ausreiben und die Butter darin erhitzen. Die Pilze zufügen und 2 Minuten dünsten. Mit Thymian, Petersilie, Salz und Pfeffer abschmekken und unter den Risotto geben.

Anrichten
Die gefüllten Wachteln in dem erhitzten Butterfett von beiden Seiten kurz anbraten, auf den Rücken legen und in den auf 200 Grad (Gas: Stufe 3) vorgeheizten Backofen geben. 8 Minuten braten, dabei mehrmals mit dem Bratenfett begießen. Die Vögel aus dem Ofen nehmen, in Alufolie einwickeln und 3 Minuten nachziehen lassen. Das Schweinenetz abziehen und die Wachteln auf dem Risotto anrichten. Mit etwas Sauce nappieren.

Bitok von Kaninchen und rote Bete

Für 4 Personen
500 g Kaninchenknochen und Abschnitte
20 g geklärte Butter
2 kleine Zwiebeln
1 kleine Karotte
1 Stange Staudensellerie
1 getrockneter Zweig Thymian
1 Lorbeerblatt
6 zerdrückte schwarze Pfefferkörner
1 EL Tomatenmark
¼ l Weißwein (z.B. Edelzwicker)
100 g Crème double
100 g Crème fraîche
2 cl Cognac
2 cl Noilly Prat
½ TL guter Senf
40 g kalte Butterwürfelchen
Salz
Pfeffer aus der Mühle

★★★ Die Knochen zerhacken und zusammen mit den Abschnitten von dem ausgelösten Kaninchenfleisch in der geklärten Butter anrösten. Die Gemüse putzen, zerkleinern und zufügen. Umrühren und kräftig anbraten. Thymian, Gewürze und Tomatenmark dazugeben und mit dem Wein angießen. Etwas einkochen lassen, dann gut mit Wasser bedecken und bei milder Hitze 30–40 Minuten köcheln lassen. Zwischendurch mehrmals abschäumen. Durch ein Sieb passieren. Wieder auf den Herd stellen, Crème double und Crème fraîche dazugeben und auf die gewünschte Konsistenz einkochen. Mit Cognac, Noilly Prat und Senf aromatisieren. Kurz vor dem Servieren die eiskalte Butter in die Sauce montieren, mit Salz und Pfeffer abschmecken.
Das Weißbrot mit der Milch übergießen. Das ausgelöste Kaninchenfleisch etwas zerkleinern und zusammen mit dem Brot und dem Eiweiß durch die feine Scheibe des Fleischwolfs drehen. Kühl stellen.
Die rote Bete waschen, dünn schälen und auf einer Rohkostreibe sehr fein raffeln. Kühl stellen. Dann alles zusammen mit der gut gekühlten Crème double zu einer geschmeidigen Masse verrühren. Mit etwas frisch abgeriebener Muskatnuß, der ausgepreßten Knoblauchzehe, Salz und Pfeffer würzen. Kleine, etwa 5 cm im Durchmesser große Küchlein formen und leicht flach andrücken. Das Öl mit der Butter erhitzen und die Bitok bei milder Hitze langsam von jeder Seite 3–4 Minuten braten.

100 g frisch geriebenes Weißbrot (ohne Rinde)
2–3 EL Milch
300 g Kaninchenfleisch (ausgelöst, aus Rücken und Keule)
1 Eiweiß
100 g rote Bete
150 g Crème double
Muskatnuß
1 Knoblauchzehe
Salz
Pfeffer aus der Mühle
2 EL Distelöl
20 g Butter

Garnitur
400 g kleine rote Bete (in Butter gedünstet)

Anrichten
Die Bitok auf vorgewärmte Teller geben, mit der Sauce umgießen und mit den roten Beten garnieren. Dazu paßt ein Kartoffel- oder Nudelgratin (Rezepte Seite 208/214).

Wildentenbrust mit Cassis-sauce, Selleriemus und Kartoffeltopfkuchen

Für 4 Personen

Sauce
1 Schalotte
je 8 zerdrückte Pfeffer- und Pimentkörner
4 zerdrückte Wacholderbeeren
10 g Butter
½ l brauner Geflügelfond (Rezept Seite 265)
¼ l trockener Rotwein
50 g Cassismark (schwarzes Johannisbeermark)
40 g kalte Butterwürfelchen
Salz
Pfeffer aus der Mühle
2 cl Cassislikör
1 cl Cognac

★★★ Die Schalotte abziehen und fein würfeln. Zusammen mit den Gewürzkörnern in der erhitzten Butter glasig dünsten. Mit dem Geflügelfond und Rotwein auffüllen und bei mittlerer Hitze auf etwa 0,15 l Flüssigkeit einkochen lassen. Die Sauce durch ein Sieb passieren und das Cassismark einrühren. Wieder auf den Herd stellen und etwas einköcheln. Kurz vor dem Servieren die eiskalten Butterwürfelchen mit dem Schneebesen oder Saucenstab in die Sauce montieren. Mit Salz, Pfeffer, Cassis und Cognac abschmecken.

Den Kartoffeltopfkuchen nach Rezept zubereiten.

Den Sellerie putzen, dünn schälen und in grobe Stücke schneiden. In etwas Wasser mit Salz und Zitronensaft 15 Minuten weich kochen. Auf einem Sieb abtropfen lassen und den Sellerie in einem Tuch gut ausdrücken. Noch heiß zusammen mit der kalten Butter im Küchenkutter fein pürieren. Mit Salz abschmecken.

Die Wildentenbrüste salzen und pfeffern. In dem erhitzten Butterfett auf der Fleischseite kurz anbraten, umdrehen und in den auf 200 Grad (Gas: Stufe 3) vorgeheizten Ofen geben. Rosa braten (etwa 8 Minuten). Den Herd ausschalten, Alufolie über das Fleisch legen und bei geöffneter Ofentür 4 Minuten nachziehen lassen.

Kartoffeltopfkuchen
(Rezept Seite 216)

Selleriemus
300 g junger Knollensellerie
Salz
½ Zitrone
60 g kalte Butterwürfelchen

4 schöne Wildentenbrüste (gut abgehangen)
Salz
Pfeffer aus der Mühle
20 g Butterfett

Anrichten
Die Brüste schräg aufschneiden und fächerförmig auf vorgewärmte Teller geben. Den Bratensaft unter die Sauce rühren und diese um das Fleisch nappieren. Das Selleriemus unter Rühren erhitzen, in einen Spritzbeutel füllen und Rosetten spritzen. Mit dem gestürzten Kartoffeltopfkuchen servieren.

Rehkeule rosé gebraten mit glasierten Pfefferkirschen

Für 4 Personen

Glasierte Kirschen
1 TL schwarze Pfefferkörner
0,1 l trockener Rotwein
200 g Herzkirschen
1 Prise Zucker
20 g Butter

1 Oberschale von der Rehkeule (ca. 800 g)
80 g grüner fetter Speck
Salz
Pfeffer aus der Mühle
50 g Butterfett
3 Schalotten
10 g Butter

★★★ Die Pfefferkörner im Mörser zerdrücken und mit dem Rotwein etwa 30 Minuten köcheln. Die Kirschen waschen, entstielen und entsteinen, dann halbieren. Zusammen mit einer Prise Zucker in der erhitzten Butter 2 Minuten glasieren. Mit wenig Pfefferfond und den Pfefferkörnern aufgießen und 2 Minuten köcheln lassen.
Das Fleisch parieren und die Haut mit einem spitzen kleinen Messer fein abziehen. Mit Hilfe von Küchenzwirn das Fleisch in eine runde Form bringen. Den Speck in etwa 8 cm lange und 4 mm dünne Streifen schneiden, in eine Spicknadel geben und den Rehbraten rundherum in etwa fünf Bahnen damit spicken. Mit Salz und Pfeffer würzen. Das Butterfett in einer Pfanne erhitzen und das Fleisch von allen Seiten bei starker Hitze anbraten. In den auf 200 Grad (Gas: Stufe 3) vorgeheizten Backofen schieben und 16–20 Minuten schmoren. Dabei das Fleisch mehrmals drehen und mit dem Bratfett begießen. Den Braten herausnehmen und in Alufolie einschlagen. 5 Minuten nachziehen lassen.
Die Schalotten abziehen und fein würfeln. Zusammen mit den Fleischabschnitten in der erhitzten Butter andünsten. Mit Wildfond und Rotwein aufgießen. Thymian und im Mörser zerdrückte Wacholderbeeren zufügen und auf die Hälfte einkochen. Durch ein Tuch passieren und die Sauce nochmals auf etwa 1/8 l Flüssigkeit reduzieren. Mit der angerührten Stärke binden. Mit Salz, Portwein und dem angesammelten Fleischfond vom Reh abschmecken.

Tip: Als Beilage empfehle ich »bißfest« gekochte Brokkoli und handgeschabte Spätzle (Rezept Seite 215).

1 l Wildfond (Rezept Seite 266)
1/4 l trockener Rotwein
1 getrockneter Zweig Thymian
6 zerdrückte Wacholderbeeren
1 Msp. Speisestärke
4 cl roter Portwein

Anrichten
Das Fleisch vom Zwirn befreien und in Scheiben schneiden. Auf vorgewärmte Teller geben und mit der Sauce nappieren. Darüber die Kirschen verteilen.

Rebhuhn auf Schwarzwurzeln mit Trauben und Kartoffeltopfkuchen

Für 4 Personen

Schwarzwurzeln
400 g Schwarzwurzeln
1/4 l Milch
1/2 Zitrone
100 g Crème fraîche
1 Msp. Mehlbutter (Rezept Seite 274)
40 g kalte Butterwürfelchen
Salz

4 Rebhühner
Salz
Pfeffer aus der Mühle
4 Scheiben grüner fetter Speck (60 g)
20 g Butterfett
10 g Butter
2 cl Gin
0,1 l brauner Geflügelfond (Rezept Seite 265)
1 Msp. Speisestärke

★★★ Die Schwarzwurzeln schälen und gleich in die Milch legen. Die Stangen der Länge nach auf einer elektrischen Aufschnittmaschine in 2 mm dünne Scheiben schneiden und dann in 4 cm lange Streifen oder Stäbchen teilen. Zwischendurch die Schwarzwurzeln immer wieder in die Milch legen, damit sie sich nicht verfärben. Das Gemüse in einem Sieb unter fließend kaltem Wasser kurz abspülen. In eine Kasserolle geben, mit heißem Wasser gerade eben bedecken, den ausgepreßten Zitronensaft zufügen und »bißfest« garen. Die Schwarzwurzeln abgießen, den Fond auffangen. Das Gemüse warm stellen. Den Fond stark einkochen lassen, die Crème fraîche und die Mehlbutter zufügen und auf die Hälfte reduzieren. Bei milder Hitze die eiskalte Butter montieren und mit Salz abschmecken. Die Schwarzwurzeln in die Sauce geben.
Die Rebhühner vom Geflügelhändler küchenfertig herrichten lassen oder selber rupfen, absengen und ausnehmen. Auswaschen, trockentupfen, innen und außen salzen und pfeffern. Die Fußkrallen zurückschneiden und jeweils eine Speckscheibe über die Brüste legen. Mit Küchenzwirn festbinden. Das Butterfett in einer Kasserolle oder einem Bräter erhitzen, die Vögel mit der Speckseite nach unten hineingeben und rasch anbraten. Auf den Rücken drehen und in den auf 200 Grad (Gas: Stufe 3) vorgeheizten Backofen schieben. 12 Minuten braten, dabei mehrmals mit dem Bratsaft begießen. Herausnehmen, in Alufolie einpacken und 5 Minuten nachziehen lassen.
Die Keulen abtrennen und die Brüstchen auslösen. Zugedeckt warm stellen. Die Karkassen zerhacken und in der erhitzten Butter kurz anschwenken. Mit dem Gin begießen und flambieren. Mit dem Geflügelfond auffüllen und 3 Minuten köcheln lassen. Durch ein Sieb passieren, mit Salz und Pfeffer abschmecken.
Die Kartoffeltopfkuchen nach Rezept zubereiten.
Die Trauben waschen, halbieren und entkernen. Mit dem Zucker in der erhitzten Butter 1 Minute glasieren.

Kartoffeltopfkuchen
(Rezept Seite 216)

Garnitur
16 blaue Trauben
1 Prise Zucker
5 g Butter

Anrichten
Die Schwarzwurzeln jeweils auf die Mitte der vorgewärmten Teller geben, mit Rebhuhnkeulchen und der in Scheiben geschnittenen Brust umlegen. Mit der Sauce nappieren und mit den glasierten Trauben garnieren. Dazu jeweils einen Kartoffeltopfkuchen reichen.

Fasanenbrust auf Weinkraut mit Apfel-Semmel-Brioche

Für 4 Personen

Weinkraut
250 g mildes Sauerkraut
1/4 l Riesling
1/4 l Wasser
4 Scheiben Ananas (aus der Dose)
8 cl Ananassaft
1 Zwiebel
1 Gewürznelke
1 Lorbeerblatt
6 Wacholderbeeren
1 kleine geschälte Kartoffel
Salz

Apfel-Semmel-Brioche
(Rezept Seite 217)

2 junge Fasane
Salz
Pfeffer aus der Mühle
2 dünne Scheiben grüner fetter Speck (30 g)
20 g Butterfett
100 g rosé Champignons
10 g Butter
50 g Gänsestopfleber
0,1 l brauner Geflügelfond (Rezept Seite 265)
100 g Crème fraîche
4 cl Noilly Prat
30 g kalte Butterwürfelchen
4 cl Champagner

★★★ Das Sauerkraut zusammen mit dem Wein und dem Wasser in einen Topf geben. Die kleingeschnittene Ananas mit dem Saft zufügen. Die Zwiebel abziehen, mit Nelke und Lorbeerblatt spicken und auf das Kraut legen. Die Wacholderbeeren darüberstreuen und zugedeckt 30 Minuten garen. Die Zwiebel entfernen. Die rohe Kartoffel hineinreiben und das Kraut damit binden. 5 Minuten bei milder Hitze köcheln und mit Salz abschmecken.
Die Apfel-Semmel-Brioche nach Rezept zubereiten.
Die Fasane rupfen, absengen und ausnehmen; diese Arbeit können Sie auch von Ihrem Geflügelhändler vornehmen lassen. Die Flügelspitzen, Hälse und Mägen dann mitnehmen für den Wildfond. Die küchenfertigen Fasane gut auswaschen und trockentupfen. Innen und außen mit Salz und Pfeffer würzen. Jeweils eine Speckscheibe über die Brüste legen und mit Küchenzwirn festbinden. Das Butterfett in einem Bräter erhitzen, die Vögel mit der Brustseite nach unten hineinlegen und rasch anbraten, umdrehen und in den auf 200 Grad (Gas: Stufe 3) vorgeheizten Backofen schieben. 5 Minuten braten. Dabei mehrmals mit dem Bratensaft begießen. Herausnehmen, in Alufolie einpacken und 5 Minuten ruhen lassen.
Die Champignons putzen, waschen, trockenreiben und in feine Scheiben schneiden. In der erhitzten Butter unter ständigem Rühren goldbraun braten. Die kleingeschnittene Gänseleber zufügen, mit dem Geflügelfond ablöschen und die Crème fraîche unterrühren. Bei milder Hitze auf die gewünschte Bindung einkochen. Durch ein feines Sieb passieren, den Noilly Prat dazugeben und wieder etwas reduzieren. Kurz vor dem Servieren die eiskalten Butterwürfel montieren. Mit Salz und Pfeffer abschmecken und im letzten Augenblick den Champagner zufügen.

Anmerkung: Das restliche Fleisch von den Knochen lösen und entweder als Einlage für eine klare Wild-Consommé nehmen oder in Gelee als Sülze verarbeiten. Aus den Karkassen einen Fond kochen (Rezept Seite 266).

Anrichten
Die Fasane auf ein Tranchierbrett legen. Mit der Gabel die Keulen abziehen und mit einem scharfen Messer die Brust direkt am Brustknochen durchschneiden und das Brustfleisch jeweils vom Brustknochen lösen. Jede Brust schräg in Scheiben schneiden. Auf vorgewärmten Tellern das Weinkraut in die Mitte häufeln, mit den Fasanenbrustscheiben umlegen und mit der Sauce nappieren. Die Apfel-Semmel-Brioche dazu servieren.

Wildschweinpfeffer mit Rotkraut und Spinatspätzle

Für 4 Personen
200 g Zwiebeln (gewürfelt)
100 g Karotten (gewürfelt)
100 g Knollensellerie (gewürfelt)
2 geschälte Knoblauchzehen
1 Flasche trockener Rotwein (0,75 l)
1 Lorbeerblatt
2 Gewürznelken
1 getrockneter Zweig Thymian
3 zerdrückte Wacholderbeeren
10 zerdrückte schwarze Pfefferkörner

1 kg grobgewürfeltes Wildschweinfleisch (aus der Schulter und vom Hals)
Salz
Pfeffer aus der Mühle
40 g Butterfett
2 EL Tomatenmark
½ l Wildfond (Rezept Seite 266)
6 cl frisches Schweineblut
3 cl Cognac

★★★ Zwiebeln, Karotten, Sellerie und Knoblauchzehen mit dem Rotwein in einen Topf geben. Die Gewürze zufügen und kurz erwärmen. Über die Fleischstücke gießen und zugedeckt 3 Tage an einem kühlen Ort in der Marinade ziehen lassen.
Danach das Fleisch herausnehmen, trockentupfen, salzen und pfeffern. Das Butterfett stark erhitzen und die Fleischstücke kräftig darin anbraten. Die abpassierten Gemüse, Kräuter und Gewürze von der Marinade dazugeben und leicht bräunen lassen. Mit dem Tomatenmark verrühren. Mit der Marinade angießen und mit dem Fond auffüllen. In den auf 180 Grad (Gas: Stufe 2) vorgeheizten Backofen schieben und zugedeckt 50–60 Minuten schmoren lassen.
Die Fleischstücke aus der Sauce nehmen und warm stellen. Die Sauce durch ein feines Haarsieb passieren und wieder auf den Herd stellen. Bei milder Hitze auf 0,15 l einkochen lassen. Kurz vor dem Servieren die Sauce mit dem Blut binden, mit Cognac, Salz und Pfeffer abschmecken. Das Fleisch in die Sauce geben.
Das Rotkraut putzen, den Strunk herausschneiden und die Blätter in sehr feine Julienne schneiden. Die Äpfel dünn schälen, vierteln und entkernen. Das Fruchtfleisch in feine Scheibchen schneiden. Die Gewürze in ein kleines Müllsäckchen geben, zusammenbinden und zusammen mit dem Kraut und den Äpfeln in einen Steinguttopf schichten. Mit dem Rotwein übergießen, einen genau passenden Teller daraufgeben und mit Gewichten beschweren, so daß das Kraut schön zusammengepreßt wird. Im Kühlschrank 3 Tage ruhen lassen.
Die Schalotten abziehen und in Scheiben schneiden. In der erhitzten Butter glasig dünsten. Das marinierte Kraut mit dem Fond dazugeben und zugedeckt 20–30 Minuten weich garen, die Gewürze entfernen. Kurz vor dem Servieren mit etwas angerührter Speisestärke binden und mit Salz und Zucker abschmecken.
Die Spinatspätzle nach Rezept zubereiten. – Die Champignons putzen und blättrig schneiden. Den Speck in sehr feine Streifen teilen. Beides zusammen in der erhitzten Butter bräunen.

Rotkraut
1 mittelgroßer Kopf Rotkraut
2 Äpfel (Delicious)
2 Gewürznelken
1 kleines Stück Zimtstange
4 Wacholderbeeren
4 Pimentkörner
6 weiße Pfefferkörner
¼ l trockener Rotwein
2 Schalotten
20 g Butter
¼ TL Speisestärke
Salz, Zucker

Spinatspätzle
(Rezept Seite 215)

Garnitur
100 g Champignons
50 g durchwachsener Bauchspeck
10 g Butter

Anrichten
Den Wildschweinpfeffer auf vier vorgewärmte Teller geben, mit der Champignon-Speck-Mischung garnieren und mit Rotkraut und Spinatspätzle servieren.

Beilagen und fleischlose Gerichte

Die bekannteste Beilage ist ganz sicher Gemüse. Aber ach, das deutsche Wort zeigt recht deutlich, was man bisher von den Gewächsen aus Garten und Feld hielt: Zur Unkenntlichkeit verkocht oder von dicken Mehlsaucen schier erschlagen fristeten Knollen, Wurzeln und zarteste Pflänzchen ein trauriges Dasein. Kein Wunder, daß wir jahrzehntelang zu den ausgesprochenen Gemüsemuffeln zählten. Erst die Renaissance der neuen deutschen Küche brachte den Wandel. Die engagierten Köche ließen das Gemüse pur, ohne jeglichen Schnörkel. Schön in Form und Farbe mit noch kernigem »Biß« wurde es gleichermaßen zum köstlichen Vergnügen für Auge und Gaumen. Neben Edelgemüse aller Art galt es auch, wieder längst Vergessenes zurückzuerobern, wie die Topinambur. Ihr kulinarisches Comeback hat die wohlschmeckende Knolle wahrlich verdient. Oder die Petersilienwurzel, überwiegend als dürftiges Beiwerk im gebündelten Suppengrün bekannt. Richtig zubereitet ist sie ein eigenständiges, höchst interessantes Gemüse.

Und natürlich haben sich auch die Kochzeiten grundlegend geändert. Heutzutage wird Gemüse sanft gedünstet oder sogar nur blanchiert. Das kommt nicht nur seinen Formen und Farben zugute, auch der gesundheitliche Vitaminwert bleibt weitestgehend erhalten. Kurze Garzeiten garantieren einen kraftvollen »Biß«, was aber keineswegs bedeutet, daß das Gemüse noch roh ist. Machen Sie einmal den Vergleich: Rosenkohl in kochendem Salzwasser 20 Minuten oder gedünstet in wenig Brühe bzw. Fett 8–10 Minuten; Ihre Zunge wird den Unterschied spüren.

Wenn Sie Gemüse einkaufen, achten Sie darauf, daß es frisch, zart und fest ist und ein intensiv artentypisches Aroma verströmt. Nur dann handelt es sich um wirklich erste Qualität.

Die große vegetarische Kochtradition hat längst bewiesen: Gemüse ist nicht nur dienende Beilage. Kombiniert mit feinen Nudel-, Reis- und Kartoffelgerichten ist es eine hervorragende Hauptspeise, die auch dem Anspruchsvollsten gerecht wird.

Karottentörtchen

Für 4 Personen
120 g Blätterteig
(Rezept Seite 283)
Butter für die
Förmchen
100 g Trockenerbsen
oder Bohnenkerne
200 g Karotten
10 g Butter
1 EL gehackte
Petersilie
Salz
Zucker
70 g Sahne
2 kleine Eier
weißer Pfeffer aus
der Mühle

★★★ Den Blätterteig dünn ausrollen und vier gebutterte Förmchen (etwa 4 cm Durchmesser) damit auslegen. Den Rand leicht überstehen lassen. Den Teigboden mit einer Gabel mehrfach einstechen und mit Alufolie und Trockenerbsen auslegen. Bei 200 Grad (Gas: Stufe 3) etwa 12 Minuten »blind« backen und die Folie mit den Erbsen entfernen.

Die Karotten waschen und schälen. Zwei Drittel von der Menge mit der elektrischen Aufschnittmaschine der Länge nach in 2 mm feine Scheiben schneiden, dann in 2,5 mm und 4 cm lange Stäbchen teilen. In der erhitzten Butter 2 Minuten dünsten. Mit Petersilie, Salz und einer Prise Zucker würzen. In die Förmchen verteilen.

Die restliche Karotte durch den Entsafter geben und 3 cl von dem gewonnenen Saft mit der Sahne und den Eiern verschlagen. Mit einer Prise Salz, Zucker und Pfeffer würzen. Über die Karotten gießen. Die Förmchen auf den Boden des auf 200 Grad (Gas: Stufe 3) vorgeheizten Backofens stellen und 12 Minuten backen. Den überstehenden Blätterteigrand abschneiden und die Törtchen aus der Form nehmen.

Anmerkung: Diese Karottentörtchen schmecken als Beilage zu Kaninchen, Geflügel, Kalbfleisch und Krustentieren.

Nehmen Sie die doppelte Menge an Zutaten und eine größere Form und reichen dazu noch Nudeln, Risotto oder Kartoffeln, so haben Sie ein sehr schmackhaftes leichtes Hauptgericht.

Spinatgratin mit Champignons rosé

Für 4 Personen
500 g junger Blattspinat
1 Schalotte
20 g Butter
Salz
Pfeffer aus der Mühle
Butter für die Form
100 g rosé Champignons
100 g Sahne
2 cl Noilly Prat
3 EL Hollandaise (Rezept Seite 271)
1 EL geschlagene Sahne
1 EL frischgeriebener Parmesan

★★★ Den Spinat gut verlesen, entstielen und mehrmals waschen. In kochendem Salzwasser 1 Minute blanchieren und eiskalt abschrecken. Dann sehr gut ausdrücken.
Die Schalotte abziehen und fein würfeln. In 10 g von der Butter bräunen, den Spinat zufügen und 3 Minuten dünsten. Mit Salz und Pfeffer würzen. In eine leicht ausgebutterte feuerfeste flache Form geben.
Die Champignons putzen, kurz unter fließend kaltem Wasser abwaschen und mit Küchenpapier trockenreiben. In etwa 2 mm dünne Scheiben schneiden und in der restlichen erhitzten Butter 2 Minuten dünsten. Salzen und pfeffern. Gleichmäßig auf den Spinat verteilen.
Die Sahne mit dem Noilly Prat um die Hälfte einkochen, die Hollandaise unterrühren, mit einer Prise Salz abschmecken und zum Schluß die Schlagsahne unterheben. Über den Champignons verteilen, mit dem Parmesan bestreuen und in den auf 200 Grad (Gas: Stufe 3–4) vorgeheizten Ofen schieben. Bei Oberhitze gratinieren.

Anmerkung: Dieses Gratin paßt zu allen Fleisch- und Geflügel- sowie zu gebratenen Fischgerichten. Es kann aber genausogut als vegetarisches Gericht mit Nudeln oder Kartoffeln gereicht werden.

Spinattomate

Für 4 Personen
2 reife Fleischtomaten
Salz
Pfeffer aus der Mühle
300 g junger Blattspinat
1 Schalotte
10 g Butter
100 g Sahne
2 cl Noilly Prat
4 EL Hollandaise (Rezept Seite 271)

★★★ Die Tomaten 4 Sekunden in kochendes Wasser geben, herausholen, in Eiswasser abschrecken und häuten. Längs halbieren und mit einem Eßlöffel die Kerne herausheben. Die ausgehöhlten Tomatenhälften leicht mit Salz und Pfeffer ausstreuen.
Den Spinat gut verlesen, die Blätter von den Stielen zupfen und mehrfach waschen. Abgetropft in kochendem Salzwasser 1 Minute blanchieren, eiskalt abschrecken, abtropfen lassen und gut ausdrücken.
Die Schalotte abziehen, fein würfeln und in der angebräunten Butter andünsten. Den Spinat zufügen, mit Salz und Pfeffer würzen und in die Tomaten füllen.
Die Sahne mit dem Noilly Prat auf 8 cl einkochen lassen, vom Herd nehmen und mit der Hollandaise vermischen. Jeweils 1 Eßlöffel von der Sauce über den Spinat ziehen und die Tomaten unterm Grill oder im 200 Grad (Gas: Stufe 3–4) vorgeheizten Ofen bei starker Oberhitze kurz bräunen.

Anmerkung: Diese optisch sehr schöne Beilage kann zu fast jedem Gericht gereicht werden

Wirsingbällchen

Für 4 Personen
1 kleiner Kopf Wirsing
40 g Butter
50 g durchwachsener Bauchspeck (gewürfelt)
Salz
Pfeffer aus der Mühle

★★★ Die äußeren rauhen Blätter vom Wirsing entfernen. Dann vier besonders schöne Blätter ablösen, in kochendem Salzwasser 2 Minuten blanchieren. In Eiswasser abschrecken und auf einem Tuch zum Trocknen legen. Den restlichen Wirsing vierteln, den Strunk herausschneiden und die Blätter in gleichmäßige, dünne Streifen teilen.

Die Butter erhitzen, den Speck darin kurz anrösten und die Wirsingstreifen zufügen. Unter ständigem Rühren »bißfest« garen. Mit Salz und Pfeffer würzen.

Eine kleine Schöpfkelle mit einem Tuch und einem Wirsingblatt auslegen, etwas von dem Wirsinggemüse darauf verteilen. Das Tuch aus der Kelle nehmen und mit einer Hand festhalten. Mit der anderen Hand die Tuchenden fassen und fest zu einem Ball zusammendrehen. Den Wirsingball aus dem Tuch nehmen und mit den anderen drei Blättern ebenso verfahren.

Anrichten
Bis zum Servieren die Bällchen entweder in etwas heißer Fleischbrühe warm halten, oder man schwenkt sie noch kurz in 10 g zerlaufener Butter. Sie sind eine ausgezeichnete Beilage zu Wildgerichten.

Gemüseravioli mit weissen Trüffeln

Für 4 Personen

Füllung
je 150 g Karotten,
Sellerie und
rote Bete
Salz
Zitrone
Zucker
weißer Pfeffer aus
der Mühle
3 Eigelbe
60 g Butter

Nudelteig
200 g Mehl
(Type 405)
1 Ei
1 Eigelb
½ EL Olivenöl
(extra, erste
Pressung)
1 Prise Salz

1 Eigelb
1 EL Milch

★★★ Karotten, Sellerie und rote Bete waschen, dünn schälen und grob zerkleinern. Den Sellerie mit Salz, Zitronensaft und etwas Zucker in wenig kochendem Wasser weich garen. Abgetropft in einem Tuch ausdrücken. Die Karotten und rote Bete separat in wenig kochendem Salzwasser garen. Abtropfen und ausdrücken. Jedes der Gemüse zusammen mit 1 Eigelb und 20 g Butter im Küchenkutter fein pürieren und mit Salz, Pfeffer und einer Prise Zucker abschmecken.
Das Mehl auf eine Arbeitsfläche sieben, in die Mitte eine breite Mulde drücken und dahinein die restlichen Zutaten für den Nudelteig geben. Vom Rand her alles miteinander vermischen und etwa 10 Minuten kräftig mit dem Handballen durchkneten. Dünn ausrollen oder durch die Nudelmaschine bahnen. Es sollte sich ein etwa 16 cm breites Stück ergeben.
Das Eigelb mit der Milch verschlagen und die eine Hälfte des Teiges damit bestreichen.
Die Gemüsefüllungen in einen Spritzbeutel geben und nebeneinander aufspritzen. Mit der anderen Teighälfte abdecken, gut andrükken und mit runden Formen ausstechen. Auf ein bemehltes Brett legen.
Die Trüffel mit einer kleinen Bürste in kaltem Wasser sauber bürsten (geht am besten mit einer frischen Zahnbürste). Die Schale dünn abschneiden, fein hacken und unter die kalte Butter arbeiten. Kühl stellen.
Die Crème double mit dem Noilly Prat auf 0,1 l einkochen lassen. Bei milder Hitze die eiskalte Trüffelbutter mit dem Saucenstab montieren. Mit Salz und Pfeffer abschmecken.

Anmerkung: Gemüseravioli sind ein leichtes, eigenständiges Zwischengericht, das man gut zum Lunch essen kann.
Da es die frischen weißen Trüffel nur von Oktober bis Ende Dezember gibt, sind die Gemüseravioli ein ausgesprochenes Saisongericht, denn mit schwarzen Trüffeln schmeckt's nur halb so gut.

Sauce
1 weiße Trüffel
(etwa 30 g)
60 g kalte Butterwürfelchen
200 g Crème double
oder Sahne
6 cl Noilly Prat
Salz
Pfeffer aus der Mühle

Anrichten
Die Gemüseravioli 3 Minuten in kochendem Salzwasser ziehen lassen, herausheben, auf einem Küchentuch abtropfen lassen. Auf vier Teller verteilen und mit der Sauce nappieren. Zum Schluß mit einem Hobel feine Trüffelspäne darüberstreuen.

Glasiertes Gurkengemüse

Für 4 Personen
1 große schöne Salatgurke
2 Tomaten
25 g Butter
Salz
weißer Pfeffer aus der Mühle
Zucker
1 EL frische Dillspitzen

★★★ Die Gurke waschen und so schälen, daß immer noch ein schmaler grüner Schalenstreifen stehen bleibt. Die Gurke der Länge nach halbieren und mit einem Teelöffel das Kerngehäuse herausschaben. Die Gurkenstücke in gleichmäßige Halbmonde von 2,5 mm Dicke schneiden.

Die Tomaten 10 Sekunden in kochendes Wasser tauchen, kalt abschrecken und häuten. Halbieren, mit einem Teelöffel die Kerne herausnehmen und das Fruchtfleisch klein würfeln.

Eine Kasserolle mit der Butter erhitzen, die Gurken hineingeben und bei milder Hitze unter ständigem Rühren dünsten. Nach etwa 3 Minuten die Tomaten zufügen, mit Salz, Pfeffer und einer Prise Zucker würzen. Zugedeckt noch 2 Minuten dünsten lassen.

Anrichten
Kurz vor dem Servieren die Dillspitzen unter das Gemüse ziehen.

Anmerkung: Das glasierte Gurkengemüse serviert man zu hellem Geflügel, Fleisch und Fisch.

Kartoffelcrêpes

Für 4 Personen
350 g mehligkochende Kartoffeln
1 Ei
1 Eigelb
½ TL Speisestärke
Salz
Muskatnuß
10 g Butter
1 EL Crème fraîche
1 TL gehackte Petersilie
1 TL Schnittlauchröllchen

Butter zum Ausbacken

★★★ Die Kartoffeln dünn schälen, vierteln und in wenig Salzwasser garen. Abgießen und ausdämpfen. Durch eine Kartoffelpresse drücken oder mit dem Stampfer fein zerquetschen. Ei, Eigelb und Speisestärke untermischen. Mit Salz, etwas abgeriebener Muskatnuß, Butter, Crème fraîche und den Kräutern abschmecken. In einer Pfanne etwas Butter schmelzen lassen und kleine Crêpes aus dem Teig formen. In dem Fett von jeder Seite goldbraun backen.

Anmerkung: Diese Crêpes schmecken gut zu kurzgebratenem Fleisch und zu Ragouts. Oder man füllt sie mit Pilzgemüse, dann sind sie ein schnelles, vollwertiges Gericht. In diesem Fall die Teigmenge verdoppeln.

Kartoffelklösse

Für 4 Personen
400 g festkochende Kartoffeln
2 Eigelbe
½ EL Kartoffelstärke oder Speisestärke
1 Schalotte
Muskatnuß
Salz
Pfeffer aus der Mühle
4–8 geröstete Toastbrotwürfel

★★★ Die Kartoffeln kochen, ausdämpfen, pellen und zugedeckt über Nacht im Kühlschrank stehen lassen. Am nächsten Tag durch eine feine Kartoffelpresse drücken und mit den Eigelben und der Kartoffelstärke vermischen. Die Schalotte abziehen und darüberreiben. Mit etwas abgeriebener Muskatnuß, Salz und Pfeffer würzen. Mit einem Holzlöffel die Masse gut verrühren. Nach Belieben vier große oder acht kleine Klöße formen, jeweils in die Mitte einen Brotwürfel drücken und wieder rund rollen.

30 g Butter
4 EL Semmelmehl

Anrichten
Die Klöße in kochendes Salzwasser einlegen, die Hitze herunterschalten und 10–15 Minuten ziehen lassen. Die Butter schmelzen und das Semmelmehl darin goldbraun anrösten. Über die Klöße streuen.

Paprikatörtchen

Für 4 Personen
je 1 kleine rote, grüne und gelbe Paprikaschote
Butter für die Förmchen
80 g Blätterteig (Rezept Seite 283)
1 großes Ei
60 g Sahne
8 g gebräunte Butter
Salz
Pfeffer aus der Mühle

★★★ Die Paprikaschoten vierteln, entkernen und 5 Minuten in kochendem Salzwasser blanchieren. Eiskalt abschrecken und mit einem spitzen Messer die Haut abziehen. Das Paprikafruchtfleisch in gleichmäßige, etwa 3 mm dünne und 1 cm lange Rauten schneiden. Vier kleine Teflonförmchen (5 cm Durchmesser und 2 cm hoch) ausbuttern.

Den Blätterteig 2 mm dünn ausrollen und die Förmchen damit auslegen, dabei den Rand etwas überstehen lassen. Den Teigboden mit einer Gabel mehrfach einstechen und 20 Minuten kalt stellen. Die bunten Paprikarauten in die Förmchen verteilen.

Das Ei mit der Sahne verschlagen, die gebräunte Butter unterrühren und mit Salz und Pfeffer würzen. Über die Paprikastücke gießen und die Förmchen bis zu 2 mm unter den Rand damit auffüllen. In den auf 200 Grad (Gas: Stufe 3–4) vorgeheizten Backofen auf den Boden stellen und 15 Minuten backen.

Anmerkung: Diese Törtchen sind eine feine Beilage zu Geflügel, Lamm, Ziege oder Schweinefleischgerichten.

Kartoffel-Gemüse-Puffer

Für 4 Personen
200 g Kartoffeln
100 g Karotten
100 g Zucchini
Salz
weißer Pfeffer aus der Mühle
40 g Butterfett

★★★ Das Gemüse waschen. Kartoffeln und Karotten dünn schälen, den Blütenansatz von der Zucchini abtrennen. Die Gemüse auf der elektrischen Aufschnittmaschine oder mit der Hand in gleichmäßige, etwa 2 mm dünne Scheiben schneiden. Mit Küchenpapier trockentupfen und alle Scheiben in 4 cm lange und 2,5 mm breite Stäbchen schneiden. Alles miteinander vermischen und mit Salz und Pfeffer würzen.

In zwei Teflonpfannen jeweils 20 g Fett schmelzen lassen und den Pufferteig darauf verteilen. Mit einer Kuchenpalette oder einem Pfannenheber die Masse in jeweils vier gleich große Puffer teilen und dabei flachstreichen. Bei starker Hitze von jeder Seite 3–5 Minuten backen, bis das Gemüse eine gute Farbe hat und knusprig ist. Sofort servieren.

Anmerkung: Diese Kartoffel-Gemüse-Puffer schmecken am besten zu Innereien, wie zum Beispiel Leber, Kutteln, Zunge und Nieren. Verdoppelt man die Zutatenmenge, ergeben sie auch ein eigenständiges Gericht. Man reicht nur noch einen frischen Salat dazu.

Tip: Ob mehlig- oder festkochende Kartoffeln ist bei diesem Gericht nicht so wichtig, nur neue, junge Kartoffeln eignen sich weniger gut.

Pfifferling-Crêpes

Für 4 Personen
300 g kleine Pfifferlinge
1 Schalotte
10 g Butter
Salz
Pfeffer aus der Mühle
100 g Sahne
50 g Sauerrahm
½ TL Mehlbutter (Rezept Seite 274)
½ Knoblauchzehe
1 frischer Zweig Thymian
2 cl Cognac
1 EL gehackte Petersilie
2 EL geschlagene Sahne

★★★ Die Pfifferlinge putzen. Die Schalotte abziehen und fein würfeln. Beides zusammen in einer großen Pfanne in der erhitzten Butter schnell anbraten und mit Salz und Pfeffer würzen. Die Sahne mit dem Sauerrahm und der Mehlbutter auf die Hälfte einkochen. In eine zweite Kasserolle passieren und die Pfifferlinge untermischen. Die geschälte Knoblauchzehe und den Thymianzweig zufügen und 5 Minuten bei milder Hitze köcheln. Knoblauch und Thymian entfernen, die Pfifferlinge mit Cognac, Petersilie und eventuell noch etwas Salz abschmecken. Erst unmittelbar vor dem Füllen die Schlagsahne unterziehen.

Die Milch mit den Eiern und dem Mehl verrühren, die gebräunte Butter durch ein Sieb dazugeben und mit etwas Salz abschmecken. Eine Teflonpfanne erhitzen, etwas von der Butter hineingeben und nacheinander aus dem Teig vier dünne goldgelbe Crêpes backen.

Anmerkung: Diese Crêpes serviert man zu Geflügel-, Wildgeflügel- und Wildgerichten. Verdoppelt man die Zutatenmenge, ergeben sie aber auch ein eigenständiges, vollwertiges vegetarisches Gericht, das nur noch mit einem Salat ergänzt zu werden braucht.

Crêpes
0,15 l Milch
2 Eier
120 g Mehl (Type 405)
1 EL gebräunte Butter
Salz
20 g Butter zum Ausbacken

Anrichten
Die Schlagsahne unter die Pfifferlinge heben und die Füllung auf die vier Crêpes verteilen. Sofort servieren.

Kartoffelgratin

Für 4 Personen
400 g festkochende Kartoffeln
½ Knoblauchzehe
Butter für die Form
Salz
Pfeffer aus der Mühle
300 g Sahne
2 EL frischgeriebener Parmesan
30 g Butter

★★★ Die Kartoffeln waschen, dünn schälen und auf einer elektrischen Aufschnittmaschine in 2 mm dünne Scheiben schneiden. Auf Küchenpapier gut trockentupfen. Eine flache feuerfeste Form mit der geschälten Knoblauchzehe ausreiben und mit etwas Butter ausstreichen. Die Kartoffelscheiben fächerförmig in der Form anordnen, mit Salz und Pfeffer würzen. Die restlichen Kartoffelscheiben darüber verteilen und nochmals würzen. Die Sahne mit dem Parmesan verrühren. Mit einer Prise Salz und etwas Pfeffer würzen und über die Kartoffeln gießen. Darüber die Butter in Flöckchen verteilen und auf die unterste Schiene in den Ofen geben. Bei 200 Grad (Gas: Stufe 3–4) 20–25 Minuten goldbraun backen.

Anmerkung: Dieses Gratin paßt zu Lamm-, Fleisch- und Geflügelgerichten.

Gibt man noch 200 g in Scheiben geschnittene Zucchini unter die Kartoffelscheiben und füllt mit etwas mehr Sahne und Parmesan auf, so erhält man ein köstliches vegetarisches Hauptgericht.

Champignon-Blätterteig-Rolle mit Kümmelsabayon

Für 4–6 Personen
600 g rosé Champignons
1 Knoblauchzehe
2 EL Distelöl
30 g Butter
200 g gekochter Hinterschinken
2 EL gehackte Petersilie
1 frischer Zweig Thymian
Salz
Pfeffer aus der Mühle
400 g Blätterteig (Rezept Seite 283)
Butter zum Bestreichen
1 Eigelb

★★★ Die Champignons putzen, unter fließend kaltem Wasser kurz abbrausen und trockenreiben. In gleichmäßige, dünne Streifen schneiden. Eine große Pfanne mit der geschälten halbierten Knoblauchzehe ausreiben. Öl und Butter darin erhitzen und die Champignons zufügen. Den Schinken in feine Würfelchen schneiden, zu den Champignons geben und 3 Minuten dünsten. Mit Petersilie, feingehacktem Thymian, Salz und Pfeffer würzen. Auf einem Sieb abtropfen lassen, den Fond auffangen und die Pilzmasse kühl stellen.
Den Blätterteig dünn ausrollen, die Pilzfüllung gleichmäßig darauf verteilen und einrollen. Ein Backblech mit Butter auspinseln, die Rolle darauflegen und 15 Minuten kühl stellen. Mit dem verquirlten Eigelb bestreichen und in den auf 220 Grad (Gas: Stufe 4) vorgeheizten Backofen schieben. 15–18 Minuten backen.
Den Fleischfond mit Wein, Essig, Kümmel, Schalotten und dem aufgefangenen Pilzfond auf 0,1 l einkochen lassen. Durch ein feines Haarsieb passieren. Die Reduktion in eine Schüssel geben, mit den Eigelben vermischen und auf dem Wasserbad mit dem Schneebesen schaumig aufschlagen. Vom Wasserbad nehmen und bei milder Hitze die gut erwärmte flüssige Butter langsam einrühren. Mit Salz und Pfeffer abschmecken.

Anmerkung: Diese Beilage paßt gut zu kurzgebratenem Fleisch, zum Beispiel Kaninchen, Geflügel oder Kalb. Sie kann aber auch mit einem Salat als eigenständiges Gericht serviert werden.

Sabayon
¼ l Fleischfond oder Brühe (Rezept Seite 263)
5 cl trockener Weißwein
1 Spritzer Sherryessig (oder Weinessig)
1 TL Kümmel
1 EL gewürfelte Schalotten
3 Eigelbe
100 g flüssige Butter
Salz
Pfeffer aus der Mühle

Anrichten
Die Champignonrolle mit einem elektrischen Messer in Scheiben schneiden und mit der warmen Sauce nappieren.

Gefüllte Polentaschnitte

Für 4 Personen
½ l Wasser
30 g Butter
150 g feiner Polentagrieß
1 Eigelb
Salz
Pfeffer aus der Mühle
Butter für die Förmchen

Füllung
4 Schalotten
½ Knoblauchzehe
1 EL Olivenöl (extra, erste Pressung)
150 g Tomaten
2 cl trockener Weißwein
4 frische Basilikumblättchen
Salz
Pfeffer aus der Mühle

20 g Butter
2 EL frischgeriebener Parmesan

★★★ Das Wasser mit der Butter zum Kochen bringen und unter ständigem Rühren den Polentagrieß einrieseln lassen. 10 Minuten abrühren. Vom Herd nehmen, das Eigelb unterrühren und mit Salz und Pfeffer würzen. Vier kleine Teflonförmchen ausbuttern, die Masse einfüllen, glattstreichen und kalt stellen.
Die Schalotten und Knoblauchzehe abziehen, fein würfeln und in dem Olivenöl glasig dünsten. Die Tomaten überbrühen, häuten, halbieren und entkernen. Das Fruchtfleisch klein würfeln und zu den Schalotten geben. Mit Weißwein ablöschen und dickflüssig einköcheln. Mit feingeschnittenem Basilikum, Salz und Pfeffer abschmecken.

Anmerkung: Die Polentaschnitte paßt zu Schmorgerichten und zu Wild. Mit einem großen gemischten Salat oder Pilzgemüse wird sie zu einem vollwertigen vegetarischen Gericht.

Anrichten
Die Polenta mit einem heißen Messer aus den Förmchen lösen, halbieren und in der erhitzten Butter von jeder Seite 1 Minute braten. Herausnehmen, auf einen Teller vier Scheiben legen, mit der Schalotten-Tomaten-Masse belegen, mit den restlichen Polentastücken abdecken und mit Parmesan bestreuen. Im Grill oder bei starker Oberhitze goldbraun gratinieren. Auf vier Teller verteilen.

Piccata von Sellerie mit Vollkornspaghetti

Für 4 Personen
200 g Vollkorn-spaghetti
1 junge Sellerieknolle
1 Zitrone
Salz
Pfeffer aus der Mühle
1–2 EL Mehl
1 Ei
1 EL frischgeriebener Parmesan
20 g geklärte Butter (Butterfett)

Tomatenconcassé
2 vollreife Tomaten
1 Schalotte
½ Knoblauchzehe
5 g Butter
1 EL Olivenöl (extra, erste Pressung)
1 frischer Zweig Thymian
Salz
Zucker

★★★ Die Vollkornspaghetti nach Packungsanweisung garen.
Die Sellerieknolle schälen, mit etwas Zitronensaft einreiben und in kochendem Salzwasser mit ein paar Zitronenscheiben »bißfest« garen. In Eiswasser abschrecken und in vier gleich große Scheiben schneiden. Mit Salz und Pfeffer würzen. Jede Scheibe zuerst in Mehl wenden, dann in dem verschlagenen Ei und zum Schluß in dem Parmesan. Die Panade etwas andrücken und in der erhitzten geklärten Butter von jeder Seite 2–3 Minuten goldbraun braten.
Die Tomaten mit kochendem Wasser überbrühen, in Eiswasser abschrecken. Häuten, halbieren und die Kerne mit einem Teelöffel herausheben. Das Fruchtfleisch fein würfeln. Schalotte und Knoblauch abziehen, fein würfeln. Butter mit Öl erhitzen, Schalottenwürfel mit dem Knoblauch darin glasig dünsten, Tomatenwürfel und Thymian zufügen und 3–4 Minuten einköcheln lassen. Den Zweig entfernen und mit einer Prise Salz und Zucker abschmecken.
Den Bauchspeck in einer heißen Pfanne kroß braten.

Tip: Ohne Speck und mit der doppelten Menge Zutaten ist die Piccata ein vollständiges vegetarisches Gericht.

Garnitur
4 dünne Scheiben durchwachsener Bauchspeck

Anrichten
Die Piccata auf den Vollkornspaghetti anordnen. Mit der Tomatenconcassé nappieren und mit den Speckscheiben umlegen.

Morchellasagne

Für 4 Personen
100 g Nudelteig
(Rezept Seite 288)
Mehl zum Bestäuben
160 g frische Morcheln
1 Schalotte
10 g Butter
Salz
Pfeffer aus der Mühle
100 g Sahne
4 cl Noilly Prat
20 g kalte Butterwürfelchen
Butter für die Form
3 EL Hollandaise
(Rezept Seite 271)
20 g pürierte Petersilie
1 EL geschlagene Sahne

★★★ Den Nudelteig zu einer langen Bahn von etwa 10 cm Breite und 1 mm Dicke ausrollen. Nach Belieben in etwa 12 gleichmäßige, rechteckige, ovale oder herzförmige Stücke teilen. Auf einem mit Mehl bestäubten Pergamentpapier trocknen lassen.

Die Pilze putzen, waschen, trockenschwenken (geht am besten in einer Salatschleuder). Je nach Größe halbieren oder vierteln. Die Schalotte abziehen, fein würfeln und zusammen mit den Morcheln in der erhitzten Butter 2 Minuten dünsten. Mit Salz und Pfeffer würzen und bei milder Hitze noch 3 Minuten köcheln. Die Sahne mit dem Noilly Prat stark einkochen und bei milder Hitze die eiskalte Butter montieren.

Die Nudeln in kochendem Salzwasser »bißfest« garen und auf einem Sieb abtropfen lassen. Eine feuerfeste Form leicht ausbuttern. Nun schichtweise Nudelblätter, Morcheln und Sauce abwechselnd hineingeben. Mit einer Nudelplatte abschließen.

Die Hollandaise mit dem Petersilienpüree und der Schlagsahne verrühren und die Lasagne damit überziehen. Unter dem Grill oder bei starker Oberhitze im Ofen leicht Farbe nehmen lassen.

Anmerkung: Die Lasagne eignet sich als Beilage zu vielem. Mit reichlich geriebenem Käse bestreut, ergibt sie auch ein sättigendes Hauptgericht.

Statt Morcheln können, der Jahreszeit entsprechend, auch Steinpilze, Pfifferlinge, Champignons oder Austernpilze verwendet werden.

Risotto

Für 4 Personen
½ abgezogene Knoblauchzehe
10 g Butter
2 Schalotten
200 g Rundkornreis
1 frischer Zweig Thymian
0,35 l Geflügelfond (Rezept Seite 265)
6 cl trockener Weißwein
60 g kalte Butterwürfelchen
1 EL frischgeriebener Parmesan
Salz
Pfeffer aus der Mühle

★★★ Einen Topf mit der Knoblauchzehe ausreiben und die Butter darin erhitzen. Die Schalotten abziehen, fein würfeln und zufügen. Glasig dünsten.

Den Reis kurz unter fließend kaltem Wasser abbrausen, abtropfen lassen und unter die Schalotten rühren. Den Thymian einlegen und mit etwas von der Geflügelbrühe auffüllen. Unter ständigem Rühren einkochen. Wieder mit etwas Flüssigkeit aufgießen und einkochen. Drei- bis viermal diesen Vorgang wiederholen. Dann den restlichen Fond mit dem Weißwein angießen und fertig garen. Nach etwa 18 Minuten ist der Reis richtig. Die kalte Butter unterrühren und mit Parmesan, Salz und Pfeffer abschmecken.

Bei guter Reisqualität haben wir einen dickflüssigen, cremigen Risotto mit noch leichtem »Biß«.

Anmerkung: Man kann den Risotto noch beliebig abwandeln, indem man zum Beispiel geschälte weiße Trüffel darüberhobelt, sautierte Steinpilze oder Pfifferlinge untermischt, pürierte Algen dazugibt oder mit Safran oder Curry würzt.

Diese Beilage läßt sich mit doppelter Zutatenmenge und frischen Pilzen als Hauptgericht servieren.

Nudelgratin

Für 4 Personen
120 g Bandnudeln
(Rezept Seite 288)
4 cl Noilly Prat
200 g Sahne
2 cl trockener
Weißwein
2 EL Hollandaise
(Rezept Seite 271)
2 EL geschlagene
Sahne
Salz
Pfeffer aus der Mühle
1 EL frischgeriebener
Parmesan

★★★ Die Bandnudeln in kochendem Salzwasser »bißfest« garen. Abgießen und gut abtropfen lassen.
Den Noilly Prat auf die Hälfte einköcheln, die Sahne zufügen und weiter auf 0,12 l reduzieren. Die Nudeln untermischen und mit dem Wein angießen. 2 Minuten köcheln lassen. Vom Herd nehmen, die Hollandaise und die Schlagsahne unterziehen. Mit Salz und Pfeffer abschmecken. Alles in eine feuerfeste Gratinform geben, mit dem Parmesan überstreuen und im Backofen bei Oberhitze oder im Salamander goldbraun überbacken.

Anmerkung: Das Nudelgratin paßt gut als Beilage zu Geflügelgerichten und hellem Fleisch. Es kann aber auch als eigenständiges Gericht serviert werden. Dann nimmt man einfach die doppelte Menge an Zutaten und schichtet noch Gemüse mit ein – zum Beispiel Pilze, frische Algen oder Karottenstreifen –, kurz blanchiert und in wenig Butter sautiert.

Spätzle und Spinatspätzle

Für 4 Personen
100 g junger Blattspinat
1 Ei
4 Eigelbe
160 g Weizenmehl (Type 405)
1–2 EL Mineralwasser
Salz
Butter zum Schwenken

★★★ Den Spinat verlesen, die Blätter von den Stielen zupfen und gut waschen. Abtropfen lassen und 1 Minute in kochendem Salzwasser blanchieren. Eiskalt abschrecken und gut auspressen. Den Spinat mit dem Ei und den Eigelben im Mixer pürieren und in eine Schüssel füllen. Nach und nach das gesiebte Mehl unterrühren und mit Wasser und Salz alles zu einem nicht zu festen Teig verschlagen. Einen Teil des Teiges auf einem Spätzlebrett dünn verstreichen und mit einem Teigschaber oder einer Palette feine Streifen ins kochende Salzwasser schaben. 3 Minuten köcheln, mit einer Schaumkelle herausheben und in Eiswasser abschrecken. Abtropfen lassen. Mit dem restlichen Teig ebenso verfahren.

Anmerkung: Für »normale« Spätzle den Spinat einfach weglassen.

Tip: Wer die Spätzle nicht so gut vom Brett schaben kann, denn dazu bedarf es schon einiger Übung, der gibt den Teig in eine Spätzlepresse und drückt ihn damit gleich ins kochende Wasser.

Anrichten
Die fertigen Spätzle in zerlassener Butter schwenken und servieren.

Kartoffeltopfkuchen

Für 4 Personen
3 mittelgroße Kartoffeln
2 Eigelbe
Salz
Zucker
4 dünne Scheiben durchwachsener Bauchspeck
10 g Butter
1 Stange Lauch
weißer Pfeffer aus der Mühle
Butter für die Förmchen
20 g geklärte Butter

★★★ Die Kartoffeln waschen, dünn schälen und fein reiben. In einem Tuch den Saft auspressen. Die Kartoffelmasse mit den Eigelben vermischen, mit Salz und einer Prise Zucker abschmecken. Den Speck in feine Würfel schneiden und in der erhitzten Butter knusprig anbraten. Alles unter die Kartoffelmasse mischen.
Den Lauch putzen, waschen und nur die hellgrünen Blätter in sehr feine Ringe schneiden, in kochendem Salzwasser 1 Minute blanchieren, eiskalt abschrecken und gut abgetropft zu der Kartoffelmasse geben. Mit Pfeffer würzen.
Vier kleine Teflonförmchen leicht ausbuttern, die Masse einfüllen und bei 220 Grad (Gas: Stufe 4) im Ofen 14 Minuten backen.

Anrichten
Die Förmchen stürzen und die Oberseite mit geklärter Butter leicht abglänzen.

Anmerkung: Der Topfkuchen soll außen knusprig sein und innen die Konsistenz eines Reibekuchens haben. Er paßt zu Lamm, Kalb und Geflügel.

Apfel-Semmel-Brioches

Für 4 Personen
3 altbackene Milchbrötchen
4 EL Milch
1 großes Ei
1 Schalotte
10 g Butter
1 TL feingehackte Petersilie
1 frischer Zweig Thymian
Salz
Pfeffer aus der Mühle
1 großer Apfel (Delicious oder Cox Orange)
Butter für die Förmchen
Semmelmehl zum Ausstreuen
1 Eigelb

★★★ Die Brötchen dünn schälen, dann in gleichmäßige kleine Würfel schneiden. Mit der Milch übergießen und das verquirlte Ei untermischen. Die Schalotte abziehen und fein würfeln, in der erhitzten Butter glasig dünsten. Zusammen mit der Petersilie unter die Brötchenmasse geben. Vom Thymian die Blättchen abzupfen, fein hacken und zufügen, mit Salz und Pfeffer abschmecken.

Den Apfel schälen, vierteln, entkernen und in kleine Würfel schneiden, zum Schluß unter die Briochemasse mischen. Vorsichtig umrühren, damit die Würfelstruktur der Brötchen erhalten bleibt. Ist die Masse zu weich, noch 1–2 Eßlöffel Semmelmehl zufügen.

Vier kleine Teflonförmchen ausbuttern und mit Semmelmehl ausstreuen, die Masse einfüllen und glattstreichen. Mit dem verquirlten Eigelb bepinseln.

Die Fettauffangpfanne des Backofens zu zwei Drittel mit heißem Wasser füllen, die Förmchen hineinstellen und bei 200 Grad (Gas: Stufe 3–4) im Ofen 12–15 Minuten backen.

Anmerkung: Apfel-Semmel-Brioches passen zu Wild- und Wildgeflügelgerichten.

Desserts und Pâtisserie

Appetit auf Süßes? Auch wenn Sie nicht unbedingt ein Freund süßer Leckereien sind, ein gutes Dessert ist und bleibt nun mal die Krönung des Ganzen. Als Abschluß eines gelungenen Menüs hat die Süßspeise ihren festen Platz. Noch einmal wird die vollkommene Aufmerksamkeit des Gastes in Anspruch genommen. Geschmacks- und Geruchssinn sowie das Auge wollen auch am Schluß umschmeichelt sein. Hier, wie bei Vorspeisen, können Sie wieder Ihrer Kreativität freien Lauf lassen. Die Pracht der angebotenen Süßigkeiten darf wetteifern mit dem Vorhergegangenen – ja, es sogar überbieten. Frisches Obst, üppig dekoriert, gehörte in Frankreich schon immer zu den beliebtesten Nachspeisen. Heute begnügen wir uns weniger mit dem vollen Früchtekorb oder einem schlichten Obstsalat, wenn dieser auch ganz delikat sein kann. Die Dessert-Küche ist feiner, raffinierter geworden, doch die Früchte als betonende Basis sind geblieben.

Roh püriert als Sauce, mit Alkohol oder Gewürzen verfeinert, ergeben sie einen fruchtig-herben Kontrast zu luftigen Cremes und zartem Gebäck. Zu Eis verarbeitet, sind Fruchtpürees leichte, erfrischende Sorbets. Als beliebter Zwischengang bei festlichen Diners kennt man sie seit der Renaissance. Auch heute noch wird ein Sorbet gerne als kleine Erholungspause zwischen zwei Gängen gereicht.

Als Kompott, nur kurz pochiert, sind Früchte zwar eine simple, doch ungeheuer gute Ergänzung, zum Beispiel zu Dampfnudeln.

Neben dem einheimischen Obst finden immer mehr Exoten Zugang zu unseren Desserts. Kein Wunder, denn die tropischen Früchte verhelfen nicht nur farblich zu einem sensationell schönen Dekor, sie nützen auch unserer Gesundheit. So vitamin- und mineralstoffreich ist kaum eine heimische Frucht. Die moderne Pâtisserie kann auf sie nicht mehr verzichten.

Eine weitere sehr aparte Art, Früchte als Dessert anzubieten, ist, sie in einen luftigen Teig zu hüllen und in reinem Butter- oder Pflanzenfett golden auszubacken. Dabei verbindet sich Leichtes mit Üppigem aufs angenehmste.

Sehr beliebt auch warme, hauchzarte Kuchen mit dünnem Boden und viel fruchtigem Belag. Solche Tartes sind einfach herzustellen und verfehlen nie ihre Wirkung.

Die Cremes – schon ihre Aussprache klingt sanft, lieblich, schmelzend – sind im übertragenen Sinn das auserlesenste Dessert, das Sie anbieten können. Aus Eiern, Sahne, Milch und Aromen werden sie

im Wasserbad zu einer schaumigen Masse aufgeschlagen. Eine Köstlichkeit, die jeden schwach werden läßt.
Das eindrucksvollste Dessert ist sicher ein Soufflé, die Primadonna der Süßspeisen. Wird dieser duftige Auflauf nicht mit größter Sorgfalt zubereitet, fällt er wie ein Häufchen Unglück in den Abgrund seiner gezuckerten Form zusammen. Doch es gibt einige Tricks, dies zu verhindern. Sie sind beim jeweiligen Rezept angegeben.
Im Zuge der neuen modernen Kochkunst kommen Joghurt und Quark wieder mehr zum Tragen. Wahrscheinlich auch deshalb, weil sie sich besonders gut mit tropischen Früchten kombinieren lassen.
Die vielen Möglichkeiten der modernen Süßspeisen sind klassische Beispiele dafür, wie sich einfachste Zutaten, wenn sie klug behandelt werden, zu kulinarisch exquisiten Kreationen verwandeln lassen.
Oft mag vielleicht der etwas aufwendige Arbeitsvorgang abschrekkend wirken, doch es gibt, bis auf wenige Ausnahmen, kaum eine Süßspeise, die sich nicht lange vor dem Essen vor- oder zubereiten läßt.
Die Mengenangaben in den Rezepten variieren wieder zwischen 4 bis 10 Personen. So können Sie sich jeweils zur Gelegenheit passend etwas heraussuchen. Andernfalls ist es oft von Nutzen, einen kleinen Vorrat, beispielsweise von Eis, zu haben. Auch Reste von Kuchen und Gebäck werden sicher am nächsten Tag ihren Liebhaber finden, und Strudel kann man portionsweise einfrieren.

Himbeer-Mille-feuilles mit Champagnercreme

Für 4 Personen
250 g Blätterteig
(Rezept Seite 283)

Crème pâtissière
¼ l Milch
¼ l Sahne
100 g Zucker
2 Vanillestangen
3 Eigelbe
40 g Speisestärke
400 g Himbeeren
Puderzucker

Champagnercreme
125 g Crème fraîche
60 g Puderzucker
8 cl Champagner
4 cl Marc de Champagne
80 g geschlagene Sahne
Fruchtmark von Himbeeren oder Erdbeeren

★★★ Den Blätterteig dünn ausrollen, auf ein Blech legen und mit einer Gabel »eng stupfen«, d.h. dicht nebeneinander einstechen; so wird der Blätterteig schön kroß, ohne allzu sehr aufzugehen. Bei 220 Grad (Gas: Stufe 4) 25–30 Minuten goldbraun backen. Herausnehmen und auskühlen lassen.
Die Milch mit der Sahne, dem Zucker und dem ausgeschabten Vanillemark aufkochen. Die Eigelbe mit der Stärke und einem Eßlöffel Milch verquirlen und mit dem Schneebesen in die Vanillemilch einschlagen. Bei milder Hitze 5 Minuten köcheln. Vom Herd nehmen und kalt stellen. Abgekühlt durch ein Sieb streichen.
Den Blätterteig in 16 Rechtecke von 6x5 cm schneiden. Die Crème pâtissière in einen Spritzbeutel mit Lochtülle füllen und auf die Rechtecke dressieren (spritzen). Auf 12 der 16 Rechtecke jeweils 12 Himbeeren anordnen und immer 3 dieser belegten Böden aufeinanderlegen. Mit einem Crème-Rechteck, das man mit der Crèmeseite auf die Beeren setzt, abschließen. Die Mille-feuilles im Ofen bei 200 Grad 6–7 Minuten warm halten (Gas: Stufe 3–4).
Die Crème fraîche mit dem Puderzucker und Champagner verrühren, mit Marc de Champagne aromatisieren und zum Schluß die Schlagsahne unterziehen.

Anmerkung: Für ein Fruchtmark püriert man frische Früchte mit etwas Puderzucker. Je nach dem Fruchtsäuregehalt der einzelnen Obstsorten kann man noch mit etwas Zitronensäure aromatisieren.

Anrichten
Auf jeden Teller einen Kreis von der Champagnercreme bilden, mit etwas Fruchtmark und den restlichen Himbeeren ausgarnieren. Ein Mille-feuille in die Mitte setzen und mit Puderzucker leicht bestäuben. Sofort servieren.

Krokant-Crêpes mit Blutorangenragout und Mandeleis

Für 4 Personen

Mandeleis
1/4 l Milch
1/4 l Sahne
100 g Zucker
70 g geröstete und gehobelte Mandeln
6 Eigelbe

Blutorangenragout
4 Blutorangen (unbehandelt)
0,15 l Blutorangensaft
20 g Zucker
1 TL Speisestärke

Crêpes
2 Eier
3 cl Orangensaft
1/2 Zitrone (unbehandelt)
1/2 Vanillestange (Mark)
1 EL Speisestärke
15 g Butter

★★★ Die Milch mit der Sahne mischen, mit dem Zucker und den Mandeln aufkochen. Mit den Eigelben zur Rose abziehen. Schnell abkühlen und in der Eismaschine gefrieren lassen.

Die Blutorangen filieren. Von einer Orangenschale feine Streifchen (Zesten) schneiden. Diese kurz blanchieren und abschrecken. Den Blutorangensaft mit dem Zucker aufkochen und mit der angerührten Stärke leicht binden. Die Orangenfilets und die Zesten vorsichtig unterziehen.

Die Eier mit dem Orangensaft, der abgeriebenen Zitronenschale, dem ausgeschabten Vanillemark und der Stärke gut verrühren. Die Butter bräunen und dazugeben, dann alles durch ein Sieb gießen. In einer Pfanne nacheinander vier schöne Crêpes backen und auskühlen lassen.

Den Zucker mit dem Wasser in einer Kasserolle zu hellem Karamel kochen. Vom Herd nehmen, die Mandelstifte untermischen, mit dem Vanillinzucker und der Butter gut vermengen. Auf einem geölten Pergament auskühlen, dann mit einem Rollholz zerkleinern.

Die Schlagsahne vorsichtig mit dem Rum und Puderzucker vermischen, etwa 3 mm dünn auf die Crêpes streichen. Darauf den Krokant verteilen und die Crêpes einrollen.

Die Orangenfilets nochmals kurz erwärmen.

Füllung
20 g Zucker
1 cl Wasser
60 g Mandelstifte
1/2 TL Vanillinzucker
10 g Butter
100 g geschlagene Sahne
2 cl Rum
20 g Puderzucker

Garnitur
4 schöne Erdbeeren

Anrichten
Die Crêpes einmal schräg durchschneiden und auf Teller verteilen. Mit den warmen Orangenfilets nappieren, mit Eiskugeln und Erdbeeren anordnen.

Quittensuppe mit Kartäuserklösschen und Apfelbällchen

Für 4 Personen
1 kg Quitten
100 g Zucker
0,8 l trockener Weißwein
5 g Geleegußpulver
1/8 l Champagner

Apfelbällchen
2 Äpfel (Jona gold oder Gala)
0,1 l trockener Weißwein
1 EL Zucker
1/2 Zimtstange
1 TL Vanillinzucker

Kartäuserklößchen
3 altbackene Brötchen
300 g Sahne
120 g Puderzucker
1 Vanillestange (Mark)
2 Eier
100 g Panierbrot (Semmelbrösel)
100 g geklärte Butter
150 g Zimtzucker

Garnitur
frische Minze

★★★ Die Quitten waschen, vierteln und das Kerngehäuse entfernen. In einen Topf geben, den Zucker zufügen und mit dem Weißwein aufgießen. Aufkochen und bei milder Hitze 60–90 Minuten köcheln lassen. Den Fond passieren. Einen halben Liter abmessen und in einen kleinen Topf gießen. Das mit wenig Wasser angerührte Geleegußpulver in den köchelnden Fond einrühren. Den Topf auf Eis stellen und die Suppe unter ständigem Rühren abkühlen und noch einmal durch ein Sieb passieren. Zum Schluß den Champagner einrühren.

Die Äpfel schälen und mit einem Kugelausstecher 24 gleichmäßige Kugeln ausstechen und sofort in den Weißwein legen, damit sie sich nicht verfärben. Zucker, Zimt und Vanillinzucker zufügen und bei milder Hitze 5 Minuten dünsten, im eigenen Fond auskühlen lassen.

Von den Brötchen die Rinde abreiben und die Brösel aufheben. Die Sahne mit Zucker und Vanillemark gut verrühren und die abgeriebenen Brötchen darin einweichen. Die Brötchen aus der Sahne nehmen, in insgesamt 12 gleiche Stücke teilen und etwas ausdrücken. Die Eier verquirlen. Die zurückbehaltenen Brösel mit dem Panierbrot vermischen. Die Brötchen zuerst durch das Ei ziehen und dann in den Bröseln panieren, gut andrücken. Die Klöße in der geklärten Butter gleichmäßig braun ausbacken und im Zimtzucker wenden.

Anrichten
Die Apfelbällchen auf die tiefen Teller verteilen. Mit der eiskalten Suppe nappieren und die noch warmen Kartäuserklößchen dazugeben. Mit Minze garnieren und servieren.

WILLIAMSBIRNENMOUSSE MIT SCHOKOLADENSABAYON UND ZIMTBUCHTELN

Für 6 Personen
400 g reife Williamsbirnen
1/8 l trockener Weißwein
135 g Zucker
2 Eigelbe
3 Blatt Gelatine
250 g geschlagene Sahne
8 cl Williamsbrand

Buchteln
150 g Mehl (Type 405)
8 g Hefe
3 EL Milch
1 Ei
1 Eigelb
20 g Butter
20 g Zucker
1 Prise Salz
5 g Zimt
1/2 Vanillestange (Mark)
60 g Butter zum Bepinseln

★★★ Die Birnen schälen, halbieren, entkernen. Zusammen mit dem Wein und 60 g Zucker in einem kleinen Topf zugedeckt garen. Im Mixer pürieren und durch ein Sieb streichen. Die hieraus gewonnene Fruchtmarkmenge sollte etwa 1/4 Liter ergeben. Die Eigelbe mit dem restlichen Zucker schaumig schlagen. Das Birnenmark kurz aufkochen, die eingeweichte und gut ausgedrückte Gelatine darin auflösen. Unter ständigem Rühren das Birnenmark in die Eimasse geben und langsam kalt schlagen, bis die Masse eine cremige Konsistenz hat. Die Schlagsahne unterheben und mit Williamsbrand abschmecken. In eine Schüssel füllen und mindestens drei Stunden kalt stellen.

Das Mehl in eine Schüssel sieben, die Hefe in eine Mulde in die Mitte bröckeln und mit der lauwarmen Milch auflösen. Mit etwas Mehl vom Rand bestäuben und an einem warmen Ort 15 Minuten gehen lassen. Wenn der Hefeansatz Risse zeigt, das Ei, Eigelb, Butter, Zucker, Salz, Zimt und das ausgeschabte Vanillemark dazugeben und alles zu einem glatten Teig verarbeiten. Nochmals 15 Minuten gehen lassen. Den Teig zu etwa 2 cm dicken Strängen ausrollen, davon jeweils 3 cm dicke Stücke abschneiden und diese in der hohlen Hand auf der Arbeitsfläche glatt und rund drehen – in der Fachsprache nennt man das »schleifen«. Eine Pfanne mit der Butter ausstreichen, die Buchteln mit wenig Zwischenraum hineinsetzen, mit Butter bepinseln und 15 Minuten gehen lassen. Im Ofen bei 220 Grad etwa 25 Minuten goldbraun backen (Gas: Stufe 4).

Die Eigelbe mit Zucker, Kakaopulver und der Milch verrühren und auf dem Wasserbad schaumig aufschlagen. Mit Crème de Cacao aromatisieren und nochmals kräftig durchschlagen.

Sabayon
4 Eigelbe
80 g Zucker
1 EL Kakaopulver
1/8 l Milch
4 cl Crème de Cacao

Anrichten
Die Sabayon sofort auf Teller verteilen und zusammen mit den Buchteln und dem Birnenmousse hübsch anordnen.

Griessnocken mit Mohn geschmelzt auf Erdbeer-Rhabarber-Coulis

Für 4 Personen
2 altbackene Brötchen
1/8 l Milch
40 g Butter
1 Ei
1 Eigelb
1/2 Zitrone (unbehandelt)
1 Prise Salz
1 Prise Zimt
80 g Hartweizengrieß

Erdbeer-Rhabarber-Coulis
300 g Rhabarber
1/2 l trockener Weißwein
120 g Zucker
1 Vanillestange
2 EL Speisestärke
250 g vollreife Erdbeeren

★★★ Die Brötchen schälen, dann in etwa 1 cm große Würfel schneiden. In eine Schüssel geben und mit der Milch übergießen. Die Butter schaumig rühren, die Brötchenmasse ausdrücken, durch ein Sieb in die Butter streichen. Die Eier zufügen und alles gut verrühren. Mit abgeriebener Zitronenschale, einer Prise Salz und Zimt würzen und zum Schluß den Grieß einrieseln lassen. Gut vermischen und mindestens 30 Minuten ruhen lassen.
Den Rhabarber waschen, putzen und großzügig schälen. Die Schalen mit dem Wein, Zucker und der Vanillestange aufkochen. Bei milder Hitze 10 Minuten köcheln lassen und durch ein Sieb gießen. Den Fond wieder bis zum Siedepunkt erhitzen. Mit der in wenig Wasser angerührten Stärke binden. Den Rhabarber in 1 cm lange Stücke schneiden und zufügen. 1 Minute darin köcheln, dann vom Herd nehmen und abkühlen.
Die Erdbeeren waschen, putzen und vierteln. Unter den abgekühlten Rhabarber mischen und kalt stellen.
Von der Grießmasse mit einem Kaffeelöffel kleine Nocken abstechen und in siedendem Salzwasser 10–15 Minuten ziehen lassen.
Die Butter zerlaufen lassen und mit Brösel, Mohn und Zimt vermischen.

Mohnschmelze
80 g Butter
30 g Biskuitbrösel
30 g gemahlener Mohn
1 Msp. Zimt

Garnitur
Puderzucker
4 schöne, gleich große Erdbeeren mit Blattgrün

Anrichten
Das Erdbeer-Rhabarber-Coulis auf vier Teller verteilen und die gut abgetropften Nocken daraufsetzen. Mit der Mohnschmelze nappieren. Mit Puderzucker bestäuben und mit den gewaschenen, halbierten Erdbeeren garnieren.

Muskatpudding mit Bischofssauce und Karamelbirne

Für 4 Personen
100 g Biskuitbrösel
2 cl Cognac
2 cl brauner Rum
½ Muskatnuß
60 g Butter
30 g Zucker
2 Eigelbe
2 Eiweiße
2 EL Zucker
Butter für die Förmchen

Sauce
0,3 l Rotwein (Pinot Noir)
50 g Zucker
1 Orange (unbehandelt)
1 Zitrone (unbehandelt)
20 g Speisestärke
30 g Korinthen

★★★ Die Brösel in eine Schüssel geben, mit Cognac und Rum beträufeln und die Muskatnuß darüberreiben. Zugedeckt durchziehen lassen. Die Butter mit dem Zucker und den Eigelben schaumig rühren, die Biskuitbrösel zufügen und alles vermischen. Die Eiweiße mit dem Zucker sehr steif schlagen und zum Schluß unterziehen. Vier kleine Förmchen mit Butter ausstreichen, die Masse einfüllen und in die Fettauffangpfanne des Backofens stellen. Etwa 2 cm hoch mit Wasser angießen und bei 250 Grad (Gas: Stufe 5) 15 Minuten pochieren.
Den Rotwein mit Zucker, den fein in Streifen geschnittenen Fruchtschalen und den ausgepreßten Fruchtsäften zum Kochen bringen. Die Speisestärke mit 1 Teelöffel Wasser anrühren und die Sauce damit binden. 1–2 Minuten köcheln lassen, etwas abkühlen und durch ein Sieb passieren. Zum Schluß die Korinthen in die Sauce geben.
Die Birne schälen, in vier gleich große Stücke teilen und vorsichtig entkernen. Den Zucker mit dem Weißwein karamelisieren lassen und die Birnenstücke darin schwenken. Mit dem Birnenbrand ablöschen.

Anmerkung: Schwarze Nuß bekommt man in Gläsern im Delikatessengeschäft. Es handelt sich dabei um grüne, unreife Walnüsse in einer speziellen Marinade.

Karamelbirne
1 Williamsbirne
50 g Zucker
0,1 l trockener Weißwein
8 cl Birnenbrand

Garnitur
1 schwarze Nuß
20 g Mandelblättchen
20 g gehackte Pistazienkerne

Anrichten
Den Pudding auf bereitgestellte Teller stürzen und mit der Sauce umziehen. Mit Scheiben von schwarzer Nuß garnieren und mit Mandeln und Pistazien bestreuen.

Pralineneiskrapfen mit Williamssauce und Portweinkirschen

Für 6 Personen
1/4 l Milch
1/4 l Sahne
60 g Zucker
6 Eigelbe
120 g Nougat
120 g bittere Schokolade (Kuvertüre)
4 cl Amaretto
6 cl Cognac
50 g flüssige bittere Kuvertüre

Biskuit
4 Eier
50 g Zucker
1 Prise Salz
1 Zitrone (unbehandelt)
60 g Mehl (Type 405)
1 EL Speisestärke
Zucker zum Bestreuen

Portweinkirschen
250 g Sauerkirschen
50 g Zucker
1/4 l roter Portwein
1 TL Speisestärke
1 EL Rotwein
6 cl Kirschwasser

★★★ Die Milch mit der Sahne und dem Zucker aufkochen, mit den Eigelben zur Rose abziehen. Nougat und die Schokolade zufügen und in der heißen Masse auflösen. Mit Amaretto und Cognac aromatisieren. Die Eismasse passieren und in der Eismaschine gefrieren lassen. Kurz bevor das Eis fertig ist, die aufgelöste Kuvertüre dazugeben, das Eis aus der Maschine nehmen und im Gefrierer noch fester werden lassen.

Die Eier trennen, die Eigelbe mit der Hälfte des Zuckers, der Prise Salz und etwas abgeriebener Zitronenschale cremig aufschlagen. Die Eiweiße sehr steif schlagen, den restlichen Zucker einrieseln lassen und unter die Eigelbmasse heben. Das Mehl mit der Stärke dazusieben und vorsichtig mit der Schaummasse vermischen. Auf ein leicht gefettetes Pergament oder Backtrennpapier eine etwa 1/2 cm dicke Teigschicht aufstreichen und bei mittlerer Hitze 10 Minuten goldgelb backen. Etwas Zucker auf die Arbeitsfläche streuen, den Biskuit mit der Oberfläche darauflegen und das Papier abziehen. Mit einem Ausstecher (etwa 8 cm Durchmesser) 12 kleine Biskuitböden ausstechen. Jeweils auf 6 Böden mit einem Eisportionierer eine Kugel Eis geben und mit dem zweiten Boden abdecken. Mit kühlen Händen schnell zu Kugeln formen und ins Tiefkühlfach legen. Nach 30 Minuten nochmals nachformen und mindestens 2 Stunden gefrieren lassen.

Die Kirschen entsteinen und zusammen mit dem Zucker und Portwein aufkochen. Bei milder Hitze 5 Minuten köcheln lassen. Die Stärke mit dem Rotwein anrühren und die Flüssigkeit damit binden. Vom Herd nehmen und mit dem Kirschwasser aromatisieren.

Die Eiweiße zerschlagen, die eisgekühlten Krapfen darin wenden und mit den Mandeln dick panieren. Fest andrücken und wieder einfrieren.

Das Fritierfett auf 180 Grad erhitzen, die Krapfen nacheinander darin Farbe nehmen lassen, herausnehmen und auf Küchenkrepp abtropfen lassen.

Krapfen
3 Eiweiße
200 g gehobelte Mandeln
Fritierfett

Garnitur
Schokoladenspäne
Puderzucker

Anrichten
Jeweils auf einen Teller einen Krapfen geben, ringsherum mit den Kirschen umlegen, mit Schokoladenspänen bestreuen und mit etwas Puderzucker bestäuben.

Topfengratin mit Mangofilets, Erdbeeren und Vanilleeis

Für 4 Personen

Vanilleeis
¼ l Milch
¼ l Sahne
100 g Zucker
1 Vanillestange (Mark)
6 Eigelbe

250 g Sahnequark
2 Eigelbe
40 g Puderzucker
25 g Weizenstärke
1 EL Rum
1 Zitrone (unbehandelt)
1 TL Vanillinzucker
2 Eiweiße
50 g Zucker
Butter zum Backen
1 reife Mango
10 Erdbeeren
Puderzucker

★★★ Die Milch zusammen mit Sahne, Zucker und dem ausgeschabten Vanillemark aufkochen. Die Eigelbe gut verrühren und die Milch damit zur Rose abziehen. Die Eismasse schnell abkühlen, passieren und gefrieren.
Den Sahnequark mit den Eigelben, dem Puderzucker und der Stärke verrühren. Mit Rum, abgeriebener Zitronenschale und Vanillinzucker abschmecken. Das Eiweiß mit dem Zucker zu sehr steifem Schnee schlagen und unter die Quarkmasse heben. Vier tiefe kalte Teller gut ausbuttern, die Quarkmasse einfüllen. Die geschälte Mango in Scheiben schneiden und jeweils fünf Scheiben auf jeden Teller legen, die Zwischenräume mit den geputzten halbierten Erdbeeren ausgarnieren. Auf dem Boden im Ofen bei 250 Grad (Gas: Stufe 5) 10–12 Minuten garen.

Anrichten
Das goldbraune Gratin mit Puderzucker bestäuben und mit dem Vanilleeis servieren.

Rhabarberschlupfer mit Vanillesahne

Für 4 Personen
250 g altbackene Brioches (Rezept Seite 285)
250 g Rhabarber
50 g geröstete gehobelte Mandeln
50 g Korinthen
1/2 l Sahne
120 g Zucker
1 Vanillestange
7 Eier
1 Prise Zimt
Butter für die Form

Vanillesahne
1/4 l Milch
1/4 l Sahne
100 g Zucker
2 Vanillestangen
5 Eigelbe
100 g geschlagene Sahne

★★★ Die Brioches in Würfel von jeweils 2 cm Seitenlänge schneiden. Den Rhabarber waschen, schälen und in kleine Stücke von etwa 1 cm schneiden. Zusammen in eine Schüssel geben und mit den Mandeln und Korinthen mischen. Sahne, Zucker, ausgeschabtes Vanillemark, Eier und Zimt mit einem Schneebesen gut verschlagen und passieren. Über die Brioche-Rhabarber-Masse gießen und gut vermengen. In eine gebutterte Form etwa 3 cm hoch einfüllen und im Ofen bei 220 Grad (Gas: Stufe 4) etwa 30 Minuten garen, bis die Eimasse gestockt und der Schlupfer goldbraun ist. Danach auskühlen lassen. Ausgekühlt den Ofenschlupfer mit einem runden Metallausstecher ausstechen, auf ein Backblech setzen und im Ofen 7 Minuten heiß werden lassen.
Die Milch mit Sahne, Zucker und Vanillestangen aufkochen. Mit den Eigelben zur Rose abziehen. Die Sauce passieren und kalt stellen.

Garnitur
250 g Erdbeeren
100 g Himbeeren
Fruchtmark von Himbeeren oder Erdbeeren (Rezept »Himbeer-Millefeuilles« Seite 222)
Minze
Puderzucker

Anrichten
Jeweils in die Tellermitte einen Ofenschlupfer setzen. Außenherum etwas von der Vanillesahne gießen und mit einem hübschen Dekor von Fruchtmark versehen. Mit den geputzten Beeren und Minzeblättchen ausgarnieren. Zum Schluß alles sanft mit Puderzucker bestäuben.

Mandel-Orangen-Blätter mit Feigen und Joghurtsauce

Für 4 Personen
100 g grobgehackte Mandeln
100 g Zucker
1 Orange (unbehandelt)
30 g Mehl
50 g flüssige Butter

Feigen
12 frische Feigen
60 g Zucker
¼ l roter Portwein
80 g Crème fraîche
150 g geschlagene Sahne

★★★ Die Mandeln mit Zucker, Orangensaft, abgeriebener Orangenschale, Mehl und der Butter in eine Schüssel geben und mit einem Kochlöffel 5 Minuten gut durchrühren. Die Masse mindestens 1 Stunde kalt stellen. Dann etwa 12 nußgroße Kugeln formen und diese mit großem Abstand auf ein mit Pergament- oder Backtrennpapier ausgelegtes Backblech setzen. Bei 180–200 Grad (Gas: Stufe 2–3) 12–15 Minuten goldbraun backen. Beim Backen läuft der Teig sehr stark auseinander und ergibt somit hauchdünne Blätter. Auf dem Blech auskühlen.

Die Feigen dünn schälen. Vier Früchte zusammen mit dem Zucker und Portwein in einer kleinen Kasserolle weich dünsten. In einem Mixer pürieren und durch ein Sieb streichen. Abkühlen lassen. In das kalte Feigenmark zuerst die Crème fraîche einrühren, dann die Schlagsahne unterheben. Kühl stellen. Die restlichen Feigen in jeweils sechs Stücke teilen.

Den Joghurt mit dem Saft der Limone verrühren und mit dem Puderzucker abschmecken. Die Schlagsahne zum Schluß unterziehen.

Joghurtsauce
150 g Joghurt, natur
1 Limone
40 g Puderzucker
30 g geschlagene Sahne

Garnitur
Fruchtmark von Mango oder Himbeeren (Rezept »Himbeer-Millefeuilles« Seite 222)

Anrichten
Die Teller zunächst mit je einem Mandel-Orangen-Blatt belegen. Darauf mit einem Spritzbeutel etwas von der Feigensahne dressieren. Mit je sechs Feigenecken umlegen, darauf wieder ein paar Tupfer Feigensahne und mit einem Mandel-Orangen-Blatt abdecken. Zweimal wiederholen. Mit der Joghurtsauce umziehen und mit dem Fruchtmark ausgarnieren.

Kokosparfait mit Passionsfruchtsabayon und Erdbeerbeignets

Für 4–6 Personen
1 Ei
1 Eigelb
175 g weiße Schokolade
150 g Kokosmark
6 cl Kokoslikör
250 g geschlagene Sahne
50 g Kakaopulver
150 g Kokosflocken

Erdbeerbeignets
100 g Mehl (Type 405)
1 Prise Salz
10 g Öl
1 Eigelb
0,1 l trockener Weißwein
1 Eiweiß
8–10 gleichmäßig große Erdbeeren
Fritierfett
Vanillinzucker

★★★ Das Ei mit dem Eigelb zuerst auf dem Wasserbad cremig schlagen, dann vom Herd nehmen und so lange weiterschlagen, bis die Masse kalt ist. Die Schokolade schmelzen – entweder bei milder Hitze oder ebenfalls auf dem Wasserbad – und zufügen. Zusammen mit dem Kokosmark alles gut verrühren. Mit dem Likör aromatisieren und zum Schluß die Schlagsahne vorsichtig unterheben. Vier Fünftel der Masse in eine kleine Terrinenform füllen. Den Rest mit einem Eßlöffel von dem Kakaopulver verrühren, zu der weißen Parfaitmasse geben und mit einer Gabel marmorieren. Mindestens 6 Stunden gefrieren lassen. Die Kokosflocken mit dem restlichen Kakaopulver vermischen, das gefrorene Parfait vorsichtig aus der Form stürzen, in der Flockenmischung wälzen, wieder einfüllen und einfrieren.
Aus Mehl, Salz, Öl, Eigelb und Wein einen geschmeidigen Teig rühren. Das steifgeschlagene Eiweiß unterziehen. Die Erdbeeren waschen, das Grüne abzupfen und die Früchte einzeln durch den Backteig ziehen. In dem auf 180 Grad erhitzten Fett goldgelb ausbacken. Auf Küchenkrepp abtropfen lassen und in dem Vanillinzucker wälzen.
Die Eigelbe mit dem Zucker und dem Passionsfruchtsaft auf dem Wasserbad mit dem Schneebesen zu einer cremigen Sauce aufschlagen.

Sabayon
4 Eigelbe
60 g Zucker
0,15 l Passionsfruchtsaft (Maracuja)

Anrichten
Die Erdbeeren halbieren und zusammen mit je einer Scheibe Kokosparfait und der Sabayon auf eisgekühlten Tellern servieren.

Zwetschgentarte mit Pflümlisauce und weissem Schokoladeneis

Für 6–8 Personen

Eis
1/4 l Milch
1/4 l Sahne
2 EL Zucker
6 Eigelbe
125 g weiße Schokolade

Teig
150 g Butter
75 g Zucker
1 Ei
1 Vanillestange
1 Prise Salz
50 g Biskuitbrösel
100 g Mehl (Type 405)
75 g geröstete geriebene Mandeln
Mehl zum Ausrollen

Vanillecreme
1/8 l Milch
1/8 l Sahne
3 EL Zucker
1 Vanillestange
2 Eigelbe
20 g Speisestärke

★★★ Die Milch mit der Sahne und dem Zucker erhitzen und mit den Eigelben zur Rose abziehen. In der heißen Masse die zerbröckelte Schokolade auflösen und rasch abkühlen lassen. Durch ein Sieb passieren und gefrieren lassen.

Die Butter mit Zucker und Ei schaumig rühren. Das ausgeschabte Mark der Vanillestange und die Prise Salz zufügen. Brösel, durchgesiebtes Mehl und Mandeln untermischen und alles zu einem geschmeidigen Teig verkneten. Mindestens 60 Minuten kühl stellen. Dann auf einer bemehlten Fläche 3 mm dünn ausrollen und Tartelettes von 10 cm Durchmesser ausstechen. Auf ein mit Backtrennpapier ausgelegtes Blech setzen und im vorgeheizten Ofen bei 220 Grad (Gas: Stufe 4) 15 Minuten goldbraun backen. Auskühlen lassen.

Die Milch – bis auf 2 Eßlöffel – mit der Sahne, dem Zucker und der aufgeschlitzten Vanillestange aufkochen. Die Eigelbe mit der Stärke und der restlichen Milch anrühren. Die Vanillemilch damit binden. 2–3 Minuten köcheln, dann etwas abkühlen und durch ein Sieb streichen. Kühl stellen.

Die Crème fraîche mit dem Puderzucker und Zwetschgenwasser verrühren und zum Schluß die Schlagsahne unterheben.

Sauce
150 g Crème fraîche
40 g Puderzucker
4 cl Zwetschgenwasser
50 g geschlagene Sahne

Garnitur
18 reife Zwetschgen
Puderzucker
Zimt

Anrichten
Die Tartelettes mit etwas Vanillecreme bestreichen und mit geachtelten Zwetschgen belegen. Mit Puderzucker und einem Hauch Zimt bestäuben. Im Ofen bei 220 Grad (Gas: Stufe 4) 8–10 Minuten erhitzen und auf die vorbereiteten Teller geben. Mit der Sauce umziehen und im letzten Moment eine Kugel von dem Eis in die Mitte des Tartelettes setzen. Sofort servieren.

Weisse und dunkle Schokoladenmousse mit Mokka- und Vanillesauce

Zutaten für 10 Personen

Weiße Mousse
1 Ei
1 Eigelb
1 ½ Blatt weiße Gelatine
175 g weiße Schokolade
1 cl Arrak
1 cl weißer Rum
2 EL Crème de Cacao (weiß)
¼ l Sahne

Dunkle Mousse
1 Ei
1 Eigelb
125 g Bitterschokolade
50 g Vollmilchschokolade
2 cl Crème de Cacao (dunkel)
1 cl Cognac
300 g Sahne

★★★ Das Ei mit dem Eigelb in einer Schüssel auf dem Wasserbad schaumig rühren. Beginnt die Masse, cremig zu werden, die Schüssel vom Wasserbad nehmen und die kalt eingeweichte, gut ausgedrückte Gelatine zufügen. Weiterschlagen, bis die Masse abgekühlt ist. Die weiße Schokolade nur lauwarm schmelzen und dazugeben. Mit Arrak, Rum und Crème de Cacao vermischen und schnell durchrühren. Die Sahne steif schlagen und zum Schluß unter die angedickte Masse heben. In eine Glasschüssel füllen. Im Kühlschrank zugedeckt zwei Stunden durchkühlen.

Die dunkle Mousse nach der gleichen Methode zubereiten; im Unterschied zur weißen Creme wird hierbei jedoch keine Gelatine verwendet.

Die Sahne mit Milch, Zucker und der aufgeschnittenen Vanillestange zum Kochen bringen. Die Eigelbe zufügen und bei milder Hitze zur Rose abziehen. Vom Herd nehmen und kalt stellen. Vor dem Servieren die geschlagene Sahne unterziehen.

Die Eigelbe mit dem Mokka verrühren. Den Zucker zufügen und auf dem Wasserbad schaumig aufschlagen. Vom Herd nehmen und so lange weiterschlagen, bis die Creme abgekühlt ist. Mit dem Mokkalikör aromatisieren.

Tip: Die Mousse können Sie, je nach Jahreszeit, z.B. mit glasierten Herzkirschen servieren.

Vanillesauce
100 g Sahne
0,1 l Milch
30 g Zucker
1 Vanillestange
2 Eigelbe
3 EL geschlagene Sahne

Mokkasauce
3 Eigelbe
0,1 l Mokka oder starker Kaffee
1 EL Zucker
2 cl Mokkalikör

Anrichten
Je einen Eßlöffel Weiße und Dunkle Mousse auf die Teller verteilen, mit der Vanillesauce die Dunkle, mit der Mokkasauce die Weiße Mousse umgießen.

BANANENSOUFFLÉ MIT ANANASCOULIS

Für 4 Personen
40 g Butter
20 g Zucker
2 Eigelbe
200 g Bananen
½ Zitrone (Saft)
25 g geröstete gehobelte Mandeln
20 g Schokoladenstreusel
10 g Weizenstärke
2 Eiweiße
45 g Zucker
Butter und Zucker für die Formen

Ananascoulis
1 reife Mini-Ananas
0,2 l Sauternes
30 g Zucker
1 EL Speisestärke

★★★ Die Butter mit dem Zucker schaumig schlagen, die Eigelbe zufügen und gut verrühren.
Die Bananen schälen und zusammen mit dem Zitronensaft im Mixer pürieren. Mandeln, Schokoladenstreusel, Stärke und das Bananenpüree zu der Eimasse geben und gut vermischen. Die Eiweiße mit dem Zucker steif schlagen und unterheben.
Vier Timbaleförmchen gut ausbuttern und mit Zucker ausstreuen. Die Soufflémasse so einfüllen, daß die Ränder nicht verschmieren, sonst geht das Soufflé nicht gut auf. Das Soufflé im Ofen im Wasserbad bei 230–250 Grad (Gas: Stufe 5) etwa 12 Minuten pochieren.
Die Mini-Ananas achteln, den Strunk herausschneiden und diesen in dem Sauternes etwa 5 Minuten köcheln lassen. In der Zwischenzeit das Ananasfleisch in kleine Würfelchen schneiden. Den Sauternes abpassieren und mit der angerührten Stärke abbinden. Die Ananaswürfel zufügen und einmal aufkochen.
Die Ananas schälen, vom Strunk befreien, pürieren und durch ein Sieb streichen. Die Fruchtmasse zusammen mit Weißwein, Bacardi, Zucker und den Eigelben auf dem Wasserbad cremig schlagen.

Tip: Damit das Soufflé schön in Form kommt, folgendes beachten: Ganz frische Eier nehmen. Beim Trennen sehr sorgfältig arbeiten, daß kein Quentchen Eigelb mit ins Eiweiß rutscht. Das Eiweiß in einer völlig fettfreien Schüssel schlagen. Den Eischnee nicht unterrühren, sondern sanft unterheben.

Sabayon
1 Mini-Ananas
5 cl trockener Weißwein
3 cl Bacardi
50 g Zucker
4 Eigelbe

Anrichten
Das Soufflé stürzen, mit den Ananascoulis umlegen und mit der Sabayon umgießen.

Traubentarte mit Weinschaumeis und Trestersabayon

Für 8–10 Personen

Weinschaumeis
6 dl Muskateller
170 g Zucker
200 g Butter
3 Eigelbe

100 g Blätterteig
(Rezept Seite 283)
45 g Butter
45 g feingemahlene Mandeln
45 g Zucker
15 g Speisestärke
1 Eigelb
1 EL Rum
50 g Sahne
50 g Milch
40 g Zucker
1 Vanilleschote (Mark)
8 g Speisestärke
1 Eigelb
250 g Trauben

Trestersabayon
9 cl Muskateller
30 g Zucker
3 Eigelbe
3 cl Tresterbrand

★★★ Den Wein mit dem Zucker auf 60 Grad erhitzen. Mit einem Pürierstab die Butter untermixen und weiter auf 80 Grad erhitzen. Zusammen mit den Eigelben im Mixer etwa 8 Minuten verschlagen, anschließend in der Eismaschine frieren.

Den Blätterteig dünn ausrollen und eine flache Kuchen- oder Tarteform (24 cm Durchmesser) damit auslegen. Die Kuchenform mit Alufolie auslegen und bei 220 Grad (Gas: Stufe 4) blind backen.

Die Butter mit den Mandeln und dem Zucker schaumig schlagen. Die Stärke, das Eigelb und den Rum zufügen und alles gut verrühren.

Die Sahne – bis auf einen Teelöffel – mit Milch, Zucker und dem ausgeschabten Mark einer halben Vanilleschote aufkochen. Die Speisestärke mit einem Teelöffel Sahne und dem Eigelb verrühren. Die kochende Flüssigkeit damit abbinden. Anschließend die Masse kaltschlagen und unter die Mandelmasse heben, auf den Kuchenboden streichen. Die Trauben waschen, häuten, halbieren und entkernen und mit der Schnittseite nach unten auf die Mandelmasse legen. Nochmals bei 200 Grad (Gas: Stufe 3) mit Unterblech etwa 35 Minuten goldgelb backen.

Den Wein mit Zucker und Eigelb cremig auf dem Wasserbad aufschlagen und mit dem Trester aromatisieren.

Anrichten
Jeweils ein Stück von dem Kuchen auf Teller geben, die Spitze mit der Sabayon überziehen und das Eis darauf anordnen.

Rüblitorte mit Schokoladen-Ingwer-Eis

Für 6 Personen
½ l Milch
½ l Sahne
200 g Zucker
40 g geschälter Ingwer
9 Eigelbe
60 g Kakaopulver

Rüblitorte
200 g Karotten
120 g Zucker
½ Zitrone (unbehandelt)
4 Eier
1 Eigelb
45 g Zucker
150 g Mehl (Type 405)
8 g Backpulver
100 g geschälte und geriebene Haselnüsse
100 g flüssige Butter
etwas Butter für die Form
50 g gehackte Mandeln

★★★ Die Milch mit der Sahne, der Hälfte des Zuckers und dem geraspelten Ingwer zum Kochen bringen. Den Topf vom Feuer nehmen und 10 Minuten ziehen lassen. Dann wieder erhitzen. Die Eigelbe mit dem Rest des Zuckers schaumig schlagen. Unter stetem Schlagen die heiße Milch auf einmal auf die Eimasse schütten. In den Topf zurückgießen und bei milder Hitze alles zur Rose rühren. Die Masse soll leicht dicklich werden, ohne zu kochen, sonst gerinnt sie. In eine andere Schüssel das Kakaopulver geben und nach und nach die Eismasse darunterrühren. Abkühlen lassen, durch ein Sieb passieren und im Tiefgefrierer mindestens 5–6 Stunden einfrieren.
Die Karotten putzen, waschen und fein raspeln. Den Zucker und die abgeriebene Zitronenschale zufügen und alles gut vermischen. Beiseite stellen und durchziehen lassen.
Die Eier mit dem Eigelb und Zucker auf dem Wasserbad lauwarm aufschlagen, dann vom Herd nehmen und mit dem Rührgerät kalt und schaumig schlagen. Die Karotten vorsichtig mit dem Kochlöffel unterziehen. Das Mehl mit dem Backpulver vermischen und die Haselnüsse einrieseln lassen. Mit der flüssigen, nicht zu warmen Butter übergießen und alles zu einem geschmeidigen Teig verarbeiten. In die gebutterte und mit gehackten Mandeln ausgestreute Springform geben und 25–30 Minuten bei 190–200 Grad backen (Gas: Stufe 3).

Tip: Zuckerglasur wird von der Industrie als Fondant-Glasur in guter Qualität angeboten. Die Herstellung im Haushalt ist eine zeitraubende Prozedur, die man sich sparen kann.
Die Marzipankarotten gibt es beim guten Konditor.

Garnitur
Zuckerglasur
6 Marzipankarotten

Anrichten
Den Kuchen stürzen, mit der Zuckerglasur bestreichen und mit den Marzipankarotten verzieren. In sechs Stücke schneiden, jeweils ein Kuchenstück zusammen mit Eiskugeln anordnen.

Punschparfait mit heisser Apfeltarte

Für 6 Personen
je 1 Zitrone und Orange (unbehandelt)
0,15 l kräftiger Rotwein
0,15 l schwarzer Tee (gut 5 Minuten gezogen)
80 g Zucker
0,1 l Orangensaft
1 Ei
2 Eigelbe
200 g geschlagene Sahne
6 cl Rum

Apfeltarte
150 g Blätterteig (Rezept Seite 283)
Puderzucker
2 Äpfel (Golden Delicious)
½ Zitrone
80 g Aprikosenmarmelade
4 cl Calvados
50 g geröstete gehobelte Mandeln

★★★ Zitrone und Orange gut waschen, die Schalen beider Früchte in breiten Streifen herunterschneiden und die Früchte auspressen. Die weiße Haut an den Schalen ganz entfernen. Die Hälfte der Schalen in feine Streifen (Julienne) schneiden. Die restlichen Schalen mit Rotwein, Tee, Zucker, Orangen- und Zitronensaft aufkochen, dann auf ein Viertel einkochen. Von der Saftreduktion 5 cl abnehmen und damit die Julienne glacieren. Den restlichen Sirup durch ein Sieb passieren. Das Ei mit den Eigelben schaumig schlagen, den passierten Sirup aufkochen und zu der Eischaummasse geben. Die Masse schlagen, bis sie kalt und cremig ist. Zum Schluß die geschlagene Sahne unterheben und mit dem Rum abschmecken. Die Parfaitmasse in kleine Portionsförmchen füllen und im Tiefkühler mindestens 6 Stunden gefrieren lassen.
Den Blätterteig messerrückendick ausrollen, mit einem Ring (20 cm Durchmesser) ausstechen und etwa 20 Minuten ruhen lassen. Zwischen zwei Blechen im 200 Grad heißen Ofen (Gas: Stufe 3) 10–15 Minuten goldgelb backen. Mit Puderzucker bestäuben und bei sehr starker Oberhitze karamelisieren. Die Äpfel schälen und die Kerngehäuse ausstechen. Mit etwas Zitronensaft beträufeln, damit sie sich nicht so schnell verfärben. In dünne Scheiben schneiden und dicht auf den karamelisierten Blätterteig auflegen. 8 Minuten im 220 Grad heißen Ofen (Gas: Stufe 4) backen. Die Aprikosenmarmelade aufkochen, mit Calvados abschmecken und die Tarte damit bestreichen. Den Rand des Kuchens mit Mandeln bestreuen und in sechs Stücke teilen.

Anrichten
Die Parfaitförmchen kurz mit heißem Wasser abspülen und auf Teller stürzen. Mit den kalten Zitrusstreifen und dem Sirup nappieren und je ein Stück Apfeltarte dazugeben.

Kalte Blutorangensuppe mit Lebkuchenpudding und Vanillesauce

Für 6 Personen
15 Blutorangen (Saft)
5 Limonen (Saft)
100–150 g Zucker
30–35 g Speisestärke
1/8 l Champagner

Pudding
95 g Butter
90 g Zucker
3 Eigelbe
4 Eiweiße
50 g feingeriebene Mandeln
100 g Biskuitbrösel
1/2 Vanillestange (Mark)
2 EL Lebkuchengewürz
Butter und Zucker für die Formen

★★★ Die Blutorangen und Limonen abwaschen, auspressen und zusammen mit dem Zucker zum Kochen bringen. Bei milder Hitze 10 Minuten köcheln lassen. Danach mit der angerührten Stärke abbinden. Durch ein Passiertuch in eine Schüssel gießen, auf Eis stellen und unter häufigem Rühren abkühlen lassen. Den Champagner erst kurz vor dem Servieren zufügen.

Die Butter mit der Hälfte des Zuckers schaumig rühren, nach und nach die Eigelbe zufügen. Die Eiweiße steif schlagen, dabei den restlichen Zucker einrieseln lassen. Mandeln, Brösel, Vanillemark und Lebkuchengewürz mit der Ei-Butter-Masse mischen und den Eischnee unterheben. Sechs Timbaleförmchen buttern und mit Zucker ausstreuen. Die Puddingmasse einfüllen, in ein Wasserbad stellen und im 240 Grad heißen Ofen (Gas: Stufe 4–5) 15–20 Minuten pochieren.

Die Milch mit der Sahne und den Vanillestangen aufkochen. Den Zucker und die Eigelbe in einem Topf gut verrühren. Die Vanillestangen aus der Milch nehmen, das Mark herausschaben und unter die Eigelbmasse rühren. Dann mit der kochenden Flüssigkeit übergießen und zur Rose abziehen. Durch ein Spitzsieb in eine kalte Schüssel gießen und kalt stellen.

Sauce
1/4 l Milch
1/4 l Sahne
2 Vanillestangen
110 g Zucker
9 Eigelbe

Garnitur
geröstete Mandeln
36 Blutorangenfilets
Puderzucker

Anrichten
Die Suppe mit dem Champagner verrühren und in tiefe Teller füllen. Mit der Vanillesauce eine Spirale in der Suppe ziehen und sternförmig mit einem spitzen Gegenstand nach außen ziehen. Den Pudding in die Suppe stellen und mit gerösteten Mandeln bestreuen. Sechs Blutorangenfilets pro Teller in Kranzform einlegen. Zum Schluß mit einem Hauch Puderzucker überstäuben.

Topfensorbet mit Himbeermark

Abbildung Seite 70

Für 4 Personen
200 g Magerquark
100 g Sahnequark
(40% Fett)
1 Orange (Saft)
1 Zitrone (Saft)
15 g Magermilch-
pulver
2 EL Zucker

200 g Himbeeren
3 cl Läuterzucker
(Rezept Seite 287)

★★★ Den Magerquark mit Sahnequark und ausgepreßten Fruchtsäften verrühren. Das Milchpulver zufügen und mit dem Zucker abschmecken. Im Mixer gut pürieren und durch ein Sieb passieren. In die Eismaschine geben und gefrieren lassen.
Die Himbeeren verlesen und im Mixer zusammen mit dem Läuterzucker pürieren. Durch ein feines Haarsieb streichen. Kühl stellen.

Anmerkung: Dieses Sorbet kann entsprechend der Jahreszeit mit jedem anderen Fruchtmark serviert werden.

Anrichten
Das Himbeermark auf vier gut gekühlte Teller verteilen und mit den ausgeformten Eiskugeln servieren.

Grand-Marnier-Flan mit Zitronellenbutter

Für 5 Personen
½ l Orangensaft
50 g Zucker
2 Blatt Gelatine
2 Eigelbe
⅛ l Grand Marnier
150 g geschlagene Sahne
5 Biskuitböden (etwa 8 cm Durchmesser)
50 g Aprikosenmarmelade

Zitronellenbutter
¼ l Sauternes
125 g Zitronengras
½ Vanillestange
25 g Zucker
60 g Crème fraîche
100 g kalte Butter

★★★ Den Orangensaft mit dem Zucker bis auf ⅛ l Flüssigkeit einkochen. Die Gelatine einweichen, ausdrücken und in dem heißen Orangenfond auflösen. Die Eigelbe schaumig aufschlagen, die Orangenreduktion zufügen und so lange weiterschlagen, bis die Masse kalt ist. Mit 8 cl Grand Marnier abschmecken und zum Schluß die Schlagsahne unterheben.
Fünf Kunststoffringe auf ein Blech setzen (oder Aluförmchen nehmen) und die Biskuits einlegen. Mit dem restlichen Grand Marnier beträufeln. Die Creme darauf verteilen, ca. 1 Stunde auskühlen lassen und glattstreichen. Die Aprikosenmarmelade kurz aufkochen. Mit einem Pinsel die Flans vorsichtig abglänzen, kühl stellen.
Den Sauternes mit dem kleingeschnittenen Zitronengras, der Vanillestange und dem Zucker bei milder Hitze 30 Minuten ziehen lassen. Abpassieren, die Crème fraîche zufügen und auf ein Drittel reduzieren. Die kalte Butter klein schneiden, mit einem Mixstab in den Zitronellenfond montieren.

Anmerkung: Zitronengras, eine asiatische, sehr aromatische und scharfkantige Graspflanze, erhält man frisch oder getrocknet in Delikateß- und Asialäden.

Garnitur
15 Erdbeeren
150 g Himbeeren

Anrichten
Die Grand-Marnier-Flans herausschneiden, auf Teller verteilen, mit den gewaschenen, geputzten Beeren ausgarnieren und mit der Sauce angießen.

Birnenstrudel mit Mandelsauce und Schokoladenparfait

Für 6–8 Personen

Parfait – weiße Schicht

1 Ei
1 Eigelb
175 g weiße Schokolade (Kuvertüre)
2 cl Crème de Cacao (weiß)
2 cl weißer Rum
250 g geschlagene Sahne

dunkle Schicht

1 Ei
1 Eigelb
175 g dunkle Kuvertüre
2 cl Crème de Cacao (dunkel)
2 cl Cognac
250 g geschlagene Sahne

★★★ Einen Tag vorher das Parfait zubereiten. Für die weiße Schicht das Ei mit dem Eigelb auf dem Wasserbad schaumig aufschlagen. Vom Herd nehmen und weiterschlagen, bis die Masse abgekühlt ist. Die weiße Kuvertüre oder Schokolade zerkleinern und ebenfalls auf dem Wasserbad auflösen. Zu der Eiercreme geben und mit Crème de Cacao und Rum parfümieren. Die Schlagsahne vorsichtig unterheben. Nach gleicher Anleitung die dunkle Parfaitmasse zubereiten. In eine kleine Kastenform (etwa 16 cm lang) zuerst die weiße Schokoladencreme einfüllen. Glattstreichen und darauf die dunkle Masse geben. Zum Schluß mit einer Gabel marmorieren. Im Tiefkühlfach über Nacht gefrieren lassen.

Das Mehl auf die Arbeitsplatte sieben. In die Mitte eine Vertiefung drücken, Öl und Salz hineingeben. Nach und nach das Wasser zufügen und alles zu einem glatten Teig verkneten. Er muß sich gut von den Händen ablösen. Die Oberfläche mit Öl bestreichen, damit sich keine Haut bilden kann. Mit einem feuchten Tuch die Schüssel so abdecken, daß es den Teig nicht berührt, und an einem warmen Ort etwa 30 Minuten ruhen lassen.

Die Birnen schälen, vierteln und die Kerngehäuse entfernen. Die Früchte in dünne Scheiben schneiden. Mit den Korinthen, Mandeln, Biskuitwürfeln und dem Zucker vermischen. Mit dem Williamsbrand aromatisieren. Kurz durchziehen lassen.

Den Arbeitstisch mit einem Leinentuch (50×40 cm) auslegen, gleichmäßig mit Mehl bestäuben. Den Teig ebenfalls leicht mehlieren und auf das Tuch legen. Mit dem Nudelholz so dünn wie möglich ausrollen. Mit den Handrücken unter den Teig fahren und langsam in Richtung Tischkante so dünn ausziehen, daß man durch den Teig eine Zeitung lesen könnte. Sehr vorsichtig dabei verfahren, damit der Teig nicht einreißt. Den ausgezogenen Teig mit drei Viertel der flüssigen Butter beträufeln, die Füllung gleichmäßig darüber verteilen, aber etwa ein Viertel vom Teig freilassen. Den vorne überstehen-

Teig

300 g Weizenmehl (Type 405)
25 g Öl
5 g Salz
etwa 0,15 l Wasser
Öl zum Einreiben
Mehl zum Ausrollen
125 g flüssige Butter zum Bestreichen

Füllung

1 kg reife Williamsbirnen
80 g Korinthen
60 g geröstete, gehobelte Mandeln
100 g Biskuitwürfel
100 g Zucker
8 cl Williamsbrand

Sauce

1/8 l Milch
1/8 l Sahne
50 g Zucker
60 g geröstete, gehobelte Mandeln
3 Eigelbe
80 g geschlagene Sahne

den Teig nach innen einschlagen. Das Leinentuch mit beiden Händen fassen und den Strudel durch Anheben des Tuches aufrollen; dabei die Ränder jeweils seitlich miteinschlagen. Den Strudel auf ein gebuttertes Backblech legen, mit der restlichen Flüssigbutter bepinseln. Im vorgeheizten Backofen bei 250 Grad etwa 15–20 Minuten goldbraun backen (Gas: Stufe 5).
Die Milch mit Sahne, Zucker und den Mandeln erhitzen. Etwas ziehen lassen und passieren. Bei milder Hitze mit den Eigelben zur Rose abziehen. Abkühlen lassen und mit der Schlagsahne aufrühren.

Anrichten
Den Strudel in Scheiben teilen und heiß mit etwas Mandelsauce und Parfait sofort servieren.

Sorbet von schwarzen Johannisbeeren

Für 4 Personen
400 g schwarze Johannisbeeren
3 cl Läuterzucker (Rezept Seite 287)
6 cl Cassislikör
0,1 l trockener Sekt oder Champagner

★★★ Die Beeren waschen. Von den Rispen streifen und zusammen mit dem Läuterzucker im Mixer pürieren. Mit Likör und Sekt mischen und sofort im Gefrierfach oder in der Eismaschine gefrieren lassen.

Anmerkung: Ob Sie ein Sorbet als Menüteiler – zwischen Fisch- und Fleischgang – servieren, bleibt Ihrem individuellen Geschmack überlassen. Ich persönlich finde, daß die erfrischende Fruchtsäure besonders gut zum Menüabschluß harmoniert, sozusagen als zweites Dessert.

Anrichten
Von dem Eis Kugeln ausstechen und in Gläsern servieren.

Dampfnudeln mit Schmorapfelstücken und Vanillesauce

Für 8–10 Personen
500 g Mehl
(Type 405)
100 g Butter
2 Eier
0,2 l lauwarme Milch
5 g Salz
1 EL Zucker
20 g Hefe

1 Tasse Milch
70 g Butter
1½ EL Zucker
1 Prise Salz

Schmorapfelstücke
500 g Äpfel
(keine mehligen)
0,1 l Apfelsaft
4 cl trockener Weißwein
1 EL Zucker
⅓ Zimtstange

Vanillesauce
¼ l Milch
¼ l Sahne
100 g Zucker
2 Vanillestangen
5 Eigelbe

★★★ Aus Mehl, Butter, Eiern, lauwarmer Milch, Salz, Zucker und aufgelöster Hefe einen Teig rühren. So lange schlagen, bis er Blasen wirft und sich von der Schüssel löst. Zugedeckt an einem warmen Ort gut gehen lassen. Dann etwa 1,5 cm dick ausrollen, mit einem Glas Küchlein ausstechen und diese nochmals auf einem gemehlten Brett gehen lassen.

In eine eiserne Kasserolle eine Tasse Milch gießen, Butter, Zucker und Salz zufügen und das Ganze zum Kochen bringen. Nun die Nudeln dicht an dicht einsetzen. Die Kasserolle mit einem Deckel verschließen und in den vorgeheizten Backofen stellen. Bei 220 Grad (Gas: Stufe 4) etwa 30 Minuten backen. Die Nudeln sofort herausnehmen und servieren.

Die Äpfel schälen, halbieren, das Kerngehäuse entfernen und gleichmäßig achteln. Zusammen mit Apfelsaft, Wein, Zucker und Zimtstange in eine Kasserolle geben und zugedeckt 12 Minuten köcheln lassen. Die Apfelstücke dürfen nicht zu Püree verkocht sein.

Die Milch mit Sahne, 50 g Zucker und den längs aufgeschnittenen Vanillestangen aufkochen. Die Eigelbe mit dem restlichen Zucker gut verrühren. Mit der heißen Flüssigkeit aufgießen und mit dem Schneebesen zur Rose rühren – dabei darf die Sauce auf keinen Fall kochen – und passieren. Das Mark aus den Vanillestangen schaben und in die Sauce geben. Kühl stellen.

Anmerkung: Dieses Gericht ergibt für vier Personen eine komplette Mahlzeit, wer Süßes auch mal als Hauptgericht anbieten mag.

Mein Tip: Als Kind hatte ich die Möglichkeit, frische Preiselbeeren am Waldrand zu pflücken. Die Preiselbeeren kochte meine Mutter ganz kurz mit etwas Zucker und mischte 5 Eßlöffel davon unter die noch lauwarmen Schmoräpfel. Das gibt nicht nur ein schönes Aussehen, sondern rundet das Kompott süßlich-herb ab.

Anrichten
Die heißen Dampfnudeln gleich aus dem Ofen auf Teller geben, mit den lauwarmen Schmoräpfeln umlegen und mit der kalten Vanillesauce angießen.

Weisse Schokoladenmousse mit Mangopiccata und Himbeersauce

Für 6–8 Personen
1 Ei
1 Eigelb
1 1/2 Blatt Gelatine
2 cl weißer Rum
2 cl Crème de Cacao
175 g weiße Kuvertüre
250 g geschlagene Sahne

Piccata
1 reife Mango (300–400 g)
1 Ei
100 g Kokosraspel
100 g geklärte Butter

Himbeersauce
100 g Himbeeren
1/2 EL Puderzucker
2 cl Himbeergeist

★★★ Das Ei mit dem Eigelb auf dem Wasserbad schaumig schlagen. Die Gelatine einweichen, gut ausdrücken und auflösen. Zu der Eimasse geben. Vom Herd nehmen und zu einer dicklichen weißen Creme fast kalt schlagen, mit Rum und Crème de Cacao aromatisieren. Die Kuvertüre auf dem Wasserbad auflösen (das Wasser darf nicht kochen) und unter die Eimasse rühren. Abkühlen und zum Schluß die Sahne unterheben. Die Mousse in eine Schüssel füllen und mindestens 2 Stunden kühl stellen.

Die Mango dünn schälen und in 12 Scheiben schneiden. Das Ei verquirlen und die Mangoscheiben darin wenden. Mit Kokosraspeln panieren und in der geklärten Butter goldgelb braten. Auf einem Tuch abtropfen lassen.

Die Himbeeren pürieren, mit dem Puderzucker abschmecken und passieren. Mit Himbeergeist abrunden.

Anrichten
Mit zwei Teelöffeln von der Mousse Nocken abstechen und zusammen mit den gut abgetropften Mangoscheiben und der Himbeersauce auf gekühlten Tellern anrichten.

Pâtisserie: Ingo Holland

Saucen, Fonds und Reduktionen

Die Sauce ist das Tüpfelchen auf dem i, das Alpha und das Omega der guten feinen Küche. Ein zarter Edelfisch, auf den Punkt gegart, eine saftige Bluttaube, rosa gebraten, wären ein unvollkommener Genuß ohne die harmonisch abgestimmte Sauce. Und die Sauce wiederum könnte nicht bestehen, hätte sie nicht die Basis der Fonds und Reduktionen.

Natürlich haben es Köche einfach, in ihren großen Küchen brauchen sie nur nach dem hellen oder braunen Grundfond zu greifen, um eine der köstlichsten Saucenkreationen zu zaubern. Aber auch für den Privathaushalt läßt sich eine Saucenbasis sehr gut auf Vorrat zubereiten. Sie erfordert wenig Aufwand, köchelt im offenen Topf ganz nebenbei bis zur gewünschten Konsistenz. Verschlossen im Kühlschrank halten sich Fonds bis zu zwei Wochen, eingefroren bis zu sechs Monaten.

Fonds (aus dem Französischen: Grund, Boden, Tiefe) werden immer aus kleingehackten Knochen, Karkassen oder Gräten gekocht, unter Zugabe von Gemüsen, Gewürzen und Kräutern. Aber nie mit Salz. Durch das starke Einkochen intensivieren sich sämtliche Aromastoffe derart, daß Fonds und Reduktionen am Schluß total versalzen wären und damit unbrauchbar für eine Sauce.

In der Familienküche, wenn es schnell gehen soll, kann ein Fond auch mal durch eine einfache Brühe oder Kraftbrühe ersetzt werden, doch die Sauce ist längst nicht so kraftvoll, würzig und aromatisch. Heutzutage gibt es im Handel verschiedene Fonds in Gläsern zu kaufen. Sie sind von ausgezeichneter Qualität und eine echte Alternative zu den selbstgekochten.

Reduktionen oder Jus sind auf wenige Eßlöffel Flüssigkeit eingekochte dunkle Fonds, hochkonzentriert, von satter, kräftiger Farbe. Sie werden hauptsächlich zur geschmacklichen Abrundung und Farbgebung von Terrinen, Pasteten, Farcen, Mousses und Soufflés verwendet.

Bei Saucen unterscheiden wir drei große Gruppen: die weißen (Basis: eine helle Mehlschwitze, mit Milch, Weißwein und hellem Fond aufgefüllt), die braunen (mit zerkleinertem Gemüse, Rotwein und dunklem Fond) und die Emulsionen – homogene Verbindungen gerührter Saucen aus Eigelb, Fonds, Reduktionen, Sahne und Butter oder, wie bei der Mayonnaise, mit Öl.

Eine gute Sauce zu kochen ist ganz sicher mit eines der schwierigsten Dinge auf dem Gebiet der Kochkunst. Aber diese Kunst ist ebenso sicher erlernbar. Sie brauchen nur erstklassige Zutaten – angefangen von den Basiselementen bis zu den Gewürzen –, ausreichend Zeit und etwas Fingerspitzengefühl. Lassen Sie sich von den nachfolgenden Rezepten inspirieren.

Heller Kalbsfond

1 Liter Fond
1,5 kg Kalbfleischknochen
2 l Wasser
0,2 l trockener Weißwein
150 g Zwiebeln
60 g Karotten
40 g Sellerie
40 g Lauch
1 Tomate
1 getrockneter Zweig Thymian
1 getrockneter Zweig Rosmarin
1 Gewürznelke
5 weiße Pfefferkörner
2–3 frische Petersilienstengel
2 frische Zweige Estragon
½ Knoblauchzehe (mit Schale)

★★★ Die Knochen grob zerhacken. Mit kaltem Wasser und Wein bedecken und zum Kochen bringen. Abschäumen. Das geputzte, zerkleinerte Gemüse, Gewürze und Kräuter zufügen und im offenen Topf bei milder Hitze 2 ½ Stunden köcheln lassen. Durch ein feines Haarsieb oder Tuch passieren und, falls nötig, entfetten – entweder mit Küchenpapier im heißen Zustand oder die Brühe erkalten lassen und die erstarrte Fettschicht abheben.

Heller Geflügelfond

1 Liter Fond
1,5 kg Geflügelknochen
2 l Wasser
0,2 l trockener Weißwein
50 g Champignons
100 g Schalotten
60 g Karotten
50 g Sellerie
40 g Lauch
2 frische Petersilienstengel
½ Lorbeerblatt
1 Gewürznelke
2 frische Zweige Estragon

★★★ Die Knochen zerhacken. Mit kaltem Wasser und Wein zum Kochen bringen. Abschäumen. Das Gemüse putzen, klein schneiden und mit den Gewürzen zufügen. Bei milder Hitze im offenen Topf 1 ½ Stunden köcheln. Durch ein Sieb passieren und entfetten – entweder mit Küchenpapier im heißen Zustand oder die Brühe erkalten lassen und die Fettschicht abheben. Nach Belieben weiter reduzieren.

Fond von Milchlamm und Zicklein

1 Liter Fond
1,5 kg Milchlamm- oder Zickleinknochen
150 g Zwiebeln
60 g Karotten
40 g Sellerie
1 Knoblauchzehe (mit Schale)
40 g Tomatenmark

★★★ Die Knochen zusammen mit dem geputzten, zerkleinerten Gemüse in einer Kasserolle im Ofen ohne Fettzugabe hell anrösten. Knoblauch, Tomatenmark, Lorbeer, Nelke, Thymian, Rosmarin und Pfefferkörner zufügen. Mit Wein und Wasser auffüllen und offen im Ofen oder auf dem Herd bei milder Hitze 2 Stunden köcheln lassen. Durch ein Sieb passieren und, falls nötig, entfetten – mit Küchenpapier im heißen Zustand oder die Brühe erkalten lassen und die erstarrte Fettschicht abheben. Zur gewünschten Konsistenz weiter reduzieren.

Tip: Wenn man das Tomatenmark und den Rotwein wegläßt, ergibt es einen hellen Fond.

½ Lorbeerblatt
1 Gewürznelke
1 getrockneter Zweig Thymian
1 getrockneter Zweig Rosmarin
10 Pfefferkörner (schwarz und weiß)
0,2 l trockener Weißwein oder Rotwein
2 ½ l Wasser

Brauner Kalbsfond

1 Liter Fond
1,5 kg Kalbsknochen
1–2 EL Öl
150 g Zwiebeln
60 g Karotten
40 g Sellerie
40 g Tomatenmark
0,2 l trockener Weißwein
2 ½ l Wasser

★★★ Die Knochen fein zerhacken und in dem Öl kräftig anbraten, das Fett abschütten, das geputzte zerkleinerte Gemüse zufügen und wieder anrösten lassen. Das Tomatenmark unterrühren. Nach und nach mit Wein und Wasser aufgießen, dabei immer erst wieder einkochen lassen. Dadurch erhält der Fond später eine schöne klare Farbe. Nach dem Einkochen die Knochen gut mit Wasser bedecken und aufkochen. Abschäumen. Die Gewürze und Kräuter zufügen und bei milder Hitze im offenen Topf 2½ Stunden köcheln lassen. Zwischendurch – falls nötig – abschäumen. Durch ein Sieb oder Tuch passieren und entfetten.

½ Lorbeerblatt
10 schwarze Pfefferkörner
1–2 Gewürznelken
1 getrockneter Zweig Thymian
½ Knoblauchzehe
5 Pimentkörner

Brauner Geflügelfond

1 Liter Fond
1,5 kg Geflügelknochen
2 EL Öl
150 g Zwiebeln
60 g Karotten
40 g Sellerie
40 g Tomatenmark

★★★ Die Geflügelknochen in Stücke zerhacken und in dem erhitzten Öl anbraten. Man kann die Knochen auch vorher auf einem Backblech im Ofen ohne Fett anrösten. Das geputzte, zerkleinerte Gemüse zufügen und kurz und kräftig mitrösten. Das Tomatenmark unterrühren, kurz durchdünsten und mit dem Wein angießen. Nochmals stark einkochen. Dann mit dem Wasser auffüllen. Aufkochen, abschäumen und die Gewürze zufügen. Bei milder Hitze im offenen Topf 2 Stunden köcheln. Durch ein Sieb passieren und entfetten.

0,2 l trockener Weißwein oder Rotwein
2 l Wasser
¼ Lorbeerblatt
10 schwarze Pfefferkörner
1 Gewürznelke
1 kleiner getrockneter Zweig Thymian

Lammfond

1 Liter Fond
1,5–2 kg Lammknochen
2–3 EL Öl
150 g kleine Zwiebeln
60 g Karotten
50 g Sellerie
50 g Tomatenmark
0,2 l Rotwein
3 l Wasser
1 Lorbeerblatt
1–2 Gewürznelken

★★★ Die Knochen fein zerhacken und in dem Öl in einer Kasserolle kräftig von allen Seiten anbraten. Das geputzte, zerkleinerte Gemüse zufügen, anrösten und das angesammelte Fett abgießen. Das Tomatenmark unterrühren und wieder anrösten. Nach und nach mit dem Wein und ½ l Wasser angießen und immer wieder ganz einkochen lassen. Das gibt dem Fond später eine schöne klare Farbe. Nach dem Einkochen die Knochen mit dem restlichen kalten Wasser bedecken, aufkochen und abschäumen. Die Gewürze und Kräuter zufügen und bei milder Hitze im Ofen oder auf dem Herd im offenen Topf 2 ½ Stunden köcheln lassen. Durch ein feines Haarsieb oder Tuch passieren und entfetten – im heißen Zustand mit Küchenkrepp oder die Brühe erkalten lassen und die erstarrte Fettschicht abheben.

10 schwarze Pfefferkörner
4 Pimentkörner
1 getrockneter Zweig Thymian
1 getrockneter Zweig Rosmarin
1 Knoblauchzehe

Wild- und Wildgeflügelfond

1 Liter Fond
1,5 kg Wildknochen
2 EL Öl
150 g Zwiebeln
60 g Karotten
40 g Sellerie
50 g Tomatenmark
0,2 l Rotwein
2½ l Wasser
1 Lorbeerblatt
1 Gewürznelke
10 Wacholderbeeren
10 Pfefferkörner (schwarz und weiß)
6 Pimentkörner
1 getrockneter Zweig Thymian

★★★ Die Knochen fein zerhacken und in einer Kasserolle in dem Öl kräftig von allen Seiten anrösten. Das geputzte, zerkleinerte Gemüse zufügen und 5–8 Minuten anrösten. Das Fett abgießen und das Tomatenmark unterrühren. Wieder anrösten. Nach und nach immer etwas Wein und Wasser angießen und einkochen lassen. Nach dem letzten Einkochen die Knochen mit dem restlichen kalten Wasser bedecken, einmal aufkochen und abschäumen. Die Gewürze und Kräuter zufügen und bei milder Hitze offen im Ofen oder auf dem Herd 2–2 ½ Stunden köcheln lassen. Durch ein Tuch passieren und, falls nötig, entfetten – mit Küchenpapier im heißen Zustand oder die Brühe erkalten lassen und die erstarrte Fettschicht abheben. Nach Belieben zur gewünschten Konsistenz einkochen.

Fischfond

1 Liter Fond
750 g Fischgräten von Seezunge, Rotzunge, Steinbutt, Forelle, Zander
80 g Staudensellerie
½ Stange Lauch (nur das Helle)
5 Schalotten (oder 3 Zwiebeln)
20 g Butter
4 frische Petersilienstengel
6 weiße Pfefferkörner
1 getrockneter Zweig Thymian
1 Gewürznelke
1 frischer Zweig Estragon
1 Lorbeerblatt
¼ l trockener Weißwein
1 l Wasser

★★★ Die Fischgräten zerkleinern und in eine Schüssel geben. Mit kaltem, fließendem Wasser so lange wässern, bis das Wasser ganz klar abläuft.

Sellerie und Lauch waschen, putzen und in feine Würfel schneiden. Schalotten abziehen und vierteln. In der erhitzten Butter kurz anschwitzen. Die Fischgräten, das Gemüse und die Petersilie zufügen. Mit zerdrückten Pfefferkörnern, Thymian, Nelke, Estragon und Lorbeer würzen und mit Weißwein und Wasser auffüllen. Im offenen Topf bei milder Hitze 15 Minuten köcheln lassen. Falls nötig, zwischendurch abschäumen. Durch ein Tuch passieren.

Hummer-, Langustinen- oder Krebsfond

1 Liter Fond
500 g Karkassen von Krustentieren
30 g Butterfett
250 g geputztes gewürfeltes Gemüse (Karotten, Lauch, Zwiebeln, Fenchel, Staudensellerie)
4 cl Cognac
0,2 l trockener Weißwein
250 g geschälte Tomaten (aus der Dose)
½ l Wasser
½ Knoblauchzehe
10 zerdrückte weiße Pfefferkörner
5 Pimentkörner
1 getrockneter Zweig Thymian
2 frische Zweige Estragon

★★★ Die Karkassen gut unter fließend kaltem Wasser abspülen, abtropfen und im Mörser fein zerstampfen. In dem erhitzten Butterfett zusammen mit dem gewürfelten Gemüse anrösten. Mit dem Cognac ablöschen und flambieren. Den Weißwein und die im Mixer pürierten Tomaten zufügen. Alles eben gerade mit kaltem Wasser bedecken. Die Gewürze und Kräuter untermischen und offen bei milder Hitze 20 Minuten köcheln lassen. Ein Durchschlagsieb mit einem Passiertuch auslegen, den Krustentierfond hineinschütten. Die Tuchenden fassen und gleichmäßig nach unten und oben bewegen, so lange, bis der Fond durchgelaufen ist. Durch diesen Vorgang kommt mehr von der Tomatenessenz durch das Tuch und gibt damit dem Fond eine schönere Farbe.

Anmerkung: Aus diesem Fond können Sie gleich eine gute Suppe herstellen: mit etwas Salz, Estragon und Dill abschmecken und mit dem Fleisch der jeweils verwendeten Krustentiere als Einlage servieren.

Reduktionen von braunen Fonds und Krustentieren

Reduktion
für 2–3 Eßlöffel
0,2 l Fond
(von Kalb, Geflügel, Wild oder Krustentieren)

★★★ Den Fond in einer Kupferkasserolle bei milder Hitze langsam dickflüssig einkochen.

Anmerkung: Bei so einer Reduktion zeigt es sich, wie wichtig es ist, bei der Grundzubereitung der Fonds keinerlei Salz zu verwenden, denn das starke Einkochen intensiviert die Aromastoffe.

Reduktionen werden zur Färbung und Geschmacksverbesserung von Terrinen, Pasteten, Farcen und Soufflés gebraucht, aber auch für kalte Sahne- oder Cremesaucen.

Abwandlung:

Krustentiersahne
3 Eßlöffel Crème fraîche, Crème double oder geschlagene Sahne mit 1 Eßlöffel Krustentierreduktion vermischen und mit 4 Tropfen Balsamicoessig und wenig Vinaigrette-Salatsauce aromatisieren.

Marchand de vin
Weinhändlersauce

Für 4 Personen
300 g Schalotten
20 g Butter
¼ l trockener Rotwein
1 l brauner Kalbsfond (Rezept Seite 264)
8 zerdrückte schwarze Pfefferkörner
Salz

★★★ Die Schalotten abziehen und in Scheiben schneiden. In der erhitzten Butter glasig dünsten. Mit Rotwein und Kalbsfond aufgießen, die Pfefferkörner zufügen und bei milder Hitze auf ¼ l Flüssigkeit reduzieren lassen. Durch ein feines Haarsieb passieren und nochmals um die Hälfte einkochen. Mit Salz abschmecken.

Anmerkung: Diese Sauce erhält ihre natürliche Bindung durch die Schalotten, ist kräftig im Geschmack und hat einen schönen dunklen Glanz. Man serviert sie am besten zu dunklem Fleisch. Sie paßt aber auch ebenso gut zu gebratenen Bluttaubenbrüstchen, Gänsestopfleber und Kalbsbries auf Salat.

VIN BLANC
FISCHWEISSWEINSAUCE

Für 4 Personen
½ l Fischfond
(Rezept Seite 266)
0,2 l trockener
Weißwein
1 EL Mehlbutter
(Rezept Seite 274)
150 g Sahne
100 g Crème fraîche
½ Zitrone
Salz

★★★ Den Fischfond mit Wein und der Mehlbutter langsam zum Kochen bringen und auf die Hälfte der Flüssigkeit einkochen. Die Sahne und Crème fraîche zufügen und wieder auf etwa ein Drittel der Flüssigkeit reduzieren lassen. Mit etwas Zitronensaft und Salz abschmecken.
Die Grundsauce läßt sich verschieden abwandeln:

Champagnersauce
6 cl Champagner bei milder Hitze stark reduzieren, 0,2 l von der Weißweinsauce zufügen und auf 0,15 l einkochen lassen. Mit 20 g kalten Butterwürfelchen montieren, eventuell etwas nachwürzen und kurz vor dem Servieren einen Schuß Champagner und 1 Eßlöffel geschlagene Sahne unterziehen.

Kräutersauce
1 Eßlöffel verschiedene feingehackte Kräuter mit 25 g Butter mixen und gut gekühlt kurz vor dem Servieren in die Weißweinsauce montieren.

Tip: Saucen sollten stets mit dem Saucenstab aufgemixt werden. Diese Technik und etwas frisch aufgeschlagene Sahne machen die Saucen besonders luftig und leicht.

Hollandaise

Für 4 Personen
1–2 Schalotten
6 cl trockener Weißwein
4 zerdrückte weiße Pfefferkörner
1 Spritzer Sherryessig
3 Eigelbe
150 g Butter
Salz
½ Zitrone

★★★ Die Schalotten abziehen und fein würfeln. Zusammen mit dem Wein, den zerdrückten Pfefferkörnern und dem Sherryessig aufkochen und zur Hälfte reduzieren. In eine Rührschüssel passieren und die Eigelbe zufügen. Auf dem Wasserbad cremig aufschlagen. Vom Wasserbad nehmen und bei milder Hitze die heiße zerlassene Butter langsam einrühren. Mit Salz und eventuell etwas Zitronensaft abschmecken.

Anmerkung: Diese Sauce sollte immer à la minute zubereitet und dann sofort serviert werden.

Hier die wichtigsten Abwandlungen einer Hollandaise:

Sauce Mousseline
1 Rezept Hollandaise mit 2-3 Eßlöffeln geschlagener Sahne vermischen. Gut zum Gratinieren geeignet.

Sauce Béarnaise
Beim Ansetzen der Hollandaise statt Sherryessig Estragonessig nehmen und in die fertige Sauce einige feingehackte Estragonblättchen geben.

Sauce Choron
Eine Béarnaise mit wenig eingekochtem, passiertem Tomatenmark verrühren.

Velouté
Weisse Grundsosse

Für 4 Personen
50 g Lauch (nur das Helle)
2 Schalotten
50 g Sellerie
60 g Butter
75 g Mehl
1 l heller Geflügel- oder Kalbsfond (Rezept Seite 263)
1/4 l trockener Weißwein
Salz
weißer Pfeffer aus der Mühle

★★★ Lauch, Schalotten und Sellerie putzen, klein schneiden und in der erhitzten Butter andünsten. Mit dem Mehl überstäuben und hell anschwitzen. Mit dem kalten Fond und Weißwein aufgießen und unter häufigem Rühren 45 Minuten zur gewünschten Bindung einköcheln. Mit Salz und Pfeffer würzen und durch ein Tuch oder feines Haarsieb passieren.

Anmerkung: Die Velouté ist die wichtigste weiße Grundsauce für Geflügel oder Kalbsfrikassee und Gemüse. Sie wird nur noch mit Sahne oder Crème double geschmacklich abgerundet.

Sauce Béchamel
Milchsauce

Für 4 Personen
60 g Butter
75 g Mehl
1 l Milch
1 geschälte Zwiebel, gespickt mit 2 Gewürznelken und 1 Lorbeerblatt
Muskat
Salz

★★★ Die Butter in einer Kasserolle erhitzen, mit dem Mehl bestäuben und alles hell anschwitzen. Vom Herd nehmen und erkalten lassen. Mit der kochenden Milch ablöschen und unter Rühren wieder erhitzen. Die Spickzwiebel zufügen und bei milder Hitze 30 Minuten köcheln. Zwischendurch mehrfach umrühren. Mit etwas frisch abgeriebener Muskatnuß und Salz würzen. Durch ein Tuch oder feines Haarsieb passieren.

Anmerkung: Diese Sauce paßt sehr gut zu Gemüse als Bindung oder zum Gratinieren.

Hier die wichtigsten Abwandlungen einer Milchsauce:

Sauce Mornay
Unter die abpassierte Milchsauce 20 g kalte Butterwürfelchen und 2–3 Eßlöffel frischgeriebenen Parmesan rühren.

Meerrettichsauce
Die Milchsauce mit reichlich frischgeriebenem Meerrettich würzen und mit etwas Zitronensaft abrunden.

Sauce Soubise (weiße Zwiebelsauce)
300 g geschälte, in Scheiben geschnittene Zwiebeln in ¼ l Milch weich dünsten und durch ein Sieb passieren. Mit der Béchamelsauce aufmixen, mit Cayennepfeffer würzen.
Diese Sauce, vermischt mit etwas Hollandaise, auf Steaks vom Schwein oder Rind gegeben und überbacken, schmeckt ganz ausgezeichnet.

Hummersauce
Sauce américaine

Für 4 Personen
700 g Hummerkarkassen (oder Hummerbruch)
30 g Butterfett
4 Schalotten
4 cl Cognac
1 EL Mehl
0,3 l trockener Weißwein
$^3/_4$ l heller Geflügelfond (Rezept Seite 263)
250 g geschälte Tomaten (aus der Dose)
1 frischer Zweig Thymian
3 frische Zweige Estragon
10 zerdrückte schwarze Pfefferkörner
$^1/_2$ Knoblauchzehe
50 g Fenchel (geputzt)
60 g Karotten (geputzt)
50 g Sellerie (geputzt)
10 g Butter
2 Tomaten
Salz
4 cl weißer Portwein

★★★ Die Hummerkarkassen im Mörser fein zerdrücken. Das Butterfett erhitzen und die geschälten, geschnittenen Schalotten mit den Hummerkarkassen darin anrösten. Mit dem Cognac ablöschen und flambieren. Mit dem Mehl bestäuben und mit Weißwein, Geflügelfond und den pürierten Tomaten auffüllen. Die Kräuter, Gewürze und Knoblauchzehe zufügen. 20 Minuten köcheln lassen. Durch ein feines Sieb passieren und auf $^3/_8$ l Flüssigkeit einkochen. Die geputzten Gemüse in kleine Würfel schneiden und in der erhitzten Butter andünsten. Mit der Hummersauce aufgießen und 5 Minuten köcheln lassen. Die Tomaten überbrühen, häuten, halbieren, entkernen und das Fruchtfleisch fein würfeln, unter die Sauce geben. Leicht einköcheln, mit Salz und Portwein abschmecken.

Anmerkung: Diese Sauce läßt sich zu allen Krustentieren und Fischen mit Krustentieren servieren. Mit einem Schuß Champagner und etwas geschlagener Sahne kann man sie verfeinern und verlängern.

Beurre manié
Mehlbutter

60 g temperierte Butter
60 g Mehl

★★★ Die Butter mit dem Mehl gut zusammen verkneten. In Folie einpacken und im Kühlschrank lagern. Hält sich ein paar Tage.

Anmerkung: Mehlbutter verwende ich hauptsächlich zum Binden von hellen Saucen und Suppen. Soll es schnell gehen, hilft auch etwas Mais- oder Kartoffelstärke, angerührt mit Wein (für dunkle Saucen Rotwein nehmen).

Mayonnaise

Für 750 g
4 Eigelbe
2 EL Gewürzgurkenfond
2 EL trockener Weißwein
½ Zitrone
½ TL guter Senf
0,6 l Distel- oder Sonnenblumenöl
Salz
weißer Pfeffer aus der Mühle

★★★ Die Eigelbe mit Gewürzgurkenfond, Weißwein, Zitronensaft und Senf in eine Schüssel geben und verschlagen. Unter ständigem Rühren langsam das zimmerwarme Öl dazugießen – das geht am besten mit einem Schneebesen oder dem elektrischen Handrührer. Mit Salz und Pfeffer würzen.

Anmerkung: Diese Mayonnaise hält sich gut verschlossen etwa 2 Wochen im Kühlschrank.

Wichtige Abwandlungen der Mayonnaise:

Sauce Tartar
Zugabe von sehr klein gewürfelten Gewürzgurken, hartgekochten, gehackten Eiern, gehackter Petersilie, Kapern, Salz und Pfeffer.

Cocktailsauce
Zugabe von Tomaten-Ketchup, passierter Banane, Cognac, Zitronensaft, geschlagener Sahne und Cayennepfeffer.

Sauce Remoulade
Zugabe von gewürfelten Gewürzgurken, Kapern, zerdrückten Sardellen und gehackter Petersilie.

Vinaigrette-Salatsauce

Für 4 Personen
2 Schalotten
0,1 l Consommé (Fleischfond)
4 EL Walnußöl
4 EL Distelöl
4 EL Traubenkernöl
2 EL Sherry- oder Zitronenessig
2 EL Sherry (medium)
½ TL Dijon-Senf
Salz
Pfeffer aus der Mühle
Zucker

★★★ Die Schalotten abziehen, fein würfeln und 30 Sekunden blanchieren. Eiskalt abschrecken und gut abtropfen lassen. Mit den restlichen Zutaten gut verrühren und abschmecken.

Anmerkung: Diese Vinaigrette hält sich in einem gut verschlossenen Behälter mindestens 5 Tage im Kühlschrank.

Wichtige Abwandlungen der Vinaigrette:

Kräuter-Vinaigrette
Zugabe von 2 Eßlöffeln feingeschnittenen frischen Kräutern, zum Beispiel Schnittlauch, Petersilie, Kerbel, Estragon.

Meerrettich-Senfsaat-Sauce
4 Eßlöffel Crème fraîche mit 2 Eßlöffeln Vinaigrette verrühren. 1 Messerspitze Dijon-Senf, 1 Teelöffel gekochte Senfsaatkörner, ½ Teelöffel geschälter, in feine Würfel geschnittener Meerrettich und 1 Teelöffel Dillspitzen zufügen. Mit Salz und Pfeffer abschmecken.

Hummertrüffelsahne
4 Eßlöffel Crème fraîche mit 2 Eßlöffeln Vinaigrette verrühren. 2 Eßlöffel Hummerreduktion, 20 g sehr feine schwarze Trüffelwürfel, 1 Eßlöffel roter Portwein und 1 Spritzer Balsamicoessig zufügen. Mit Salz abrunden.

Orangenconfit

Für 1/8 Liter
2 unbehandelte Orangen
3 Schalotten
1 TL Butter
1/4 l frischgepreßter Orangensaft
1 TL Gelierzucker

★★★ Die Orangen waschen, trockenreiben und die Schalen ganz dünn abschälen. Alles noch sichtbare Weiße abschneiden und die Schalen in feine dünne Streifen (Julienne) schneiden.
Von den Früchten ebenfalls alle weiße Haut entfernen. Mit einem scharfen spitzen Messer rechts und links von den Fruchtsegmenten einschneiden und die Filets aus den Fruchthäutchen trennen.
Die Schalotten abziehen und fein würfeln. In der erhitzten Butter glasig dünsten. Den Orangensaft und die Orangenjulienne zufügen, alles auf 8 cl Flüssigkeit einkochen lassen. Die Orangenfilets zusammen mit dem Gelierzucker in der Reduktion 3 Minuten köcheln. In ein gut verschließbares Glas füllen und kühl stellen.

Anmerkung: Dieses Confit kann nach Belieben noch mit etwas feingeschnittenem frischen Estragon aromatisiert werden. Es wird zu Pasteten, Terrinen und Geflügelmousse serviert.

Farcen und andere Grundzubereitungen

Farce ist die Bezeichnung für eine zart cremige Masse aus Fleisch oder Fisch, die als Füllung Pasteten, Terrinen und Galantinen verfeinert oder eigenständig zu feinen Klößen und Soufflés verarbeitet wird. Sie herzustellen ist ebenso schwierig wie die vollendet gelungene Komposition einer Sauce. Beides gehört zur hohen Schule der Kochkunst.

Früher war die Zubereitung einer Farce sehr aufwendig. Die Zutaten mußten mehrmals durch den Fleischwolf gedreht werden, und unter langwierigem Rühren auf Eis bekam die Masse ihre Bindung. Doch das Ergebnis erlangte selten die zarte Schmelze heutiger Farce-Kreationen.

Dank moderner Küchentechnik ist die Herstellung wesentlich einfacher geworden, wenn auch nicht ganz unproblematisch. Der Küchenkutter mixt die Zutaten zu einer homogenen Masse. Läßt man ihn nur ein wenig zu lange laufen, kann es zur Überhitzung kommen, und alles ist verdorben. Eine Farce, die zum Beispiel stumpf aussieht, grießelig ist und ausgeflockt, können Sie gleich vergessen. Im Fachjargon heißt das, sie ist »verbrannt«.

Deshalb gilt zum Beispiel für die klassische Fleischfarce:

- Frische Zutaten, beste Qualität
- Sauber parierte Fleischstücke ohne Sehnen und Haut
- Kalt, kalt und nochmals kalt; alle angegebenen Kühlphasen in den Rezepten unbedingt beachten
- Die Qualität einer Farce kann nochmals gesteigert werden, streicht man sie nach dem Kuttern noch durch ein feines Holzrahmensieb.

Geflügelfarce
Grundrezept

Für 4–6 Personen
100 g Poulardenbrustfleisch (ohne Haut)
40 g frische Gänsestopfleber
Salz
weißer Pfeffer aus der Mühle
100 g Sahne
2 cl Noilly Prat
1–2 EL geschlagene Sahne

★★★ Das Poulardenbrustfleisch fein hacken, die Gänsestopfleber fein würfeln und beides vermischen, mit Salz und Pfeffer abschmekken. Separat mit der Sahne in das Tiefkühlfach geben und leicht anfrieren lassen. Dann zusammen mit der Sahne im Küchenkutter zu einer glatten glänzenden Farce vermixen. Die fertige Farce 15 Minuten kühl stellen, durch ein feines Passiersieb streichen und mit Noilly Prat und einer Prise Salz abschmecken. Zum Schluß die Schlagsahne unterheben.

Anmerkung: Damit die Farce gelingt und nicht stumpf und trocken wird, ist es wichtig, daß das Fleisch und die Sahne im leicht angefrorenen Zustand – also gut durchgekühlt – verarbeitet werden. Denn durch die hohe Drehzahl, mit der der Küchenkutter arbeitet, erwärmt sich die Masse zu schnell und könnte dann gerinnen (verbrennen).
Gänsestopfleber verfeinert die Farce. Sie können aber darauf verzichten – dann erhöhen Sie die Poulardenmenge um 40 g.

Tip: Bevor man die Farce weiterverarbeitet, sollte unbedingt eine Probe gemacht werden: 1 Klößchen mit einem Teelöffel von der Masse abstechen und in siedendes Wasser geben. Ist sie zu weich, arbeitet man noch etwas gemixte Poulardenbrust unter die gut durchgekühlte Farce. Ist sie im Biß zu fest, wird noch etwas Schlagsahne zugefügt.

Fischfarce Grundrezept

Für 4 Personen
200 g Zanderfilet
½ Eiweiß
Salz
Tabasco
150 g Sahne
2 cl trockener Sherry
½ Zitrone

★★★ Das Zanderfilet häuten, dafür am schmalen Ende des Filets etwas Fleisch über der Haut wegschneiden, das freiliegende Hautstück mit der einen Hand festhalten, mit einem Messer zwischen Fleisch und Haut fahren und dicht an der Haut entlang das Filet abheben. Das Fleisch klein schneiden und mit Eiweiß, einer Prise Salz und einem Spritzer Tabasco verrühren. Separat mit der Sahne in das Tiefkühlfach geben und leicht anfrieren lassen. Nach etwa 30 Minuten die Fischmasse in den Küchenkutter geben und 0–20 Sekunden durchmixen. Zuerst die Hälfte der Sahne zufügen, kurz durchmixen und dann den Rest dazugießen. Alles schnell zu einer glatten glänzenden Farce verarbeiten. Die Farce durch ein feines Haarsieb streichen und mit Sherry, etwas Zitronensaft und Salz abschmecken.

Anmerkung: Für das gute Gelingen einer Farce ist es wichtig, daß die Zutaten richtig durchgekühlt sind, sonst würden sie bei der hohen Drehzahl des Küchenkutters »verbrennen«, und die Farce verliert ihre Bindung.
Von jeder Farce immer vor der weiteren Verarbeitung ein Probeklößchen machen: Mit einem Teelöffel etwas von der Farcemasse abstechen und in siedendem Wasser 3 Minuten ziehen lassen. Das Klößchen herausnehmen und durchschneiden; die Schnittfläche sollte glatt und glänzend sein. Ist das Klößchen zu fest, noch 1–2 Eßlöffel Schlagsahne unter die gut gekühlte Farce ziehen.

Tip: Aus dieser Farce läßt sich ein köstliches Soufflé herstellen. Dafür 2 steifgeschlagene Eiweiße mit 2 Eßlöffeln Schlagsahne unter die Fischmasse ziehen. Im Ofen bei 200 Grad (Gas: Stufe 3) 10–15 Minuten backen.

Blätterteig

Zutaten für
1 kg Teig

Vorteig
500 g Mehl
(Type 405)
50 g Butter
10 g Salz
¼ Zitrone
0,2 l Wasser

Mehl zum Ausrollen
350 g Butter
Wasser zum
Bestreichen

★★★ Das Mehl auf eine Arbeitsfläche sieben und in die Mitte eine breite Mulde drücken. Dahinein die Butter, das Salz, den ausgepreßten Zitronensaft und das Wasser geben und nun vom Rand her zur Mitte alles zu einem geschmeidigen Teig verarbeiten. Zu einer Kugel formen, die Oberfläche kreuzweise einschneiden und zugedeckt 60 Minuten kühl ruhen lassen.
Dann die Teigkugel auf einer bemehlten Fläche 6 mm dünn ausrollen, die Mitte sollte etwas dicker sein. Die nicht zu weiche Butter zu einem flachen viereckigen Stück ausformen und auf die dickste Teigstelle in der Mitte geben. Den Rand des Teiges mit Wasser bestreichen, die Teigenden über der Butter wie ein Paket zusammenschlagen, etwas flachdrücken, auf ein mit Mehl bestäubtes Tuch legen und 20 Minuten kühl stellen. Auf einer bemehlten Fläche dann zu einem rechteckigen Stück von 1,5 cm Dicke ausrollen, dabei mit gleichmäßigem Druck arbeiten und die Rolle abwechselnd von vorne nach hinten und von rechts nach links fuhren. Fur die erste einfache Tour zwei Drittel des Teiges zusammenklappen, dabei genau darauf achten, daß die Ränder gerade aufeinander liegen, und das letzte Teigdrittel darüberschlagen. 20 Minuten im Kühlschrank ruhen lassen. Diese einfache Tourengebung dreimal wiederholen. Beim letzten Ausrollen beide Seiten vom Teig nach innen zur Mitte einschlagen und nochmals längs zusammenklappen (wie ein Handtuch). Kühl stellen. Diese doppelte Tour ebenfalls dreimal wiederholen und zwischendurch immer 20 Minuten kühl stellen.
Den fertigen Teig in Portionen aufteilen und nach Bedarf einfrieren. Aufgetaut läßt er sich ebenso gut wieder verarbeiten.

Anmerkung: Je exakter und sorgfältiger Sie beim Tourengeben arbeiten, um so besser das spätere Ergebnis. Beim Ausrollen immer darauf achten, daß der Teig auf einer bemehlten kühlen (am besten Marmor) Platte bearbeitet wird. Und vor jedem Zusammenklappen den Teig sorgfältig vom Mehlstaub abbürsten.
Wenn die Blätterteigherstellung zu aufwendig ist, können Sie sich den Teig bei Ihrem Bäcker bestellen oder einen fertigen TK-Blätterteig nehmen, der sich sehr gut verarbeiten läßt.

Strudelteig

Für 150 g
100 g Mehl
(Type 405)
8 g Öl
1 g Salz
3 EL Wasser
Öl zum Bepinseln
Mehl zum Ausrollen

★★★ Das Mehl auf eine Arbeitsfläche sieben und in die Mitte eine Mulde drücken. Dahinein das Öl mit dem Salz geben und zusammen mit dem Wasser alles zu einem geschmeidigen glatten Teig verkneten. Zu einer Kugel formen, die Oberfläche mit Öl einpinseln und in Klarsichtfolie einschlagen. So kann er keine Haut ziehen und bei weiterer Verwendung auch nicht einreißen. 30 Minuten kühl stellen. Die Arbeitsfläche mit einem Tuch auslegen und gleichmäßig mit Mehl bestreuen. Die Teigkugel mit Mehl bestäuben, auf das Tuch legen und so dünn wie möglich ausrollen. Mit beiden Handrücken unter den Teig fahren, langsam und vorsichtig in Richtung Tischkante ausziehen. Der Teig darf auf keinen Fall einreißen, aber er sollte so dünn werden, daß man eine Zeitung durch ihn hindurch lesen kann.

Anmerkung: Strudelteig wird auch im Handel als tiefgefrorenes Produkt angeboten. Von der Qualität her kann man ihn zur einfachen Weiterverarbeitung durchaus empfehlen.

Pizzateig

Für 500 g
0,2 l warmes Wasser
(etwa 33 Grad)
2–3 EL Olivenöl
(extra, erste
Pressung)
17 g frische Hefe
350 g Weizenmehl
(Type 405)
3 g Salz

★★★ In die Rührschüssel der Küchenmaschine das Wasser geben und mit dem Öl und der zerbröckelten Hefe vermischen. Bei laufenden Knetarmen nach und nach das Mehl zufügen und das Salz. Alles zu einem kompakten glatten Teig verarbeiten. Bei Zimmertemperatur 20 Minuten gehen lassen. Dann tüchtig durchwalken und ausrollen. Auf ein Blech ausbreiten und nochmals 15–20 Minuten gehen lassen. Nach Belieben mit Gemüse, Fleisch, Wurst oder Meeresfrüchten belegen. In den auf 225 Grad (Gas: Stufe 4) vorgeheizten Backofen schieben und 15 Minuten backen.

Brioche

__Für 10 Scheiben__
1–2 EL lauwarme Milch
15 g frische Hefe
175 g Mehl (Type 405)
2 Eier
1 Eigelb
20 g Zucker
3 g Salz
60 g warme Butter
Fett für die Form

★★★ Die Milch mit der Hefe und 2 Eßlöffeln von dem durchgesiebten Mehl zu einem Vorteig verrühren und an einem warmen Ort gehen lassen, bis er Blasen schlägt. In eine große Schüssel geben und mit dem restlichen durchgesiebten Mehl, den Eiern, dem Eigelb, Zucker und Salz vermischen. Zum Schluß die weiche Butter nach und nach zufügen und alles zu einem glatten geschmeidigen Teig verarbeiten. Wird er zu fest, noch 1–3 Eßlöffel Milch unterrühren. Mit einem Tuch abdecken und 20 Minuten gehen lassen. Wieder tüchtig durchwalken und nochmals 15–20 Minuten gehen lassen. Durchkneten und in eine gut ausgefettete Kastenform (1 Liter Inhalt) füllen. In der Form nochmals 10–15 Minuten gehen lassen und in den vorgeheizten Backofen schieben. Bei 210 Grad (Gas: Stufe 4) 75 Minuten backen. Nach 50 Minuten die Oberhitze reduzieren.

Anmerkung: Die in Scheiben geschnittene Brioche zum Servieren leicht toasten und mit Butter reichen.

Tip: Je mehr man den Teig durchwalkt und gehen läßt, um so feinporiger wird er später.

Salzteig

__Für 750 g__
300 g Mehl (Type 405)
300 g Salz
2 Eier
0,1 l Wasser
2 EL Weißweinessig
2 EL Olivenöl (extra, erste Pressung)

★★★ Das Mehl mit Salz, Eiern, Wasser, Essig und Öl zu einem glatten Teig verkneten. Etwa 40 Minuten kühl stellen.

Anmerkung: Ganze Fische, Geflügel und Keulen von Milchlamm oder Milchzicklein eignen sich besonders gut für die Zubereitung im Salzteig. Das Fleisch bleibt herrlich saftig und zart.

Brotteig

Für 700 g
150 g Sauerteig
(vom Bäcker)
170 g Roggenmehl
(Type 1150)
120 g Weizenmehl
(Type 405)
30 g frische Hefe
0,18 l warmes Wasser
(etwa 35 Grad)
8 g Salz

★★★ Den Sauerteig zusammen mit den Mehlsorten, der Hefe und dem Wasser mit dem elektrischen Rührwerk verkneten. Nach und nach das Salz zufügen. Bei Zimmertemperatur etwa 20 Minuten ruhen lassen.

Der Teig wird nun entweder als Vorrat eingefroren oder weiterverarbeitet, zum Beispiel für ein Fleischgericht als Umhüllung.

Spinatmatte

Für eine Färbung
200 g junger Blattspinat
1 l Wasser

★★★ Den Spinat verlesen, die Blätter von den Stielen zupfen und gut waschen. Mit dem Wasser im Mixer pürieren und bei schwacher Hitze zum Kochen bringen. Mit einer Schaumkelle vorsichtig abschäumen. Die Flüssigkeit durch ein Passiertuch geben. Die Spinatmatte bleibt darin zurück und kann nun als natürlicher intensiver Farbstoff verwendet werden: zu Nudelgerichten, Risotto und Eierstich.

Portweingelee

Für ½ Liter
300 g Rinderhesse
50 g Karotten (geschält)
30 g Staudensellerie (geschält)
30 g Schalotten (abgezogen)
2 Eiweiße
2 Wacholderbeeren
1 Gewürznelke
1 frischer Zweig Thymian

★★★ Das Fleisch zusammen mit dem zerkleinerten Gemüse durch die grobe Scheibe des Fleischwolfes drehen. Mit dem Eiweiß und den Gewürzen in die Brühe einrühren und bei milder Hitze unter ständigem Rühren langsam zum Kochen bringen. Den roten Portwein zufügen und 20 Minuten ziehen lassen. Durch ein Tuch passieren. Die Gelatine kalt einweichen, gut ausdrücken und in dem noch warmen Fond auflösen. Mit einer Prise Salz würzen und den weißen Portwein unterrühren. Kalt stellen.

Anmerkung: Nach etwa 3 Stunden ist das Gelee schnittfest und kann, in feine Würfelchen geschnitten, zu Terrinen serviert werden. Leicht erwärmt füllt man es in Pasteten oder gießt damit Formen aus.

8 zerdrückte weiße Pfefferkörner
5 zerdrückte Pimentkörner
½ l Rinderkraftbrühe
0,2 l roter Portwein
6 Blatt weiße Gelatine
Salz
0,15 l weißer Portwein

Läuterzucker

Für etwa 1 Liter
½ l Wasser
500 g Zucker

★★★ Das Wasser mit dem Zucker aufkochen und etwa 1 Minute kochen lassen, abschäumen. Den fertigen Zuckersirup in ein Glas oder eine Flasche füllen.

Anmerkung: Läuterzucker braucht man hauptsächlich in der Pâtisserie; um Früchte einzulegen, zu süßen oder im Ganzen zu glasieren.

Gut verschlossen hält er sich sehr lange.

Nudelteig
Grundrezept

Für 4 Personen
1 Ei
3 Eigelbe
½ TL Distelöl
1 Prise Salz
200 g Mehl
(Type 405)

★★★ Ei, Eigelbe, Öl und Salz in eine Schüssel geben und mit dem Schneebesen gut verrühren. Nach und nach das Mehl dazusieben und mit den Händen alles so lange verkneten, bis sich der Teig vom Schüsselrand und den Händen löst. Der Nudelteig muß schön glatt, aber noch fest und zäh sein. Zur Kugel formen, in Klarsichtfolie einschlagen und 30 Minuten kühl stellen.
Dann den Teig durch die Nudelmaschine treiben und, je nach Wunsch, feine oder breite Nudeln herstellen. Wer keine Nudelmaschine hat, macht es mit der Hand: den Nudelteig auf einer bemehlten Fläche mit Mehl dünn ausrollen, 10 Minuten antrocknen lassen und in 20 cm breite Bahnen schneiden. Diese aufrollen und in die gewünschte Form schneiden.

Abwandlungen

Spinatnudeln
100 g frischen, blanchierten Spinat gut ausdrücken, pürieren und zusammen mit den Eiern dem Grundrezept zufügen. Etwa 2–3 Eßlöffel mehr Mehl nehmen, damit der Teig seine gewünschte Festigkeit erhält.

Tomatennudeln
1 Eßlöffel Tomatenmark und 3–4 frische feingeschnittene Basilikumblättchen zu der Eimischung im Grundrezept dazugeben und mit 1–2 Eßlöffeln mehr Mehl die gewünschte Festigkeit des Teiges herstellen.

Anhang

DAS RICHTIGE HANDWERKSZEUG

Folgenden Firmen sei für die zur Verfügung gestellten Arbeits- und Küchengeräte gedankt:

***Firma* BRAUN**
Kompakt-Küchenmaschinen/Saucenstab

***Firma* Goebel**
Messer

Firma A. Schmitz
KÜCHENPROFI
Spezialist für optimale Küchenwerkzeuge, von Auflaufförmchen bis zum Zitrusschaber

Zu den Arbeitsgeräten:

1 Bratkelle zum Schwenken von Knochen, Ragouts und Gemüse
2 Schneebesen
3 Montierbesen, um in Sauce kalte Butterwürfelchen einzurühren
4 Auflauf/Timbal- und Savarinförmchen
5 Dreier-Satz feinster Haarsiebe
6 Rührschüssel (auch fürs Dampfbad zu benutzen)

7 grobes Spitzsieb, gut fürs Blanchieren und Abtropfen
8 Kupferstielkasserolle
9 Kupferdämpfer – Bain Marie, geeignet als Saucenwarmhalter
10 Braun-Mixer mit Kutteraufsatz (ähnlich von Moulinex)
11 Elektrischer Saucenstab (Pürierer)
12 Fleischmesser
13 Fischmesser
14 Brotmesser
15 Schlagmesser
16 Tourniermesser
17 Ausstecher
18 Zitrusschaber

»Kulinarische Jahreszeiten – die Küche der Schweizer Stuben«
Ein exklusives Bilder-Kochbuch, erhältlich nur in den Schweizer Stuben, 6980 Wertheim-Bettingen
Telefonnummer: 0 93 42-30 70

A

abflämmen: Abbrennen von feinen Flaumenfedern – zum Beispiel bei gerupftem Geflügel – über einer Gasflamme

abglänzen: mit einer Glasur bedecken, glänzend machen

abschäumen: Brühen, Fonds mit Hilfe eines Schaumlöffels von Trübstoffen (geronnenem Eiweiß, Unreinheiten) befreien, die sich beim Kochen an der Oberfläche sammeln

abschrecken: eine heiße Speise in eiskaltem Wasser schnell abkühlen

abstechen: mit einem Tee- oder Eßlöffel kleine Klöße oder Nocken von einer Masse formen und in siedendem Wasser garziehen lassen

abziehen: Brühen, Saucen, Suppen, Milch mit Stärkemehl, Eiern oder Sahne sämig machen

Algen: (Queller) wachsen im salzigen Meerboden, schmecken knackig frisch, sind zart, leuchtend grün und sehr eiweißreich

anschwitzen: in Fett anrösten, ohne daß die Speise Farbe annimmt

à point: gerade richtig, auf den Punkt braten, pochieren, garen

Aromaten: Sammelbegriff für Würzzutaten (Gewürze, Kräuter, Röstgemüse)

aufschlagen: eine Sauce oder Creme mit dem Schneebesen bearbeiten, um sie locker und luftig zu bekommen

ausbacken: in reichlich heißem Fett schwimmend goldbraun backen

ausbeinen: Schlacht-, Geflügel- und Wildfleisch von allen Knochen befreien, ohne die Haut zu verletzen

ausbrechen: das Knacken der Schalen und Herauslösen der fleischigen Teile bei Krustentieren

auslegen: eine Form mit dünn gerolltem Teig auskleiden

ausstreichen: eine Form mit Fett bestreichen, um später den Inhalt besser zu stürzen bzw. auszulösen

B

bardieren: mit Speck umwickeln oder belegen

Beignet: kleines gefülltes Gebäck (zum Beispiel Früchte in Teig), in Fett ausgebacken

bestauben/ bestäuben: Formen oder Speisen leicht mit Mehl aus- bzw. bestreuen

Beurre manié: Mehlbutter – Mehl und Butter zu gleichen Teilen vermischt, zum Binden von Saucen und Suppen

binden: mit Stärke, Eiern oder Gelatine eine Speise sämiger machen

bißfest garen: Gemüse, Nudeln nicht zu weich kochen, sie sollen noch einen festen Kern haben

blanchieren: kurzes Kochen in reichlich Salzwasser zum Beispiel bei Gemüse, um es von Verunreinigungen und unangenehmen Geschmacksstoffen zu befreien und die Vitamine zu erhalten; oder um die Haut besser abziehen zu können (Früchte, Gemüse)

blind backen: Teigböden ohne Füllung vorbacken. Damit der Boden flach bleibt, der Teigrand aber hochgeht, wird der Teigboden mit Pergamentpapier oder Alufolie abgedeckt und mit Hülsenfrüchten (Erbsen, Bohnen) beschwert. Nach dem Backen wird beides wieder entfernt

Bouquet garni: ein Würzsträußchen aus verschiedenen Kräutern, Suppengemüse und Gewürzen zur geschmacklichen Verfeinerung von Saucen, Suppen, Brühen

brunoise: feingewürfeltes Gemüse

C

Consommé: besonders kräftige klare Brühe (Fond)

Corail: Rogen weiblicher Krusten- und Schalentiere

Coulis: eine Sauce von der Konsistenz eines Pürees

Crème double: extra fette süße Sahne (45% Fettgehalt)

Crème fraîche: dicke säuerliche Sahne (30–40% Fettgehalt)

D

dämpfen: im Wasserdampf garen, ohne daß die Speise mit Flüssigkeit in Berührung kommt. Auch: Kartoffeln nach dem Garen im Ofen austrocknen

dressieren: mit Spritzbeutel und Tülle eine Speise geschmackvoll anrichten

dünsten: in wenig Flüssigkeit – eigenem Saft oder Fett – garen

durchstreichen: durch ein Sieb passieren

E

entbarten: bei Muscheln den Bart entfernen

entfetten: Brühen, Fonds, Saucen – im heißen Zustand mit Küchen- oder Filterpapier; im kalten Zustand einfach die abgesetzte Fettdecke abheben

Entrecote: Fleischscheibe aus dem Zwischenrippenstück vom Rind

Essenz: stark eingekochte Brühe, konzentrierter Fond

F

Farce: Füllung aus sehr feingehacktem oder durchgedrehtem Fleisch, Fisch und Meeresfrüchten, pikant gewürzt und gebunden

flambieren: eine Speise mit hochprozentigem Alkohol übergießen und anzünden; der Alkohol verflüchtigt sich, zurück bleibt das feine Aroma

Flan: im Wasserbad zubereitete Eierspeisen

Fond: Extrakt, der beim Garen von Fleisch, Fisch, Wild, Geflügel und Gemüse gewonnen wird; er dient als Basis für Saucen

Fritüre: Fettbad zum Ausbacken von Teigspeisen

G

garnieren: eine Speise hübsch anrichten

geklärte Butter: erhitzte Butter, die abgekühlt durch ein Tuch passiert wird; das reine Butterfett ohne die Molke bleibt übrig

Glace: stark eingekochte ungesalzene Brühe (Reduktion) zur geschmacklichen Verbesserung von Saucen oder zum Überglänzen von Speisen

glasieren: (glacieren): mit einer feinen Glasur bedecken, überziehen oder in Fett und etwas Zucker schwenken

gratinieren: ein Gericht mit starker Oberhitze überbacken, bis eine schöne braune Kruste entsteht

grüner Speck: frischer ungepökelter, ungeräucherter Speck

J

Julienne: sehr feine Streifen von Gemüse oder Trüffeln als Einlage oder Garnitur

Jus: konzentrierter brauner Fond oder reiner Bratensaft

K

Karkassen: Skelett von Krustentieren und Geflügel zum Auskochen für Fonds

klären: mit Hilfe von einer Masse aus kleingehacktem Fleisch (Rinderhesse/Wadenfleisch) oder Fisch mit Eiweiß und Kräutern werden sämtliche trüben Bestandteile aus einer Brühe gebunden und entfernt; für klare Essenzen und Gelees

Krebsnasen: Körper ohne Schwanz von gekochten Krebsen, zum Füllen mit Farcen und als Garnitur

Küchenkutter: elektrischer Blitzzerhacker zur Herstellung von Farcen

Kutteln: (Kaldaunen) Vormagen oder Pansen vom Rind; fertig vorbereitete Kutteln erhält man beim Metzger

M

marinieren: Fleisch, Wild, Fisch einlegen in eine würzende Flüssigkeit aus Essig, Wein, Zitronensaft, Öl, Kräuter und Gewürze

melieren: mischen, vermengen, unterziehen

mille-feuille: kleine Blätterteigkuchen

montieren: eine Sauce oder Suppe mit kalter Butter aufschlagen

N

nappieren: Speisen mit Sauce überziehen

Noilly Prat: trockener französischer Wermut

P

panieren: erst in Mehl, danach in verschlagenem Ei und zum Schluß in Semmelmehl wenden

Parfait: eine exquisite Farce aus besonders edlen Zutaten in kleinen Formen; wird gut gekühlt gestürzt

parfümieren: eine Speise mit einer aromatischen Flüssigkeit würzen

parieren: Fleisch- und Fischstücke von Sehnen, Fett und Haut befreien und gleichmäßig zurechtschneiden

Parüren: die Abschnitte, die beim Parieren entstehen; sie werden für Fonds verwendet

passieren: durch ein Sieb streichen oder abgießen

Passiertuch: feines Gazetuch, durch das die feinsten festen Bestandteile abgesiebt werden

pochieren: in einer siedenden Flüssigkeit leise garziehen lassen, köcheln

R

reduzieren: Flüssigkeiten wie Fonds, Suppen, Saucen auf die gewünschte Konsistenz dickflüssig einkochen; verringert die Flüssigkeit und verstärkt den Geschmack

S

Sabayon: auf dem Wasserbad aufgeschlagene Eierweinschaumcreme

Salamander: Spezialgerät zum Überbacken und Bräunen

Sauternes: süßer alkoholreicher Weißwein

sautieren: schnelles kurzes Anbraten in Fett

Schalotten: (Eschalotten) kleine würzige eiförmige Lauchknollen, edelste Zwiebelsorte

Schlagsahne: halbsteif geschlagene Sahne ohne Zucker oder Salz; ideal für Saucen und Pürees, um sie leicht und luftig zu machen. Immer erst unmittelbar vor dem Servieren unterheben

schleifen: Hefeteigstücke mit der Hand auf der Arbeitsfläche rund formen

schmoren: Garvorgang zwischen Braten und Kochen

soufflieren: mit einer Soufflémasse füllen und dann dünsten oder überbacken

Spiegel gießen: Formen, zum Beispiel Terrinen, mit einem dünnen Überzug aus Gelee- oder Aspikmasse ausgießen

T

temperieren: eine Speise zum Verarbeiten von einer niedrigen Temperatur langsam auf 32 Grad erwärmen

touren: mehrfaches Ausrollen und Zusammenlegen von Blätterteig

tournieren: Gemüse zuschneiden bzw. abdrehen zur runden Form – heute meist olivenförmig oder länglich; aus optischen Gründen, aber auch, damit das Gemüse gleichzeitig gar wird

Tranchen: die angerichteten Scheiben bzw. Schnitten

tranchieren: zum Anrichten zerlegen und in Scheiben schneiden

W

wässern: helles, noch blutiges Fleisch (zum Beispiel Bries, Hirn) in Wasser legen, um das Blut herauszuwaschen; dadurch bleibt das Fleisch nach dem Garen hell. Auch um den aufdringlichen Geschmack (Nieren) oder Bitterstoffe (Chicorée) herauszuziehen

Wasserbad: (Bain marie) ein mit Wasser gefüllter Behälter, in dem empfindliche Saucen, Cremes etc. sanft erwärmt werden, ohne zu kochen. Die Gefäße mit den Speisen stehen auf einem Untersatz, damit sie nicht mit dem heißen Topfboden in Berührung kommen. Das Wasser im Wasserbad darf niemals sieden

Z

Zesten: dünn abgeschälte Schale von Zitrusfrüchten oder Gemüse mit einem Spezialschäler (Zestenschneider)

zur Rose abziehen: eine Cremasse unter Rühren bis kurz vor den Siedepunkt erhitzen, so daß sie auf dem Kochlöffel leicht angedickt liegen bleibt und beim Draufblasen kleine Kringel – in der Form einer Rose – zeigt

VERZEICHNIS DER REZEPTE

Zwei Meister der Großen Küche

Eckart Witzigmann
KULINARISCHE KREATIONEN
Die neuen Rezepte von Deutschlands erstem Drei-Sterne-Koch.
Mit Farbfotos von Johann Willsberger
224 Seiten, 54 farbige Abbildungen
Leinen mit Schutzumschlag und Schuber

Deutschlands erster Drei-Sterne-Koch hat seine raffiniertesten, phantasiereichsten Rezepte hier so ausführlich und klar präsentiert, daß sie auch zu Hause nachgekocht werden können. Die ebenso informative wie elegante bildliche Gestaltung macht Eckart Witzigmanns großes Kochbuch selbst zu einer wahrhaft kulinarischen Kreation.

*

Heinz Winkler
DIE GROSSE KÜCHE
UND IHRE KLEINEN GEHEIMNISSE
160 Rezepte zum Nachkochen
Fotografiert von Reinhart Wolf, 280 Seiten, 60 farbige Abbildungen
Leinen mit Schutzumschlag und Schuber

Dieses außergewöhnliche Buch zeigt Beispiele aus der Großen Küche, die ein Meister wie Heinz Winkler in Perfektion praktiziert. Seine hochrangigen Gerichte kann man jedoch nicht nur in Winklers Münchner Restaurant »Tantris« genießen, es ist gar nicht so schwer, sie auch am eigenen Herd zu versuchen. Das zeigt der Autor hier anhand zahlreicher Rezeptbeispiele, viele meisterhaft fotografiert von Reinhart Wolf.